U0694781

CREATIVE MANAGEMENT REVIEW

创意管理评论

（第8卷）

Volume 8

主编　高长春　杨永忠

经济管理出版社
ECONOMY & MANAGEMENT PUBLISHING HOUSE

图书在版编目（CIP）数据

创意管理评论 . 第 8 卷/高长春，杨永忠主编 . —北京：经济管理出版社，2023.9
ISBN 978-7-5096-9278-3

Ⅰ.①创…　Ⅱ.①高…②杨…　Ⅲ.①管理学—研究　Ⅳ.①C93

中国国家版本馆 CIP 数据核字（2023）第 180594 号

组稿编辑：郭丽娟
责任编辑：郭丽娟　王玉林
责任印制：许　艳
责任校对：王淑卿

出版发行：经济管理出版社
　　　　　（北京市海淀区北蜂窝 8 号中雅大厦 A 座 11 层　100038）
网　　址：www. E-mp. com. cn
电　　话：（010）51915602
印　　刷：唐山昊达印刷有限公司
经　　销：新华书店
开　　本：720mm×1000mm/16
印　　张：14.5
字　　数：281 千字
版　　次：2023 年 11 月第 1 版　　2023 年 11 月第 1 次印刷
书　　号：ISBN 978-7-5096-9278-3
定　　价：88.00 元

编委会名单

征稿启事
Call for Papers

创意管理学是从微观管理角度系统研究创意管理活动的基本规律和一般方法的一门科学。它是一门正在迅速成长、充满勃勃生机的工商管理新兴学科，以管理学研究方法为基础，涵盖艺术学、社会学、经济学、制造科学、计算机科学等相关交叉学科。这一科学领域，存在许多未开发的处女地，蕴藏着丰富的创意宝藏。

《创意管理评论》集刊由四川大学创意管理研究所和东华大学"城市创意经济与创新服务"智库基地联合主办，由国内外相关领域知名学者担纲顾问和联合主编。《创意管理评论》将本着兼容并蓄的开放性学术理念，坚持研产结合的办刊方针，实行国内外同行评议制度，为创意管理学的发展提供一个专业、规范和雅俗共赏的思想分享平台。

《创意管理评论》主要刊登从企业管理视角、应用管理学研究方法探讨创意管理的高水平学术论文和探索性实践文章，热忱欢迎相关领域的国内外专家学者赐稿，分享您对创意管理的专业观察和深刻洞见，我们真诚地期待着。

投稿邮箱：cyglpl@163.com

联系电话：028-85416603

地　　址：四川省成都市一环路南一段 24 号四川大学商学院 613《创意管理评论》编辑部

邮　　编：610064

《创意管理评论》编辑部

主编寄语

　　创意正以一种前所未有的方式，深刻地融入经济社会发展各领域的全过程，成为驱动创新发展不可或缺的力量。

　　新技术推动了创意发展新需求的产生。人工智能的应用使创意生成和创作过程更高效，为艺术家和创作者提供了全新的工具和素材。虚拟现实技术为创意提供了沉浸式的体验，将创意作品与现实世界融合，丰富了创意的表现力。同时，技术发展也引发创意作品价值和伦理的讨论，促进科技与创意融合，开创前瞻性发展。

　　新业态的崛起为创意发展创造了新场景。共享经济、创意设计等新业态提供了更广阔的合作平台，促进不同领域的跨界融合，激发创意碰撞。数字经济为创意产业带来了更广泛的创作和表现平台，拓展了创意的触及面。共享经济等业态的兴起，不仅满足了人们的日常需求，还革新了传统产业的运营模式，为创意的产生和传播创造了更多可能性。

　　新模式的形成为创意发展赋予了新特征。社交媒体等新模式的出现，不仅改变了信息传播的方式，也为创意的分享和传播创造了更广阔的空间。人们可以通过社交媒体分享自己的创意作品，获得更多人的关注和认可，从而形成更加活跃的创意生态。

　　在这个蓬勃发展的变革浪潮中，创意管理需要积极适应并不断自我更新，以更好地驱动创新的持续发展。创意管理是一个不断协调、改革和完善的动态过程。从实践性角度来看，创意管理急需创意思维的指导与支持。创意思维作为这一动态过程的核心，鼓励我们跳出传统思维模式，寻找不同寻常的视角和解决方案。这种思维方式能够激发出创新的火花，使我们能够在面对挑战时探索更有创意的途径，从而取得更加独特和有益的成果。同时，创意思维也是创造新事物或新形象的方式。它引导我们打破传统的思维框架，勇于尝试新的理念、概念和方法，从而创造出前所未有的产品、作品、服务或体验。通过创意管理研究，我们能够发现并利用新的机会，创造出独特的价值，推动各领域不断发展和进步，塑造一个创新驱动、不断发展的创意管理生态。

　　让创意实现梦想！让梦想成就未来！

目 录

CONTENTS

创意管理评论·第8卷

CREATIVE MANAGEMENT REVIEW, Volume 8

创意管理前沿

Creative Management Frontier

CREATIVE MANAGEMENT REVIEW

战略柔性如何影响资源拼凑?

——环境动荡性的调节作用*

◎ 孟猛猛　范思瑶　雷家骕**

摘要: 现有研究将战略柔性视为应对环境动荡、促进产品创新的能力,但很少有研究探讨战略柔性对产品创新的影响机制。根据资源基础理论,我们将"资源拼凑"视为产品开发过程中不同资源重新组合的具体活动,并探索其内在机制。研究结果表明,战略柔性对"资源拼凑"有积极而显著的影响,而"资源拼凑"在战略柔性和产品创新之间起部分中介作用。此外,环境动荡性正向调节战略柔性与资源拼凑之间的关系。本文的主要贡献是探讨了"战略柔性—资源拼凑—产品创新"的影响机制,丰富了战略柔性的相关研究。在转型经济体中,战略柔性对企业适应不确定的环境至关重要,研究结果为企业增强战略柔性、促进产品创新提供了新的经验证据。

关键词: 战略柔性;资源拼凑;环境动荡性;产品创新

一、引言

战略柔性在产品竞争中发挥着什么作用? 根据 Sanchez(1995)的研究,战

---

* 国家自然科学基金专项项目"科学驱动的产业创新的案例研究"(项目编号:L2124026)、北京邮电大学 2022 年校级教育教学改革项目"数字创新创业人才的核心能力培养路径研究"(项目编号:2022CXCY-F01)、北京邮电大学研究生创新创业项目"企业数字化转型对创新质量的影响机制研究"(项目编号:2023-YC-A256)资助。

** 孟猛猛(1990—),男,汉族,河南平顶山人,北京邮电大学经济管理学院讲师,硕士生导师,管理学博士,研究方向:创新创业(北京 100876;threemengs@ 163. com;18612987984);范思瑶(1999—),女,汉族,河北廊坊人,北京邮电大学经济管理学院硕士研究生,研究方向:创新创业与战略;雷家骕(1955—),男,陕西西安人,博士,清华大学经济管理学院教授,博士生导师,研究方向:技术创新、国家经济安全。

略柔性是产品创造过程中的资源柔性和企业调动、利用这些资源相互协调配合的一种能力，它在产品竞争中起着基础性作用[25]。从本质上说，战略柔性使企业能够通过重新配置资源和利用动荡环境中的机会，快速应对不断变化的竞争环境[1,2]，特别是战略柔性能够显著提升技术创新水平[3]和企业绩效[4]。例如，具有战略柔性的企业往往会扩大国际产品网络[5]，在产品创新方面表现更好。此外，Yawson 和 Greiman（2017）将战略柔性视为情境分析工具，并描述了其在人力资源开发和管理中发挥的作用[6]。大量的研究将战略柔性视为组织获得竞争优势的重要能力[6]，特别是在转型经济中，面对迅速变化和不确定性环境，具备战略柔性的经济实体能够更好地应对技术环境变化和市场需求变化，缓解资源约束带来的矛盾。

现有文献对战略柔性产生的影响进行了深入研究，主要聚焦于处于快速变化环境中的企业绩效[7]、新产品开发[8]和突破性创新[3]等方面。这些研究提供了战略柔性作为创新先决条件的经验证据。战略柔性是一种组合能力，有助于企业重新配置资源和创新经营模式，比如加速新产品发布[9, 10]，缩短应对复杂动态环境的反应时间。然而，以往的研究忽略了战略柔性对产品创新的内在影响机制，现有研究只关注最终结果，如财务绩效[2]、竞争优势[7]，却忽略了中间过程。战略柔性必须与组织能力共同作用才能影响产品创新[11]。因此，揭示战略柔性对产品创新产生影响的中间过程是十分必要的。

为了弥补这一研究不足，我们从资源利用的角度研究战略柔性发挥作用的潜在机制。我们将"资源拼凑"作为中介，假设战略柔性通过这个新的路径影响产品创新。根据 Baker 和 Nelson（2005）的研究，"资源拼凑"被定义为一种重新组合、使用手边资源进行产品开发的创业活动[33]。企业通过"资源拼凑"缓解了资源约束矛盾，即使用现有的、被低估的、闲置的或废弃的资源来获取过程知识和产品知识[12, 13]。具体而言，我们认为在资源约束情境或动态环境下，战略柔性促进了资源拼凑，最终促进产品创新。从产品创新中的价值创造过程和企业家行为的角度来看[12]，我们强调战略柔性为资源拼凑创造了有利条件，帮助企业利用现有的有限资源完成具有挑战性的任务和实现产品创新。

中国经济快速增长，制度环境充满了活力，同时也存在区域发展不平衡和功能失调的现象，这为检验我们的假设提供了理想环境。当前，已有研究关注了新兴经济体情境下影响战略柔性的前因变量，如 CEO 个性[2]、与新产品开发（NPD）联盟的业务联系[15]及 IT 支持[7]。中国正在经历制度转型，正式和非正式社会制度发生了广泛而深刻的变化，对企业的战略选择产生了重要影响[14]。

制度转型在新兴经济体中普遍存在，为处于不确定和动态环境中的企业提供了极好的发展机会。因此，我们可以检验环境动荡的调节作用，并检验在不确定环境中战略柔性影响资源拼凑的边界条件。

总体而言，本文从理论和实证两方面做出贡献，揭示在动荡环境下战略柔性对产品创新的影响机制。以往关于战略柔性影响结果的研究大多集中在市场进入[16]、创新[17]、企业绩效[7, 18]、能源效率[19]和竞争优势[4, 20]等方面。我们通过探索战略柔性对产品创新行为的影响，来丰富现有研究。资源拼凑是产品创新的一条重要路径，能够帮助我们细致和深入地理解战略柔性如何影响产品创新。这不仅可以扩展战略柔性[21]的相关研究，也可以对资源拼凑[22]和环境动荡[23]等相关文献进行补充。因此，本文提出战略柔性是资源拼凑的前提，并提供关于资源拼凑作为资源受约束企业的创新路径的新证据[24]。我们将资源拼凑作为揭示战略柔性如何影响产品创新的关键路径，以拓展资源拼凑影响结果的研究。研究结果进一步检验战略柔性对产品创新的直接影响，这延伸了 Zhou 和 Wu（2010）的研究[27]。同时，研究结果也具有重要的管理启示。战略柔性正向影响资源拼凑和产品创新，有助于企业管理者对变化环境中的柔性资源和组织结构有更深刻的理解。实际上，环境动荡既带来资源稀缺，也带来新的机遇[16]。这意味着管理者应该创造性地应对带来外部知识和各种市场机会的动态环境。战略柔性帮助企业从需求和技术不断发生变化的动荡环境中获益。

本文的整体结构如下：首先，我们介绍理论背景和构念框架。其次，根据文献提出研究假设，并说明检验假设的研究设计和方法，包括样本收集和测量。最后，总结理论贡献和管理启示。

二、理论基础与研究假设

（一）理论基础

1. 战略柔性

战略柔性被定义为通过资源部署和战略行动的持续变化对动态环境做出反应的能力。根据资源基础观，战略柔性代表企业开发有价值的资源以获得竞争优势而做出的努力[25]。因此，战略柔性是企业事先快速配置资源和部署生产过程的能力，以更好地响应外部环境变化、其他进入者的威胁和技术变革带来的挑战。战略柔性突出了企业对资源的灵活利用能力，即保证这些资源在产品开发过程中得到有效应用，以在不确定的市场中获得核心竞争力[26]。战略柔性增加了稀缺资源在创新过程中的价值。例如，泰国的一家企业利用战略柔性成功应对经济危机[27]，战略柔性助力企业进入美国航空业的新市场[16]。由此可见，满足市场需求变化的柔性能力是至关重要的，如劳动力柔性[17]、供应链柔性[28] 和生产柔性[29] 等。

保持战略柔性是管理产品竞争中不确定性因素的基本原则，战略柔性可分为资源柔性和协调柔性。资源柔性通常指一种资源可以有效应用于不同产品在开发和制造过程中的程度[27]。在产品创新过程中，当切换到可替代资源所需的时间少和成本较低时，资源柔性较高[25]。而协调柔性就涉及协调和部署产品设计和创造资源的能力，以调整产品战略，从而使资源链能够有效地重新部署[21]。

战略柔性通过增强市场机会识别能力，提高资源配置效率，改变了产品竞争逻辑，这意味着柔性企业可以从资源协调过程中受益，并从动态市场中探索和利用发展机会。例如，一种新的信息系统能够为中小企业建立战略决策的快速响应系统，增强有效利用市场资源的能力[30]。战略柔性将企业协调基础资源的难度和成本降至最低[31]，并使企业管理者在 NPD 中应用先进技术，通过重新配置和部署资源链来创造新的市场机会[7]。因此，战略柔性能够显著提升企业的动态能力、核心竞争力和产品创新能力。实证研究表明，战略柔性在决策过程中对创新能力有很强的促进作用，如识别与 NPD 程序有关的重要资源、能源效率[19]和获得新产品系列或吸引消费者的注意力[9, 21]。因此，战略柔性在价值创造和产品竞争中发挥着至关重要的作用。

2. 资源拼凑

资源拼凑的基本假设是资源稀缺[12]，"拼凑"指的是把现成的资源组合起来，用于解决新问题，抓住新机会，这种做法在组织理论中越来越普遍。资源拼凑解释了在资源约束条件下，不同企业"无中生有"的行为和结果[32]。资源拼凑是指企业在市场机会形成过程中，利用不相关或未开发的资源进行价值创造的形式——在不确定的环境中，使用资源拼凑的创业者将资源稀缺既视为挑战，也看作创业机会。同时，组织研究者结合了不同的文献和方法来改进资源拼凑框架。资源拼凑的核心主旨是及时调整初始资源的应用目的，进行重新配置和使用。资源的重组过程是驱动现有资源进行产品创新的重要途径[33, 34]。研究表明，资源拼凑通过即兴创作和重组手边资源等行为来缓解企业的资源约束。

资源拼凑强调以新的方式使用资源，因此，创造性地使用现有资源的组织能力是资源拼凑的先决条件，如组合能力、吸收能力、探索导向和战略柔性。Desa（2012）发现，与具有支持性规范制度的企业相比，无支持性规范制度的企业更愿意重新配置资源并进行资源拼凑[36]。当企业面临资源稀缺时，"资源拼凑"可以产生不完美但足够好的产品解决方案，利用外部知识或创造性想法，增加现有资源的价值[36]，包括利用现有资源以及重新配置各种资源时的即兴发挥。资源拼凑能力在与外部合作伙伴合作的创新过程中发挥着至关重要的作用，如服务创新[36]、知识转移和知识保护[37]、新产品开发速度和创造力[38]、机会识别和组织绩效[39]等。资源拼凑可以通过主观知识创造和新的感知体验来开发新的产品和服务，这对创业机会识别和满足新的市场需求具有重要意义。

3. 战略柔性和资源拼凑

战略柔性是企业重新部署和重新配置资源的能力，会加速产品创造过程，这对资源拼凑有着重要的影响。战略柔性突出了资源的灵活利用，并重新定义了产品开发过程[39]，因此，会促使企业进行即兴创作和资源拼凑。同时，具备资源柔性意味着将一项资源切换到另一种用途所耗费的时间和成本更少，一项资源可以应用到多个产品的制造流程中。因此，企业家在约束性环境中可以有效利用稀缺资源进行资源拼凑[39]。

战略柔性包括重新定义产品战略、重新配置资源链和有效部署资源的柔性。根据 RBV 逻辑，企业在新产品创造的过程中通过优化资源投入来获取价值资源。资源柔性和协调柔性将转换各种资源使用的成本和难度降至最低，从而更有效率地配置手边可用的低成本资源。因此，企业为了能够高效率地重组各种资源和重新配置资源供应链，更倾向于进行资源拼凑。

具有战略柔性的公司拥有大量冗余资源或存在资源重叠问题。RBV 逻辑能够有效地解释资源拼凑活动的增量水平。例如，企业面对资源的限制时，通过使用便利的资源来提供新的解决方案并进行资源拼凑，形成一种新的价值创造途径。在这一过程中，战略柔性帮助企业获取内外部资源，并提高资源利用能力[40]，从而通过资源拼凑活动提高了价值创造水平[21]。综上所述，我们提出第一个假设：

H1：战略柔性提高了企业的资源拼凑水平。

（二）环境动荡性的调节作用

环境动荡性是指消费者需求和技术变革的高度不确定性和不可预测性，这意味着环境是动态的和不稳定的[15]。技术动荡和市场动荡是环境动荡性的两个主要维度[25]。技术动荡是指生产技术的高变化率以及不断出现突破性产品创新。市场动荡具有顾客组成的高不确定性和市场需求快速变化的特征，这意味着企业要在较短的产品周期内创造出具有不同功能的新产品来满足消费者快速变化的需求。例如，科技产业中的企业面临不断创新的要求和高度不确定的环境，因此企业要在产品设计和制造过程中不断调整竞争战略，使企业的竞争边界处于持续流动的状态[41]，以此来获取竞争优势。在动态环境中，企业经常采用资源拼凑的方式来保持现有市场中的竞争优势，并通过应用新技术开发创意产品来开拓新市场。

我们进一步假设，环境动荡性加强了战略柔性对资源拼凑的正向促进作用，即在高环境动荡性的情境下，战略柔性会促进更高水平的资源拼凑。第一，环境动荡性使企业面临失去资源优势和现有细分市场的风险，人们会更加强调通过即兴创作和重组手头资源等资源拼凑活动来缩短新产品开发的时间并降低成本，快速满足消费者的需求[42]。因此，环境动荡性放大了资源柔性的重要性——为企业的资源拼凑活动减少了资源转换成本和时间。

第二，战略柔性被认为是动态核心能力的一种，它通过在管理体系、组织结构和新产品开发流程中建立柔性，使企业在动荡的市场中保持竞争优势。因此，环境动荡性水平越高，战略柔性的价值创造能力越强。战略柔性作为协调各种资源和职能单位的基本能力，使企业能够更频繁地进行即兴创作、高效利用手边的低成本资源，在没有计划或事先准备的情况下设计创新产品[38]。因此，我们假设，与稳定的环境相比，在动荡的环境中，战略柔性与资源拼凑的关系更加紧密，从而提出第二个假设：

H2：环境动荡性增强了战略柔性对资源拼凑的正向影响。

（三）资源拼凑与产品创新

在资源拼凑框架中，企业家在资源稀缺的情况下，以创新的方式利用手头的资源解决问题[12]。资源拼凑代表了以组织能力为特征的机会识别方式，包括即兴发挥、组合能力和沟通技巧。因此，资源拼凑对企业绩效会产生重要影响。例如，资源拼凑通过资源调动和整合、协调不同单位和配置手头资源，在自下而上的创新过程中起着重要作用。换句话说，资源拼凑通过整合方式来部署创新资源，即使用手边的任何资源来探索周围环境的相关机会[39]。新产品开发依赖于充足的产品知识和有效的产品测试。资源拼凑可以利用现有的社交网络形成新的产品创意，并利用手边资源制造新的产品元素，以提高产品创新水平。

资源拼凑是在原材料、理念和人力方面进行新旧资源的重组，这能够更有效地促进产品创新[38]，这是因为创新主要就是由资源再配置和资源重构驱动的。Senyard 等（2014）提出要对新产品和创新过程中重要的元素进行重组来应对新的机遇和挑战，即企业试图对低成本资源进行创造性组合来克服资源稀缺[24]。

因此，企业采用资源拼凑会比没有采用资源拼凑带来更多的创新解决方案。

即兴创作是另一个与资源拼凑有关的概念，也是一项关键的组织能力[43]。想象力和创造力方面的即兴能力会带来新的解决方案和产品，这在新产品开发的过程中受到消费者的认可。例如，"四阶段过程模型"就很好地解释了腾讯集团如何通过有效的即兴创作开发出创造性的产品[44]。现有研究指出，当团队利用外部和内部市场信息开发新产品时，即兴创作就提高了企业的成本效率[45]。因此，通过即兴创作进行资源拼凑的企业获得了额外的创新能力，能更好地进行资源重组，实现资源的创新应用[46]。资源拼凑是一种推动从现有资源中发现产品创新机会的机制[47]，即利用随手可得的资源，如社会资本、创造性的想法，以及以新方法配置和整合资源[48]，因此资源拼凑能够促进创新想法的产生，并推动产品创新。

此外，资源拼凑通过识别创业机会和开发后续创业活动，如制造资源重组和新产品创新机会，最终推动企业创业。Baker 和 Nelson（2005）认为资源拼凑是通过重新部署手边资源来立即行动并处理新的问题和抓住新的机会[33]，这意味着在应对挑战和机遇的过程中可能将就或凑合使用资源，而不是犹豫不决地考虑解决方案是否有效。"资源拼凑"让我们在积极参与产品创新的过程中达到意想不到的效果[22]。因此，基于以上观点，我们提出第三个假设：

H3：资源拼凑与产品创新呈正相关关系。

（四）资源拼凑的中介作用

相关的研究表明，战略柔性是开发新产品和创造新机会以满足快速变化的消费者需求的基础[9, 49]。综合 H1 和 H3，我们提出一个中介关系模型，如图 1 所示，资源拼凑在战略柔性和产品创新之间的关系中具有中介效应。在本文中，我们认为战略柔性是资源拼凑的重要前因变量。因此，企业会通过资源拼凑重新部署现有资源、提供新产品，来满足不断变化的客户需求[50]。

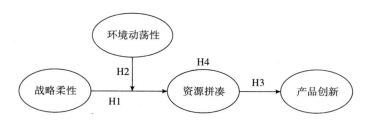

图 1　理论框架

因此，考虑到战略柔性通过资源拼凑影响产品创新，我们假设一条"战略柔性—资源拼凑—产品创新"的影响路径。现有文献证实了战略柔性对产品创新的直接影响[49]，近年来的研究呼吁对战略柔性的影响机制进行研究，我们揭示了其与资源拼凑的内在联系。因此，我们通过揭示战略柔性的潜在影响路径，丰富了战略柔性如何影响产品创新的相关研究[18, 49]。因此，战略柔性对创新的影响是路径依赖的，即资源拼凑是战略柔性对产品创新产生最终影响的中间路径。产品创造过程中的战略柔性让企业拥有更多的产品战略选择，并进行产品创新。因此，我们提出第四个假设：

H4：资源拼凑将在战略柔性与产品创新的关系中起中介作用。

根据上述所有假设，我们在图 1 中展示了战略柔性、资源拼凑和产品创新之间关系的概念模型。我们假设战略柔性作为自变量与"资源拼凑"呈正相关关系（H1），环境动荡性在战略柔性与资源拼凑的关系中起正向调节作用（H2），"资源拼凑"又正向影响产品创新（H3），由于文献中已经证明了战略柔性影响产品创新，因此，资源拼凑将在战略柔性与产品创新的关系中起中介作用（H4）。

三、方法和数据

（一）抽样和数据收集

我们面向中国高新技术企业发放调查问卷收集数据来验证上述假设，这些企业主要属于电子、机械制造、信息技术和先进材料行业。中国正处于经济转型期，环境不确定性和动荡性明显，这为本文的研究提供了一个理想的实证检验环境。此外，政府提供了很多产品创新的激励政策，政策实施效果在中国的东、中、西部地区存在较大差异。因此，企业要适应转型经济环境并在激烈的竞争中生存下来，必须有柔性的战略决策和资源整合能力，进而获得可持续的竞争优势。

首先，我们在现有文献的基础上编制了英文问卷，由两名独立译者将问卷转译为中文版，以确保概念一致。然后于 2017 年 7 月至 12 月在专业调研公司的帮助下通过现场访谈收集数据，包含中国东、西部不同省份的企业数据。随后，对北京的 10 家企业（不包含在最终样本中）进行预调研，要求企业高管经理回答问卷中的所有问题并指出题目内容表达是否清晰和容易理解，根据即时反馈对问卷的细节进行了修改以确保问卷能够向受访者传递明确的信息。受访者在回答问卷题目时需要回忆所在公司过去三年的战略决策过程和财务绩效。本次调研的对象均为企业高管，如 CEO、CTO、CMO 和总经理，以确保受访者有足够的经验为问卷调查提供有效的信息，其中 80% 的受访者具有学士学位，70% 的受访者年龄在 30 岁左右。

本文就调查数据的共同方法偏差（CMV）问题做了如下处理：由两位高管完成不同的问卷题目，以减少潜在的共同方法偏差，同时确保管理者熟悉公司的运营和战略制定过程[51]。本文的研究从多种信息源获得不同的信息，由企业高管提供潜变量的相关信息，如战略柔性、资源拼凑和环境动荡，有关公司的年龄、规模、行业和收入等信息均来自企业提供的档案，不同的数据源将有效地降低共同方法偏差。现有研究通常采用 Harman 单因素分析法来表示共同方法偏差水平[52]，因此，本文进行了 Harman 单因素分析法检验并提取了第一个因素，该因素解释了 31.18% 的方差，这说明共同方法偏差处于合理水平。此外，如果交互作用的假设得到支持，将进一步说明不存在共同方法偏差问题，受访者不会刻意修饰答案，从而形成调研想要的结果[53]。

调查样本中有 300 家企业，其中 86 家企业因处理紧急情况或无法回答所有问题没有完成调查。因此，在剔除数据缺失观察值后，最终样本中有 214 家企业，有效回复率为 71.33%。样本中大部分企业为中小企业，其员工总数小于 500 人，企业平均年龄小于 4.5 年。企业数量分布最多的行业是信息技术（74.30%），其次是生物医药（8.9%）、材料技术（8.4%）和机械制造（8.4%）。

（二）测量

我们参考现有研究改编量表以便中国受访者更好理解[15, 23, 27, 33, 54]。问卷采用李克特 7 级量表，选项为从"非常不同意"到"非常同意"共 7 个代表不同程度的条目，其中"非常不同意"赋值为 1，"非常同意"赋值为 7。受访者根据他们所在的企业在过去三年里与竞争对手的表现来确定他们对问题的同意程度。

参考 Khan 和 Mir（2019），以及 Li 等（2010）的研究，采用五个条目来衡量产品创新[54, 55]。受访者评估他们所在的公司与其主要竞争对手相比成功的程度：①在市场上快速推出新产品；②使用先进的生产设备；③在产品改进和创新方面有更好的市场反应；④产品拥有最先进的技术；⑤在产品创新方面更成功。

为了测量战略柔性，我们使用 Dai 等（2018）开发的量表[14]。战略柔性被定义为资源使用和协调的柔性，以响应动态环境[25]。资源柔性和协调柔性是战略柔性的两个维度。资源柔性关注的是识别和获取柔性资源的不同用途，这为企业管理者带来了多种战略选择。因此，我们应用资源使用的范围和转换不同资源使用所需的难度、时间和成本来测量资源柔性。协调柔性是指在协调使用资源的过程中发展出的柔性，因此我们采用"重新配置资源链，通过组织结构部署资源"来测量[8]。

我们借鉴 Baker 和 Nelson（2005）的拼凑概念[33]，并参考 Senyard 等（2014）的研究开发出四个问题来测量资源拼凑[24]，包括"利用现有资源的组合来应对新的挑战""利用现有资源的组合来开展新的业务""从现有资源中综合开发出可行的解决方案""利用现有的任何有用资源来应对新问题或新机会"。这些问题抓住了"资源拼凑"定义的大部分元素——"通过将手头的资源进行整合应用于新问题和新机会"。

本文通过识别技术变革的频率和速度以及评估客户偏好的变化来测量环境动荡[23, 56]。技术动荡性关注的是行业内技术的变化频率和技术变化中的机会[57]。市场动荡性表明，随着时间的推移，企业面临的顾客产品偏好和市场需求的变化加快[58]。

为了控制外部解释变量的影响，我们将销售额、企业规模、企业年龄、企业所属行业、产品阶段和经营战略作为控制变量。员工数量用来衡量企业规模：雇员少于 10 人的公司赋值 1 分，11~50 人的公司赋值 2 分，51~100 人的公司赋值 3 分，101~500 人的公司赋值 4 分，超过 500 人的公司赋值 5 分。企业年龄是根据公司成立的年数来计算的。产品阶段根据 Chang（2019）的研究采用虚拟变量，发展阶段取值 1，成熟阶段取值 0[59]。采用虚拟变量来测量经营战略，探索型战略和防守型战略分别赋值为 1 和 0。类似地，我们使用 3 个虚拟变量来处理4 个行业。

四、结果

（一）描述性统计

如表 1 所示，描述性统计数据和相关矩阵展示了主要变量及其相互关系。解释变量之间的相关性小于经验法则的临界值 0.7，模型的最大方差膨胀因子（VIF）为 1.77，小于临界值 10，没有严重的多重共线性问题。战略柔性与资源拼凑正相关（$\beta = 0.608$，$p < 0.05$），这为 H1 提供了初步证据。

表 1　主表变量的描述性统计

变量	均值	标准差	1	2	3	4	5	6	7	8
1. 企业年龄	4.561	2.008								

续表

变量	均值	标准差	1	2	3	4	5	6	7	8
2. 营业收入	15.72	1.374	0.112							
3. 企业规模	2.397	0.928	−0.009	0.510***						
4. 产品阶段	3.988	1.421	−0.029	0.197***	−0.094					
5. 产品创新	5.147	1.038	0.068	0.229***	0.258***	−0.283**	0.79			
6. 资源拼凑	5.661	0.772	−0.036	0.138**	0.133*	−0.034	0.554***	0.7		
7. 战略柔性	5.388	0.764	0.037	0.019	0.044	−0.248*	0.497**	0.608**	0.71	
8. 环境动荡性	5.668	0.783	0.014	0.111	0.087	−0.059	0.436**	0.466**	0.523**	0.71

注：* 表示 $p<0.1$，** 表示 $p<0.05$，*** 表示 $p<0.01$。

（二）信度和效度

第一，采用主成分分析法对量表多个条目进行探索性因子分析，然后提取出战略柔性、资源拼凑、产品创新和环境动荡性四个变量[60]，并汇报了克朗巴哈系数和组合信度（CR）指标，说明结构方程模型的可靠性。表2中克朗巴哈系数值超过0.7，表明所有测量模型都具有较高的可靠性。第二，采用验证性因子分析检验测量模型的有效性并评估模型的拟合度，剔除了因子载荷较低的题项，可以得出模型与数据拟合较好（$x^2/df = 1.44$，GFI = 0.93，CFI = 0.96，IFI = 0.92，RMSEA = 0.045）。从表2中可以看出，题项的因子载荷值和平均提取方差（AVE）值均在0.50以上或接近0.50，具有较高的收敛效度。通过比较AVE的平方根和相关系数来检验区别效度，每个结构的相关系数均未高于AVE的平方根，表明模型具有良好的区别效度。

表 2　变量测量模型的信度和效度

变量	因子载荷	克朗巴哈系数	组合信度	AVE
战略柔性		0.772	0.84	0.51
企业资源的有效适用范围较广	0.68			
企业资源移作他用所需的成本和难度较小	0.82			
企业资源移作他用所需的转换时间较短	0.78			
企业比较容易识别环境变化并且转变资源的用途	0.62			
企业能够发现自身现有资源的新用途	0.64			

续表

变量	因子载荷	克朗巴哈系数	组合信度	AVE
资源拼凑		0.78	0.79	0.49
我们善于运用现成资源来应对新的机会或挑战	0.73			
我们对手边资源进行重新组合来应对新的挑战	0.65			
通过整合手边资源，我们有效地应对了许多新挑战	0.69			
我们善于挖掘手边资源来创造出新的盈利点	0.72			
产品创新		0.89	0.90	0.63
与同行相比，我们常常在行业内率先推出新产品/服务	0.77			
与同行相比，我们的产品包含一流的先进技术与工人	0.85			
与同行相比，我们的产品改进与创新有非常好的市场反映	0.81			
与同行相比，我们常常在行业内率先应用新技术	0.77			
与同行相比，我们新产品开发成功率非常高	0.78			
环境动荡性		0.72	0.80	0.50
在我们经营的市场上，技术变化得很快	0.64			
技术变化为我们提供了大量的发展机会	0.82			
顾客偏好会随时间的推移发生快速的变化	0.67			
新顾客与老顾客有着完全不同的产品需求与偏好	0.69			

（三）回归分析

采用多层线性回归模型进行假设检验，实证结果如表3所示。自变量和调节变量进行中心化处理后再构建交互项来降低潜在的多重共线性。方差膨胀因子在 1.03~1.39，远远低于临界点 10，进一步表明不存在严重的多重共线性。模型 5 和模型 6 为基础模型，产品创新、资源拼凑与控制变量进行回归分析。H1 指出战略柔性与资源拼凑正相关。表 3 中结果表明，模型 1 中的战略柔性对资源拼凑具有显著的正相关关系（β=0.596，p<0.01）。因此，实证结果完全支持 H1。

表 3 回归结果分析

	模型 1 资源拼凑	模型 2 资源拼凑	模型 3 产品创新	模型 4 产品创新	模型 5 资源拼凑	模型 6 产品创新
企业年龄	-0.031 (-1.30)	-0.042* (-1.78)	0.034 (1.23)	0.025 (0.87)	-0.022 (-0.70)	0.018 (0.51)

续表

	模型 1 资源拼凑	模型 2 资源拼凑	模型 3 产品创新	模型 4 产品创新	模型 5 资源拼凑	模型 6 产品创新
营业收入	0.003 (0.07)	0.011 (0.29)	0.075 (1.28)	0.086 (1.49)	−0.025 (−0.47)	0.057 (0.80)
企业规模	0.079 (1.64)	0.065 (1.36)	0.104 (1.41)	0.107 (1.47)	0.116 * (1.74)	0.188 ** (2.08)
战略导向	0.075 (0.69)	0.050 (0.48)	0.138 (0.75)	0.081 (0.46)	0.276 * (1.96)	0.338 * (1.80)
产品阶段	−0.079 (−0.77)	−0.100 (−0.97)	−0.209 * (−1.88)	−0.186 * (−1.74)	−0.190 (−1.39)	−0.346 ** (−2.41)
战略柔性	0.596 *** (9.61)	0.499 *** (7.26)		0.341 *** (2.63)		0.647 *** (6.44)
环境动荡性		0.208 *** (3.09)				
战略柔性× 环境动荡性		0.172 ** (2.11)				
资源拼凑			0.723 *** (8.04)	0.512 *** (4.09)		
VIF	1.301	1.380	1.300	1.270	1.300	
Adjust R^2	0.393	0.431	0.341	0.390	0.045	0.126
ΔR^2	0.348	0.386	0.215	0.264		
N	214	214	214	214	214	214

注：* 表示 p<0.1，** 表示 p<0.05，*** 表示 p<0.01。

H2 指出环境动荡性增强了战略柔性对资源拼凑的正向影响。实证结果表明，模型 2 中环境动荡的调节作用是积极显著的（β=0.172，p<0.05）。参考 Aiken 和 West（1991）的研究[53]，采用调节效应图能够更好地展示环境动荡性的交互效应，如图 2 所示。我们将以高于均值一个标准差和低于均值一个标准差为标准把环境动荡分为高、低两组，然后检验战略柔性对资源拼凑的影响。图 2 中，当环境动荡水平由低到高变化时，战略柔性对资源拼凑影响系数增大，这说明环境动荡正向调节战略柔性和资源拼凑的关系。因此，H2 得到了支持。

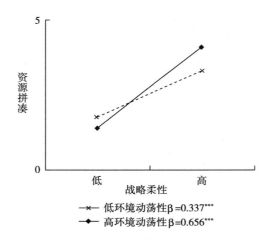

图 2　环境动荡性的调节效应

注：＊＊＊表示 p<0.01。

在 H3 中，我们考察了资源拼凑对产品创新的影响。如模型 3 所示，资源拼凑与产品创新呈正相关关系（β=0.723，p<0.01），支持 H3。H4 提出资源拼凑在战略柔性与产品创新关系之间起中介效应。根据 Baron 和 Kenny（1986）的检验[62]，H1 表明战略柔性与资源拼凑有显著的关系，第一个条件成立。H3 表明资源拼凑对产品创新有正向影响，第二个条件成立。当模型 4 方程中包含资源拼凑时，战略柔性对产品创新具有显著的正向影响（β=0.341，p<0.01）。这表明了资源拼凑的部分中介作用，从而支持 H4。此外，我们采用 Sobel-Goodman 中介检验，间接效应显著（β=0.330，p<0.01），在战略柔性对产品创新的影响中资源拼凑中介了约 49%，因此 H4 成立。

五、结论

企业增强战略柔性有助于促进产品创新，保持竞争优势[21, 25, 27, 55]。本文在战略柔性文献的基础上，从独特的角度考察了企业的创业活动如何中介战略柔性对产品创新的影响。基于资源基础理论（RBV），利用中国企业的调查数据进行检验，研究结果表明战略柔性对资源拼凑有正向影响，而环境动荡性增强了战略柔性对资源拼凑的正向影响。同时，研究结果还证实，资源拼凑对产品创新有正向影响，并在战略柔性与产品创新之间起中介作用。此外，我们丰富了资源拼凑的重要前因变量，证实了 Desa 和 Basu（2013）的研究中资源拼凑是资源约束下企业的创新之路[22]。本文拓展了 Li 等（2010）关于战略柔性与产品创新之间关系的研究[55]。下面，根据我们的发现讨论本文的理论意义和实践意义。

本文的研究丰富了关于不确定环境下战略柔性和产品创新关系的相关文献，主要有以下贡献：第一，将战略柔性理论与现有的产品创新研究联系起来，揭示了战略柔性影响产品创新的路径。尽管有证据强调柔性在产品创新和财务绩效中的积极作用，但大多数关于战略柔性的研究都集中在对动态能力中创新能力的间接影响或调节作用上。相比之下，对产品创新的直接影响还没有得到足够的重视。战略柔性对产品创新的影响是一个复杂的模式，揭开这只"黑箱"需要考虑中间因素，即战略柔性在路径依赖资源的价值创造中的作用。现有文献只关注最终的产出绩效，如产品创新[[27, 55]]和财务绩效[2]、竞争优势[7, 20]，忽视了中间因素。我们引入资源拼凑作为中介路径，扩展了战略柔性在组织行为和企业绩效研究中的潜在价值。此外，资源拼凑有助于更好地理解战略柔性为什么以及如何影响产品创新。因此，企业在动荡环境中培养和发展战略柔性变得尤为重要。我们通过确定"能力—行为—创新"机制，丰富了产品创新的相关研究，证实了企业拥有动态能力和创业导向，其产品创新水平会更高。

第二，本文深化了对于战略柔性发挥作用的边界条件和外部环境作用的理解。虽然战略柔性能够影响企业绩效已经得到了广泛证实，但目前我们就战略柔性的影响结果还没有达到共识[1, 16, 61]，战略柔性是以效率为代价的，能够发挥其积极作用的组织结构很难构建起来，外部环境和组织结构会影响战略柔性作用的发挥。本文的研究结果发现，环境动荡性在战略柔性与资源拼凑之间起着积极的调节作用。动荡的环境为企业提供了更多的机会和外部知识来重新配置和重组现有的柔性资源，帮助企业进行即兴创作和产品创新，即战略柔性帮助企业从动荡的环境中获益。资源拼凑在不确定的环境中为企业带来竞争优势[31]。

第三，本文的研究结果证实战略柔性是资源拼凑的重要的前因变量，扩展了资源拼凑的相关研究，为资源约束企业进行创新提供新的参考。以往的研究主要集中在服务型创业[24]、探索性导向[41]和机会识别对资源拼凑的影响[35]。资源拼凑的假设是在资源稀缺的条件下[15]，企业能够结合现有资源创造新的机会并形成新的价值创造形式。然而，稀缺性是必要条件，而不是充分条件。我们将战略柔性解释为资源拼凑的前提条件，补充了其假设条件[12]。也就是说，战略柔性将现有资源灵活应用于新的途径，在企业活动中发挥着至关重要的作用[15]。

本文的研究结果具有重要的管理启示。第一，企业管理者需要关注环境变化下的柔性资源和组织结构，这是因为战略柔性正向影响资源拼凑和产品创新。例如，战略柔性在开发新产品过程中能够提升企业家的创新效率，管理者要柔性地调配和协调资源，把现有资源整合起来，抓住新的机会，取得新产品开发过程中的更多创新成果。在面临 2018 年中美贸易摩擦带来的不确定性时，中国电信行业的领军企业中兴通讯公司因供应商无法提供芯片，缺乏替代资源，关闭了工厂。相比之下，华为公司则采取了柔性战略，开发出了替代芯片和操作系统，开辟新的业务，避免了业务停摆。因此，企业应该设计柔性的组织结构来获得更高的战略柔性，更好地利用外部知识。第二，管理者应该创造性地利用动态环境中潜在的外部知识和各种市场机会。本文的研究结果证实环境动荡与柔性相互作用，促进了资源拼凑。实际上，环境动荡既带来了资源稀缺的挑战，也带来了新的发展机遇[12]。从需求变化和技术变化的角度来看，战略柔性有助于企业从环境动荡中获益[16]。

本文还存在一定的局限性，同时也为进一步研究提供了方向。首先，本文研究中的横截面数据可能限制了对战略柔性和资源拼凑的因果推论的研究。虽然已有的理论和实证结果支持我们的假设，但相关性研究无法确定因果关系。纵向研究使用二手数据将提高研究结果的稳健性。其次，我们的样本只关注中国企业，研究结果并不适用于其他新兴经济体，能否将研究结果推广到其他经济快速增长、环境不确定、充满活力的新兴经济体仍然是一个悬而未决的问题。再次，中国的集体主义文化影响了管理者对不确定性和环境动荡性的态度。因此，未来研究可以考虑对个人主义文化和集体主义文化下的企业进行比较。最后，我们参照 Sanchez（1995）研究[25]，把战略柔性当作企业能够调用和整合可用资源的能力。然而，战略柔性的另外一种应用，是作为场景分析工具，即领导者和管理者需要在既定的约束条件下，根据决策过程的观点灵活地调整决策[6]。因此，我们也鼓励未来的研究探讨战略柔性在其他方面带来的影响，如决策和规划。

综上所述，环境动荡使战略柔性成为产品竞争中特别重要的能力[25, 55]。然而，学者们还没有从资源利用过程的角度来解析柔性—创新关系的中介机制。我们发现了中间变量——资源拼凑中介了战略柔性对创新的影响。通过本文的研究，我们希望研究结果能够成为未来研究的起点，更多地关注战略柔性与创新关系的潜在作用机制。

参考文献

［1］COMBS J G, KETCHEN D J, IRELAND R D, et al. The role of resource flexibility in leveraging strategic resources ［J］. Journal of Management Studies, 2011, 48（5）: 1098-1125.

［2］NADKARNI S, HERRMANN P. CEO personality, strategic flexibility, and firm performance: The case of the Indian business process outsourcing industry ［J］. Academy of Management Journal, 2010, 53（5）: 1050-1073.

［3］LI Y, LI P P, WANG H, et al. How do resource structuring and strategic flexibility interact to shape radical innovation? ［J］. Journal of Product Innovation Management, 2017, 34（4）: 471-491.

［4］NADKARNI S, NARAYANANI V K. Strategic schemas, strategic flexibility, and firm performance: The moderating role of industry clockspeed ［J］. Strategic Management Journal, 2007, 28（3）: 243-270.

［5］FISCH J H, ZSCHOCHE M. The role of operational flexibility in the expansion of international production networks ［J］. Strategic Management Journal, 2012, 33（13）: 1540-1556.

［6］YAWSON R M, GREIMAN B C. Strategic flexibility analysis of agrifood nanotechnology skill needs identification ［J］. Technological Forecasting and Social Change, 2017, 118（C）: 184-194.

［7］CHEN Y, WANG Y, NEVO S, et al. Improving strategic flexibility with information technologies: Insights for firm performance in an emerging economy ［J］. Journal of Information Technology, 2017, 32（1）: 10-25.

［8］WEI Z, YI Y, GUO H. Organizational learning ambidexterity, strategic flexibility, and new product development ［J］. Journal of Product Innovation Management, 2014, 31（4）: 832-847.

［9］KANDEMIR D, ACUR N. Examining proactive strategic decision-making flexibility in new product development ［J］. Journal of Product Innovation Management, 2012, 29（4）: 608-622.

［10］WORREN N, MOORE K, CARDONA P. Modularity, strategic flexibility, and firm performance: A study of the home appliance industry ［J］. Strategic Management Journal, 2002, 23（12）: 1123-1140.

［11］HSU D H, HSU P, ZHOU T, et al. Benchmarking us university patent value and commercialization efforts: A new approach ［J］. Research Policy, 2021, 50（1）.

［12］WELTER C, MAUER R, WUEBKER R J. Bridging behavioral models and theoretical concepts: Effectuation and bricolage in the opportunity creation framework ［J］. Strategic Entrepreneurship Journal, 2016, 10（1）: 5-20.

［13］WITELL L, GEBAUER H, JAAKKOLA E, et al. A bricolage perspective on service innovation ［J］. Journal of Business Research, 2017, 79（C）: 290-298.

［14］DAI Y, GOODALE J C, BYUN G, et al. Strategic flexibility in new high-technology ventures ［J］. Journal of Management Studies, 2018, 55（2）: 265-294.

［15］PENG M W. Institutional transitions and strategic choices ［J］. Academy of Management Review, 2003, 28（2）: 275-296.

［16］CLAUSSEN J, ESSLING C, PEUKERT C. Demand variation, strategic flexibility and market entry: Evidence from the US airline industry ［J］. Strategic Management Journal, 2018, 39（11）: 2877-2898.

［17］KATO M, ZHOU H. Numerical labor flexibility and innovation outcomes of start-up firms: A panel data analysis ［J］. Technovation, 2018, 69（C）: 15-27.

［18］GUO H, CAO Z. Strategic flexibility and SME performance in an emerging economy a contingency perspective ［J］. Journal of Organizational Change Management, 2014, 27（2）: 273-298.

［19］SCHULZE M, HEIDENREICH S. Linking energy-related strategic flexibility and energy efficiency the mediating role of management control systems choice ［J］. Journal of Cleaner Production, 2017, 140（3）: 1504-1513.

［20］DREYER B, GRONHAUG K. Uncertainty, flexibility, and sustained competitive advantage ［J］. Journal of Business Research, 2004, 57（5）: 484-494.

［21］BROZOVIC D. Strategic flexibility: A review of the literature ［J］. International Journal of Management Reviews, 2018, 20（1）: 3-31.

［22］DESA G, BASU S. Optimization or bricolage? Overcoming resource constraints in global social entrepreneurship ［J］. Strategic Entrepreneurship Journal, 2013, 7（1）: 26-49.

［23］DANNEELS E, SETHI R. New product exploration under environmental turbulence ［J］. Organization Science, 2011, 22（4）: 1026-1039.

［24］SENYARD J, BAKER T, STEFFENS P, et al. Bricolage as a path to innovativeness for resource-constrained new firms ［J］. Journal of Product Innovation Management, 2014, 31（2）: 211-230.

［25］SANCHEZ R. Strategic flexibility in product competition ［J］. Strategic Management Journal, 1995, 16（S1）: 135-159.

［26］BOCK A J, OPSAHL T, GEORGE G, et al. The effects of culture and structure on strategic flexibility during business model innovation ［J］. Journal of Management Studies, 2012, 49（2）: 279-305.

［27］ZHOU K Z, WU F. Technological capability, strategic flexibility, and product innovation ［J］. Strategic Management Journal, 2010, 31（5）: 547-561.

［28］KO W W J, LIU G, NGUGI I K, et al. External supply chain flexibility and product innovation performance: A study of small- and medium-sized UK-based manufacturers ［J］. European

Journal of Marketing, 2018, 52 (9-10): 1981-2004.

[29] SÁENZ M J, KNOPPEN D, TACHIZAWA E M. Building manufacturing flexibility with strategic suppliers and contingent effect of product dynamism on customer satisfaction [J]. Journal of Purchasing and Supply Management, 2018, 24 (3): 238-246.

[30] HITT M A, KEATS B W, SAMUEL M D. Navigating in the new competitive landscape: Building strategic flexibility and competitive advantage in the 21th century [J]. The Academy of Management Executive, 1998, 12 (4): 22-42.

[31] EBBEN J J, JOHNSON A C. Efficiency, flexibility, or both? Evidence linking strategy to performance in small firms [J]. Strategic Management Journal, 2005, 26 (13): 1249-1259.

[32] QUERE B P, NOUYRIGAT G, BAKER C R. A bi-directional examination of the relationship between corporate social responsibility ratings and company financial performance in the European context [J]. Journal of Business Ethics, 2018, 148 (3): 527-544.

[33] BAKER T, NELSON R E. Creating something from nothing: Resource construction through entrepreneurial bricolage [J]. Administrative Science Quarterly, 2005, 50 (3): 329-366.

[34] MAIR J, MARTI I. Entrepreneurship in and around institutional voids: A case study from Bangladesh [J]. Journal of Business Venturing, 2009, 24 (5): 419-435.

[35] GUO H, SU Z F, AHLSTROM D. Business model innovation: The effects of exploratory orientation, opportunity recognition, and entrepreneurial bricolage in an emerging economy [J]. Asia Pacific Journal of Management, 2016, 33 (2): 533-549.

[36] DESA G. Resource mobilization in international social entrepreneurship: Bricolage as a mechanism of institutional transformation [J]. Entrepreneurship Theory & Practice, 2012, 36 (4): 727-751.

[37] KRYLOVA K O, VERA D, CROSSAN M. Knowledge transfer in knowledge-intensive organizations: The crucial role of improvisation in transferring and protecting knowledge [J]. Journal of Knowledge Management, 2016, 20 (5): 1045-1064.

[38] WU L, LIU H, ZHANG J. Bricolage effects on new-product development speed and creativity: The moderating role of technological turbulence [J]. Journal of Business Research, 2017, 70: 127-135.

[39] HALME M, LINDEMAN S, LINNA P. Innovation for inclusive business: Intrapreneurial bricolage in multinational corporations [J]. Journal of Management Studies, 2012, 49 (4): 743-784.

[40] SANCHEZ R. Preparing for an uncertain future: Managing organizations for strategic flexibility [J]. International Studies of Management & Organization, 1997, 27 (2): 71-94.

[41] SALUNKE S, WEERAWARDENA J, MCCOLL-KENNEDY J R. Competing through servi-

ce innovation: The role of bricolage and entrepreneurship in project-oriented firms [J]. Journal of Business Research, 2013, 66 (8): 1085-1097.

[42] MOORMAN C, MINER A S. The impact of organizational memory on new product performance and creativity [J]. Journal of Marketing Research, 1997, 34 (1): 91-106.

[43] VERA D, CROSSAN M. Improvisation and innovative performance in teams [J]. Organization Science, 2005, 16 (3): 203-224.

[44] DU W D, WU J, LIU S, et al. Effective organizational improvisation in information systems development: Insights from the tencent messaging system development [J]. Information & Management, 2019, 56 (4): 614-624.

[45] KYRIAKOPOULOS K. Improvisation in product innovation: The contingent role of market information sources and memory types [J]. Organization Studies, 2011, 32 (8): 1051-1078.

[46] SUAREZ F F, MONTES J S. An integrative perspective of organizational responses: Routines, heuristics, and improvisations in a mount everest expedition [J]. Organization Science, 2019, 30 (3): 573-599.

[47] BAKER T, MINER A S, EESLEY D T. Improvising firms: Bricolage, account giving and improvisational competencies in the founding process [J]. Research Policy, 2003, 32 (2): 255-276.

[48] BOXENBAUM E, LINDA R. New knowledge products as bricolage: Metaphors and scripts in organizational theory [J]. Academy of Management Review, 2011, 36 (2): 272-296.

[49] DIBRELL C, CRAIG J B, NEUBAUM D O. Linking the formal strategic planning process, planning flexibility, and innovativeness to firm performance [J]. Journal of Business Research, 2014, 67 (9): 2000-2007.

[50] DOMENICO M L D, HAUGH H, TRACEY P. Social bricolage: Theorizing social value creation in social enterprises [J]. Entrepreneurship Theory & Practice, 2010, 34 (4): 681-703.

[51] RICHARDSON H A, SIMMERING M J, STURMAN M C. A tale of three perspectives examining post hoc statistical techniques for detection and correction of common method variance [J]. Organizational Research Methods, 2009, 12 (4): 762-800.

[52] PODSAKOFF P, MACKENZIE S, LEE J, et al. Common method biases in behavioral research: A critical review of the literature and recommended remedies [J]. The Journal of Applied Psychology, 2003, 88 (5): 879-903.

[53] AIKEN L, WEST S. Multiple regression: Testing and interpreting interactions [M]. London: Sage Publications Inc., 1991.

[54] KHAN S J, MIR A A. Ambidextrous culture, contextual ambidexterity and new product innovations: The role of organizational slack and environmental factors [J]. Business Strategy and the Environment, 2019, 28 (4): 652-663.

[55] LI Y, SU Z, LIU Y. Can strategic flexibility help firms profit from product innovation? [J]. Technovation, 2010, 30 (5-6): 300-309.

[56] JAWORSKI B J, KOHLI A K. Market orientation: Antecedents and consequences [J]. Journal of Marketing, 1993, 57 (3): 53-70.

[57] DAYAN M, Di BENEDETTO C A. Team intuition as a continuum construct and new product creativity: The role of environmental turbulence, team experience, and stress [J]. Research Policy, 2011, 40 (2): 276-286.

[58] WILDEN R, GUDERGAN S P. The impact of dynamic capabilities on operational marketing and technological capabilities: Investigating the role of environmental turbulence [J]. Journal of the Academy of Marketing Science, 2015, 43 (2): 181-199.

[59] CHANG W. The joint effects of customer participation in various new product development stages [J]. European Management Journal, 2019, 37 (3): 259-268.

[60] ANDERSON J C, GERBING D W. Structural equation modeling in practice : A review and recommended two-step approach [J]. Psychological Bulletin, 1988, 103 (3): 411-423.

[61] BAMEL U K, BAMEL N. Organizational resources, KM process capability and strategic flexibility: A dynamic resource–capability perspective [J]. Journal of Knowledge Management, 2018, 22 (7): 1555-1572.

[62] BARON R M, KENNY D A. The moderator–mediator variable distinction in social psychological research: Conceptual, strategic, and statistical considerations [J]. Journal of Personality and Social Psychology, 1986, 51 (6): 1173-1182.

How Does Strategic Flexibility Affect Bricolage: The Moderating Role of Environmental Turbulence

Mengmeng Meng   Siyao Fan   Jiasu Lei

Abstract: While most studies have viewed strategic flexibility as a capability to cope with the environmental turbulence and promote the product innovation, few of them investigate the mediating mechanism in the relationship between the strategic flexibility and product innovation. According to the resource-based view, we regard the bricolage as a concrete activity of recombining the different resources in the product development process and explore the underlying mechanism. Our results reveal that strategic flexibility has a positive and significant effect on bricolage. The effect of strategic flexibility on product innovation is partially mediated by bricolage. Furthermore, environmental turbulence moderates the relationship between strategic flexibility and bricolage positively. We contribute to the strategic flexibility research by exploring the effect of strategic flexibility on the bricolage and product innovation form a mediating perspective and offering a more nuanced and in-depth understanding of the impact of strategic flexibility. This research also provides new evidence on the effect of strategic flexibility on product innovation in transition economies such as China, where strategic flexibility is essential for firms to adapt to an uncertain environment.

Key words: Strategic flexibility; Bricolage; Environmental turbulence; Product innovation

不同主体的"共创声明"对消费者购买意愿的影响研究[*]

◎ 杨永忠　汤　韵[**]

摘要：互联网的快速发展使消费者日益参与到品牌的价值共创过程中。为了深入理解品牌释放的价值共创信号，本文基于参与品牌共创的不同主体，揭示了消费者参与品牌价值共创与明星参与品牌价值共创的影响差异。通过"国潮+非遗"的两个实验，本文发现：相比于品牌与明星的共创声明，品牌与消费者的共创声明更能激起消费者的购买意愿；感知创新和品牌信任在品牌共创声明对消费者购买意愿的影响过程中发挥中介作用。进一步从口碑效价的调节效应发现，当消费者面对负面的产品口碑时，品牌与消费者的共创声明更能激发消费者的购买意愿；当消费者面对正面的产品口碑时，品牌与消费者的共创声明和品牌与明星的共创声明对消费者购买意愿无显著差异。本文揭示了品牌共创声明对于消费者购买决策行为的作用机制和边界条件，为品牌营销与管理提供了理论启示和实践指导。

关键词：共创声明；购买意愿；感知创新；品牌信任；口碑效价

* 国家社会科学基金重点项目"文化创意的价值管理研究"（项目编号：18AGL024）资助。

** 杨永忠，四川大学商学院教授、博士生导师，四川大学创意管理研究所所长（成都 610065；yangyong-zhong116@163.com）；汤韵，四川大学商学院硕士研究生（成都 610065；tangyun_ moraynia@163.com）。

一、引言

随着互联网的高速发展，企业和消费者之间的交互方式发生了很大改变。Prahalad 和 Ramaswamy（2004）指出，消费者在市场中的角色逐渐由"被动"转为主动。[1] 他们认为生产者和消费者共同创造价值的过程就是价值共创。价值共创理论把消费者纳入品牌构建的重要资源中。在服务主导逻辑下，消费者们可以通过对话或互动参与品牌的设计、生产、分销和消费等各个方面，从而共创品牌价值。[2] 在具体实践中，品牌价值的共创形式是多样的。例如，Threadless品牌让消费者对新发布的 T 恤进行评价打分，最终得分高的将成功上架；Lego 品牌会对外释放消费者共创信号，在自己的品牌产品包装上标注"由 Lego 的粉丝设计"；Nike 的官方网站上支持消费者们根据自己的需求自主 DIY 鞋子和配件。

品牌价值共创在管理实践中的快速发展引起了学术界的广泛讨论。已有关于品牌价值共创的研究发现，消费者直接参与价值共创或品牌释放消费者参与共创的信号会带来积极影响。例如，Schreier 等（2012）运用实验法得出结论，让消费者直接参与品牌的设计会增加他们对公司的创新感知[3]；Dijk 等（2014）注意到主动向消费者释放价值共创的信号不仅可以展示品牌的真诚，也会增加消费者的购买意向[4]；Huertas 和 Pergentino（2020）的研究表明，品牌发布的消费者共创声明会对消费者的认知评价产生重要影响，从而增加购买意愿[5]。

品牌选择与明星合作由来已久，早在 19 世纪中世纪晚期就有品牌与明星合作宣传产品。随着消费者对美的追求不断增加，明星作为特殊的消费者，也逐渐凭借其对时尚的独特见解参与到品牌价值的共创中。近年来，品牌与明星联名热的出现，被很多消费者喜爱与接受。宣雨婷和吕昉（2021）通过文献整理、案例分析、对比分析，总结出品牌与明星联名对品牌设计及消费者消费行为的正向影响[6]。然而，在现有的研究中，聚焦于品牌与明星的共创行为对消费者决策影响的实证研究很少，明星参与品牌价值共创的作用过程还有待进一步验证。

基于参与品牌价值共创的两个不同主体，现有文献缺乏相关对比研究，在价值共创领域的研究中，关于价值共创不同主体的影响差异研究几乎为零。因此，本文试图通过两个实验探讨以下问题：①品牌发布与明星共创的声明和与消费者共创的声明对消费者购买意愿的影响差异；②两个不同主体的共创声明对消费者购买意愿影响的作用过程；③两个不同主体的共创声明对消费者购买意愿影响的边界条件。对以上问题的探讨不仅可以在理论上丰富关于品牌共创声明、感知创新、品牌信任等领域的相关研究，也有助于在实践中制定和实施更有效的广告营销策略。

二、理论基础与假设提出

（一）理论基础

1. 品牌价值共创相关理论

（1）价值共创。价值共创[7]的概念于2004年被Vargo和Lusch提出，后来很多学者对此展开了研究讨论，丰富了价值共创理论。Prahalad（2004）认为，价值共创指的是生产者和消费者共同创造价值[2]。Ramaswamy和Gouillart（2010）强调共创的过程是企业和消费者间的互动过程，如果没有直接互动，就不存在共创[8]。刘文超等（2011）认为，共创是指消费者自愿贡献出自己的知识、时间等资源和企业共同设计、研发、生产对自己有价值的产品或体验的过程[9]。消费者是价值共创的主体，不同类型的消费者对共创价值的作用有所区别[10]。本文的研究将消费者与明星作为不同的共创主体进行对比，探讨其参与品牌共创对消费者购买意愿的影响差异。

（2）品牌价值共创。价值共创理论是品牌价值共创研究的起点。当代技术进步使不同类型的消费主体可以利用互联网和大数据更好地参与品牌共创活动[11]。综合品牌管理中大多数学者的观点，本文认为"品牌价值共创"（或品牌共创）指品牌与消费者通过各种形式的互动以共同创造价值的过程。在本文的研究情境中，品牌通过发布与消费者共创的声明，满足消费者表达自我的需求，使消费者愿意主动参与品牌互动，激发购买意愿。而品牌与明星联名共创并释放信号，可以借助明星效应，扩大品牌知名度，吸引更多的消费群体参与到品牌的价值共创过程中。

（3）品牌共创声明。已有的文献中，有学者使用"价值共创信号"这一概念，来表达品牌向市场释放其开展价值共创活动的相关信息。关于价值共创信号，国内的研究较少，其中最具代表性的是薛哲和宁昌会（2017）对共创信号和品牌认同关系的研究[12]。也有国外学者Huertas和Pergentino应用"共创声明"[5]这一概念，认为品牌对外界释放的"共创"的信息就是"共创声明"。本文结合国内外已有的相关研究，认为"品牌共创声明"指的是品牌对外界释放的价值共创的相关信息。本文以释放品牌共创声明的形式探索两个不同主体的共创声明对消费者购买意愿的影响差异。

2. 说服知识理论

说服知识[13] 指消费者在各种营销环境下形成的个人决策知识体系，这种个人知识可以很好地应对营销人员的各种说服策略。品牌发出的共创声明属于品牌的说服知识。当消费者收到试图影响他们决策的信息时，会主动地对信息及信息动机进行识别与分析，并做出合适和有利于自身的决策。

说服知识在营销领域具有较高的应用价值，因此也受到学术界越来越多的关注。现有的关于说服知识应用的影响因素及效用研究较多，但是总体而言比较分散[14]。说服知识理论在品牌价值共创方面的探索研究则较少，消费者面对品牌的共创说服信息，将会对其购买意愿产生怎样的影响？其作用过程也有待进一步探索。鉴于此，本文将从两种不同主体的品牌共创声明出发，探究影响消费者购买意愿的因素及作用过程，以拓宽说服知识理论的应用范围，丰富现有研究。

3. SOR 理论

"刺激—有机体—反应"（S-O-R）理论[15] 是基于心理学的基础，研究外部刺激、个体感知与个体行为响应之间的关系。该理论认为外界的刺激会使个体产生认知和情感，进而影响其行为决策。该理论目前已广泛应用到营销领域，主要用于研究消费者的消费意愿及行为决策等。在本文的研究情境下，品牌发布的与不同主体的共创声明是一种外在刺激，当消费者接收不同主体的共创声明时，内心会产生不同的认知及态度，即表现为消费者的心理状态，消费者的心理状态发生改变后形成购买意愿的差异，这种不同的决策行为表现为消费者的反应。

（二）假设提出

1. 共创声明与购买意愿

企业、消费者及两者之间的互动构成了共创的三个主要方面。针对共创的形式，很多学者提出了不同的观点。例如，O'Hern 和 Rindfleisch（2010）根据共创主体的合作深度将共创形式分为提交建议、部分参与、修补共创和合作创造，其中合作是最高等级的共创形式，这是因为消费者可以根据自己的偏好和意愿贡献自己的智慧[16]。Fuchs 和 Schreier（2011）针对新产品开发实践提出了消费者授权的共创形式，并分为授予设计权和授予选择权两种基本的授权方式[17]。目前，市场上部分品牌会直接或间接让消费者们参与到品牌设计中，并在市场上积极释放相关信号。

品牌通过向市场释放其开展价值共创活动的相关信息，不仅可以让参与共创活动的消费者激发共创热情，也可以吸引更多未参与的消费者，让他们加强对品牌的认可。薛哲和宁昌会（2017）通过问卷调查、结构方程模型检验发现，品牌释放价值共创信号会正向影响消费者对品牌的认同，进而影响购买意愿[12]。相关研究也证实了消费者参与价值共创的积极影响。例如，Fuchs 和 Schreier（2011）发现，品牌向消费者释放价值共创信号后，可以带来更高的感知客户导向和更有利的消费态度[17]；Schreier 等（2012）认为，与消费者共创并释放信号会影响消费者对品牌创新能力的感知，进而影响购买意愿、支付意愿和向他人推荐的意愿[3]。基于此，本文提出以下研究假设：

H1a：品牌与消费者的共创声明将影响消费者的购买意愿。

随着品牌与明星"联名热"的出现，品牌选择与明星进行共创，既可以通过明星本人的知名度吸引更多消费者，也可以利用明星本人的潮流审美，为品牌注入新的灵感，使产品在品牌设计上更别出心裁，丰富品牌的故事与内涵[6]。Kennedy（2017）利用归因理论认为，消费者可能会出于对明星本人的信任，认为明星参与共创的品牌也是值得信赖的，从而激发购买意愿[18]。此外，年青一代消费群体的个性化诉求正越发强烈，而明星参与品牌共创能突破原有的设计壁垒，开拓新的设计思维，满足消费者内心的个性化需求。基于此，本文提出以下研究假设：

H1b：品牌与明星的共创声明将影响消费者的购买意愿。

现实生活中，仅有少部分消费者会主动参与品牌的价值共创活动，消费者的参与动力不足[19]。而明星作为特殊消费者，品牌与明星合作共创，可以凭借明星本人高度的个人魅力、较高的知名度及专业话语权吸引消费者的注意力，提升品牌感知，进而促进购买行为[20]。对于普通消费者而言，明星可以激发消费者内心的情感判别思维，使他们可以重新定义想要的自我身份，更好地表达自我[21]。McCormick（2016）认为，"千禧一代"的年轻消费群体更加关注品牌形象建设，如果品牌邀请明星联名共创，在消费者内心树立起品牌时尚且独特的良好形象，会有助于消费者形成对品牌的积极态度和购买意愿[22]。结合已有文献和现实情境，本文认为品牌与明星合作共创对消费者的影响更大。基于此，本文提出以下研究假设：

H1c：与品牌和消费者的共创声明相比，品牌和明星的共创声明更能影响消费者的购买意愿。

2. 感知创新与品牌信任的中介作用

Huertas 和 Pergentino（2020）的研究表明，品牌发布的共创声明会对消费者的认知产生重要影响[5]。Henard 和 Szymanski（2001）通过对现有的创新相关文献进行总结分析，发现企业的产品创新是影响公司绩效的重要因素，因而近年来越来越多营销界的学者关注品牌的创新及消费者的感知创新[23]。Vogt（2013）将企业产品创新与消费者的感知创新进行对比研究，认为消费者的感知创新会对企业绩效产生直接的影响[24]。Stock 和 Zacharias（2013）认为，消费者感知创新是品牌创新研究中很重要的主题[25]。从消费者角度出发，感知创新[26]指的是消费者对于产品或服务的创新程度的主观感知。已有相关研究证实感知创新会影响消费者的购买意愿。例如，Fu 和 Elliott（2013）以便携式媒体播放器为研究对象，研究结果表明，感知创新能够通过对新产品态度的正向影响，进而影响消费者对该产品的购买意愿[27]。O'Cass 和 Carlson（2012）通过对消费者的购物数据进行分析，证实了消费者对产品的感知创新可以激发消费者的购买意愿，减少对购物平台的转换行为[28]。在本文的研究情境下，品牌与不同主体合作共创对外释放共创声明，会影响消费者对品牌的认知评价，正向影响消费者对品牌的感知创新[3]。品牌价值共创作为一种新的商业模式，最重要的就是品牌和消费者的角色被重新定义。不管参与共创的主体是明星还是消费者，共创的过程都是两个主体的互动过程。在现有的研究中，牟宇鹏等（2015）和薛哲等（2018）初步验证了带有"消费者"设计信号的产品对感知创新的影响路径[29,30]，但仍需进一步深入探索和完善。基于此，本文提出以下研究假设：

H2：感知创新在不同主体的共创声明与消费者购买意愿之间起中介作用。

同时，Huertas 和 Pergentino（2020）的研究也提出品牌发布的共创声明会对消费者的情感产生重要影响，特别是对品牌的信任，进而影响决策行为[5]。学者们对于品牌信任的研究以社会心理学领域中的信任概念为基础，Bhattacharya等（1998）将"信任"定义为个体对能够获得的积极结果的一种期望[31]。基于此理解，很多学者从不同角度对品牌信任的内涵做了定义。例如，Lau 和 Lee（1999）从安全感和消费者意愿角度考虑，将"品牌信任"定义为"即使面临各种未知风险，消费者仍然愿意信赖该品牌的意愿程度"[32]。Chaudhuri 和 Holbrook（2002）从消费者对产品的品牌行为意向考虑，将"品牌信任"定义为品牌提供的产品或服务满足了消费者的某种消费需求，从而出现对该品牌激发消费意愿的情况[33]。Delgado-Ballester（2003）从消费者的期望和意愿考虑，将"品牌信任"定义为消费者在感知到风险时，仍然相信该品牌是值得信赖的[34]。品牌信任作为一种情感支撑，会在很大程度上影响消费者的意愿和行为。已有研究发现，品牌信任是品牌进行关系营销和资产提升的关键要素，同时也是消费者忠诚的基石，会对消费者购买意愿和口碑传播等产生重要影响。金玉芳等（2006）通过对化妆品行业的数据进行结构方程模型分析得出结论：消费者对于以往该品牌提供的服务或产品越满意[35]，即过去的经验中满意程度越高，对该品牌产生的信任程度越高，继而购买意愿更高。李健生等（2015）发现，消费者会倾向于购买他们所信赖的品牌和产品，从而减少自己的决策风险[36]。相较于无共创信号的品牌，消费者会对释放有共创信号的品牌好感度更高，在情感上对该品牌产生认同和信任[4]。品牌邀请明星或者消费者本人参与共创，不仅能为品牌带去更多创新设计，也能让消费者对其产品及其品牌产生更多的信任，从而激发购买意愿。基于此，本文提出以下研究假设：

H3：品牌信任在不同主体的共创声明对消费者购买意愿之间起中介作用。

3. 产品口碑效价的调节作用

口碑[37]是指消费者关于产品、服务和体验的评价，对消费者的决策行为将产生重要影响。通过对现有文献的归纳总结得出，正面口碑、中性口碑和负面口碑形成口碑效价[38]，常被用来衡量消费者购买产品后的满意度。Charlett 等（1995）认为，正面和负面的口碑更能影响消费者的消费决策，应给予更多关注[39]。因此本文主要关注正面和负面的口碑。

以往研究中关于口碑效价影响力的研究结论不一致。大部分学者认为负面的口碑更具有价值和影响力，这种偏向即负面效应[40]。该理论认为，人们在面对负面评论时内心的情感变化会更大，心理的唤醒、情绪、评价等都将产生更强的刺激[41]，同时，负面口碑相比正面更具稀缺性，因此消费者的反应强度更大。Cui 等（2012）通过对亚马逊公司超过 9 个月 300 多种新产品的面板数据进行分析，证明了在电子产品等新产品的销量方面，负面口碑比正面口碑更具影响力，说明负面效应的确是存在的[42]。然而，另一些学者充分证实了正面效应，根据线索——辨别性模型，认为正面口碑比负面口碑更具辨识度[43]。正面的口碑会唤醒消费者内心对产品的认可度和熟悉度，相比于负面口碑，消费者能较快做出决策判断；同时，正面口碑面临的不确定性较少，对于消费者而言，提取评价背后的属性信息诊断性更高[44]。

受信息发布平台、信任倾向[45]和产品性质[46]等因素的影响，正面和负面口碑的说服效果也会存在差异。已有相关研究证明产品的口碑会影响消费者的消费行为。如果现有产品存在不足，消费者对其产品表现不满意时，会主动提供自己的改进建议，并期望自己的贡献可以使产品得以改进，从而更好地满足自己的需求[47]。Huertas 和 Pergentino（2020）根据 C-I 理论，验证了产品的性能信息会影响消费者的购买意愿。当消费者面对消极的产品性能信息时，相较于品牌独自改进，品牌主张与消费者共同创造改进产品会提高消费者的购买意愿[5]；而当消费者面对积极的产品性能信息时，会产生同化效应。消费者面对两种情境的购买意愿无显著差异。基于此，本文将探讨在不同主体的共创声明情境下，面对产品的正面和负面口碑，消费者的购买意愿是否存在差异，同时丰富产品口碑效价研究的情境，对消费者购买意愿产生影响的具体因素及内部影响机制进行深入探究。基于此，本文提出以下研究假设：

H4：产品口碑效价在不同主体的共创声明对消费者的购买意愿之间起调节作用。

H4a：在正面的产品口碑信息情境下，品牌与明星的共创声明和与消费者共创的声明对消费者的购买意愿无显著差异。

H4b：在负面的产品口碑信息情境下，相较于品牌与明星的共创声明，品牌与消费者的共创声明更能激发消费者的购买意愿。

根据以上研究假设，本文构建的研究模型如图1所示：

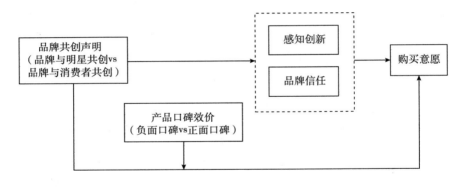

图1　研究模型

三、预实验

（一）刺激物的选择

Thompson 和 Malaviya（2013）通过实验证实，消费者在拥有相关知识的领域内参与共创的意愿更高，在自己不熟悉的领域内参与共创的意愿较低[48]。Costa 和 do Vale（2018）确定了产品类别复杂性的重要性，认为共创声明对低复杂性的产品更有利[49]。基于高参与性和共创的低复杂性的标准，本文最终选择的"卫衣"和"运动鞋"属于消费者日常生活中较熟悉的产品，对该类产品的共创不用要求过高的专业度，消费者可以根据自己的用户体验提出产品改进的建议。为了避免市场上现有品牌印象对实验结果的影响，本实验的刺激物统一使用A/B 品牌。考虑近几年国潮发展及非遗的传承创新，实验材料中所选取的两个品牌均为消费群体挚爱的国潮品牌，并加入相关非遗元素，来探索消费者对于"国潮+非遗"的新产品组合的购买意愿。

（二）产品口碑效价的操纵

产品口碑信息选取淘宝、天猫等购物平台上的真实评价信息进行相应改编，正面口碑信息和负面口碑信息各 5 条。预实验邀请了 36 名被试者，被试者在阅读完品牌产品信息后，查看其他消费者对该产品的真实评价信息，然后通过回答测量问题检验对该产品的感知印象。测量题项借鉴 Huertas 和 Pergentino（2020）[5]，共包含 5 个问题，均采用李克特 7 级量表，1 代表"非常不同意"，7 代表"非常同意"，得分越高表明被试者对产品的满意程度越高，反之则越低。对被试数据进行独立样本 T 检验显示：$M_{正面口碑} = 5.309$，$M_{负面口碑} = 3.217$，$t = 4.223$，$p<0.001$，表明实验对产品口碑效价的操纵是有效的。

（三）共创声明的操纵

本文将共创声明分为品牌与明星的共创声明和品牌与消费者的共创声明。被试者将阅读一则关于品牌价值共创的声明信息，品牌与明星的共创声明信息为："A/B 品牌近期推出的产品是由品牌设计师和明星一起设计完成的，明星本人亲自参与了产品外观的设计"；品牌与消费者的共创声明信息为："A/B 品牌近期推出的产品由品牌设计师和消费者一起设计完成，消费者参与了产品外观的设计"。36 名被试者阅读完毕后判断"该品牌的声明中提到的产品是由品牌与明星共创还是由品牌与消费者共创"。结果显示，34 名被试者做出了正确的判断，因此，本文对不同主体的共创声明操纵是有效的。

四、实验一：不同主体的共创声明对消费者购买意愿的影响

实验一将揭示不同主体的共创声明对消费者购买意愿的影响差异，同时深入探索以上过程中的作用机制，检验感知创新和品牌信任的中介作用。

（一）实验设计与测量

实验一采用国潮"卫衣"作为实验产品，设计单因素组内实验。本次实验通过问卷星平台收集数据，共邀请了 135 名被试者参与实验（年龄 18~35 岁占81.13%，女性占 50.86%）。被试者通过回答问题"你的兴趣爱好是什么"被随机分到品牌与明星共创和品牌与消费者共创两种情境中。

实验材料分为两个部分。第一部分首先介绍了品牌基本概况，具体描述为："A 品牌是一家知名的国潮体育运动服饰品牌，致力于将中国传统文化和潮流时尚相结合，完美演绎 20 世纪 90 年代复古、现代主义和未来运动趋势。该品牌近期推出了一款带有'年画'图案的国潮卫衣，这是将年画与服饰相结合的首次尝试，希望能引领潮流风尚，助力国潮和更多非遗艺术推广。"然后展示了品牌卫衣共创的声明信息（品牌与明星 VS 品牌与消费者）。完成阅读后，第二部分要求完成指定量表及个人基本信息的填写。本次实验共回收 135 份问卷，剔除无效问卷后得到有效问卷 112 份。

（二）变量测量

本文对所有变量的测量均使用成熟的量表，感知创新（Cronbach'α = 0.805）使用的是 Stock 和 Zacharias（2013）中设计的量表[25]，共包含 4 个测量题项。品牌信任（Cronbach'α = 0.828）使用的是 Chaudhuri 和 Holbrook（2001）及袁登华等（2007）中设计的量表，共包括 4 个测量题项[50,51]。购买意愿（Cronbach'α = 0.853）使用的是 Sichtmann 和 Diamantopoulos（2013）、Kim 和 Morris（2007）中设计的量表，共包含 4 个测量题项[52,53]。变量测量所使用的量表均为李克特 7 级量表，被试须对每个测试项目从 1（完全不同意）到 7（完全同意）进行打分。

（三）实验结果与分析

对数据进行独立样本 T 检验，结果显示：品牌共创声明对消费者的购买意愿影响显著（F = 6.662，t = -2.673，p<0.01），品牌与消费者共创声明的购买意愿均值为 $M_{品牌与消费者}$ = 5.33，显著大于品牌与明星共创声明的购买意愿均值 $M_{品牌与明星}$ = 4.69。同时，以购买意愿为因变量的单因素方差分析结果显示：品牌与消费者共创声明（VS 品牌与明星）的购买意愿更高 [$M_{品牌与明星}$ = 4.69，SD = 1.4，$M_{品牌与消费者}$ = 5.33，SD = 1.2；F（1，111）= 7.144，p<0.001]。

采用 Bootstrap 中介检验方法对感知创新和品牌信任的中介作用进行检验。样本量设置为 5000，在 95% 的置信区间，采用偏差校正法对数据进行中介检验，结果表明感知创新和品牌信任中介作用显著。总效应为 0.6442，P = 0.0087（<0.05），95% 的置信区间为：LLCI = 0.1666，ULCI = 1.1219。总间接效应为 0.5220，95% 的置信区间为：LLCI = 0.1652，ULCI = 0.8591，所对应的置信区间不包括 0。在 Bootstrap 95% 置信区间下，感知创新（Index = 0.2507，LLCI = 0.0540，ULCI = 0.4633）的相对中介效应占比为 39%，品牌信任（Index = 0.2713，LLCI = 0.0336，ULCI = 0.5136）的中介效应占比为 42%（见表 1）。

表1 中介效应分析结果：实验一

	效应值 （Index）	Boot 标准误差	95%置信区间		相对中介效应 （%）
			BootCI 下限 （LLCI）	BootCI 上限 （ULCI）	
总间接效应	0.5220	0.1769	0.1652	0.8591	81
间接效应 1（感知创新）	0.2507	0.1050	0.0540	0.4633	39
间接效应 2（品牌信任）	0.2713	0.1234	0.0336	0.5136	42

实验一的结果表明：品牌与明星的共创声明和品牌与消费者的共创声明均会影响消费者的购买意愿，相比于品牌与明星的共创声明，品牌与消费者的共创声明更能激发消费者的购买意愿，且感知创新和品牌信任在这一影响中具有中介作用。因此，H1a、H1b、H2 及 H3 得到验证，H1c 不成立。

五、实验二：产品口碑效价的调节效应

实验二将进一步检验感知创新和品牌信任的中介作用，同时，加入产品口碑效价以探究以上影响过程中的边界条件，检验产品口碑效价的调节作用。

（一）实验设计及过程

实验二采用国潮“运动鞋”作为实验产品，设计 2（品牌共创声明：品牌与明星共创 VS 品牌与消费者共创）×2（产品口碑效价：负面 VS 正面）的组间实验，共选取 226 名被试者参与实验，被试者通过回答问题“你的兴趣爱好是什么”被随机分到四种不同的实验情境中，然后分别填写 A、B、C、D 四类问卷。

实验材料同实验一也分为两个部分，第一部分展示品牌概况及品牌的共创声明信息。品牌基本概况描述改为：“B 品牌是一家知名的国潮体育运动服饰品牌，致力于将中国传统文化和潮流时尚相结合，完美演绎 20 世纪 90 年代复古、现代主义和未来运动趋势。该品牌近期推出了一款带有‘蜀绣’元素的国潮运动鞋，这是将蜀绣与鞋履相结合的首次尝试，希望能引领潮流风尚，助力国潮和更多非遗艺术推广。”接着展示了品牌运动鞋共创的声明信息（品牌与明星 VS 品牌与消费者）。随后第二部分展示了品牌产品真实口碑信息（正面 VS 负面），阅读完后要求被试者填写对产品口碑效价的操纵测量题项和感知创新、品牌信任及购买意愿的测量量表，并在问卷最后填写个人的基本信息。本次实验共回收 226 份问卷，剔除无效问卷后得到有效问卷 188 份（年龄 18 ~ 25 岁占 73%，女性

占71%）。

（二）变量测量

实验中所涉及的感知创新、品牌信任和购买意愿量表同实验一。产品口碑效价的操纵测试题项改编自 Huertas 和 Pergentino（2020），共包含5个问题，具体为"该品牌产品的设计很贴近消费者的生活""该品牌产品做到了产品与消费者的需求和偏好相匹配""大多数用户对该品牌产品在市场上提供的产品是满意的""该品牌的设计师充分考虑了消费者的需要""我对该品牌表示很满意"[5]。

以上变量测量所使用的量表均为李克特7级量表，被试须对每个测试项目从1（完全不同意）到7（完全同意）进行打分。

（三）实验结果与分析

对消费者的购买意愿进行独立样本 T 检验，两个不同主体的共创声明的购买意愿有显著差异（$M_{品牌与消费者} = 5.125$，$M_{品牌与明星} = 4.09$），品牌与消费者（VS 品牌与明星）的共创声明对消费者购买意愿的影响更显著。

中介效应采用 Bootstrap 方法对感知创新和品牌信任的中介作用进行检验。结果表明，总效应为0.7639，$P = 0.000$（< 0.05），95%的置信区间为：$LLCI = 0.4192$，$ULCI = 1.1085$。总间接效应为0.6396，所对应的置信区间不包括0，感知创新和品牌信任中介作用显著。在 Bootstrap 95%置信区间下，感知创新（Index = 0.2888，95%的置信区间为：$LLCI = 0.1708$，$ULCI = 0.4562$）的相对中介效应占比为38%，品牌信任（Index = 0.3508，95%的置信区间为：$LLCI = 0.1910$，$ULCI = 0.5420$）的相对中介效应占比为46%（见表2）。

表2　中介效应分析结果：实验二

	效应值（Index）	Boot 标准误差	95%置信区间		相对中介效应（%）
			BootCI 下限（LLCL）	BootCI 上限（ULCI）	
总间接效应	0.6396	0.1056	0.3439	0.9113	84
间接效应1（感知创新）	0.2888	0.0638	0.1708	0.4562	38
间接效应2（品牌信任）	0.3508	0.0888	0.1910	0.5420	46

以购买意愿为因变量，进行2（品牌共创声明：品牌与消费者 VS 品牌与明星）×2（产品口碑效价：负面口碑 VS 正面口碑）的双因素方差分析。结果显示：品牌共创声明 $[F_{(1, 186)} = 22.269, P < 0.001]$ 和产品口碑效价 [F

（1，186）＝45.461，P<0.001］的主效应均显著，且两者的交互效应也显著［F（1，186）＝11.197，P<0.001，R^2＝0.314］，说明品牌共创声明和产品口碑效价存在交互作用。进一步组间对比显示：在消费者面临负面的产品口碑信息时，品牌与消费者共创声明的购买意愿显著高于品牌与明星共创声明的购买意愿［$M_{品牌与消费者}$＝4.48，SD＝0.99，$M_{品牌与明星}$＝3.29，SD＝0.88；F（1，186）＝1.15，p<0.001］；在面临正面的产品口碑信息时，品牌与消费者共创声明的购买意愿和品牌与明星共创声明的购买意愿无显著差异［$M_{品牌与消费者}$＝4.98，SD＝1.05，$M_{品牌与明星}$＝4.89，SD＝1.16；F（1，186）＝3.45，p>0.05］（见图2）。

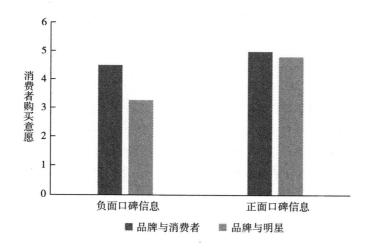

图2　品牌共创声明和产品口碑效价对购买意愿的影响

实验二的结果再次验证了 H1a、H1b、H2 及 H3，同时也验证了 H4，发现产品口碑效价在共创声明对消费者的购买意愿之间起调节作用。具体而言，在负面的产品口碑信息情境下，相较于品牌与明星共创的声明，品牌与消费者共创的声明更能激发消费者的购买意愿；而在正面的产品口碑信息情境下，品牌与明星共创声明和与消费者共创的声明对消费者的购买意愿无显著差异。

六、研究结论与讨论

（一）研究结论

本文基于品牌价值共创相关理论、说服知识理论和 SOR 理论，首次将消费者与明星作为不同的共创主体进行对比，加入产品口碑效价作为调节变量，通过两个实验探究了不同主体的品牌共创声明对消费者购买意愿的内在影响机制。主要结论如下：

第一，品牌的共创声明会对消费者的购买意愿产生显著影响。本文通过实验一验证了品牌与不同主体的共创声明信息会激发消费者的购买意愿，但相比于品牌与明星的共创声明，品牌与消费者的共创声明更能激起消费者的购买意愿。这可能是因为：一方面，在全民参与价值共创的时代，国潮的崛起进一步唤醒了消费者自我文化的苏醒。特别是对于"Z世代"的年轻人而言，他们拒绝千人一面，更倾向于选择个性、有趣、能代表消费者自我形象的品牌产品。另一方面，近年来很多明星负面新闻频出，众多企业遭受品牌形象损害。明星参与品牌共创对消费者的影响逐渐趋于被动，大家不会盲目跟风购买，而是越来越趋于理性消费。

第二，感知创新和品牌信任在不同主体的品牌共创声明对消费者购买意愿的影响中起中介作用。实验一和实验二验证了不同主体的品牌共创声明会影响消费者对于品牌的感知创新程度和品牌信任程度，进而影响其购买意愿。具体而言，与品牌和明星的共创声明相比，品牌与消费者的共创声明更能满足消费者表达自我的需求，更能增加消费者对于品牌的感知创新和品牌信任。

第三，产品口碑效价在不同主体的共创声明对消费者购买意愿中起调节作用，产品口碑效价不同，消费者的购买意愿也会发生变化。实验二通过调节效应发现，当消费者面对负面的产品口碑信息时，品牌与消费者的共创声明更能激发消费者的购买意愿；当面对正面的产品口碑信息时，两个主体的共创声明对消费者的购买意愿无显著差异。这是因为当消费者接触到负面的产品口碑信息时，内心会对产品的期望值和满意度降低，认为产品难以满足消费者自身的真实需求。作为产品的直接使用者，其他消费者会比明星更具说服力，从而认可消费者参与产品共创会比明星共创更能满足自己的需求和偏好。当消费者接触到正面的产品口碑信息时，会产生同化效应，认为产品本身是优质的，因此品牌与明星共创和品牌与消费者共创对产品使用影响不大，因此购买意愿无显著差异。

（二）理论贡献

第一，本文首次从参与价值共创的两个不同主体视角比较共创声明的信号效应，延展和深化了品牌价值共创的结果效应研究。以往有关品牌价值共创对消费者影响的研究多聚焦于参与共创的企业和消费者，鲜有将参与共创的明星和消费者进行对比研究。本文首次将明星参与品牌共创与消费者参与品牌共创进行对比研究，通过发布不同主体的共创声明发现，两个不同主体的共创声明对消费者购买意愿的影响存在差异。

第二，本文探究了品牌共创声明对消费者购买意愿的中介机制，丰富了品牌价值共创的过程研究。已有研究证实了感知创新和品牌信任对购买意愿的正向影响（Fu and Elliott, 2013；金玉芳等，2006）[27,35]，本文进一步将感知创新和品牌信任纳入研究情境中，发现不同主体的共创声明对消费者购买意愿的影响由感知创新和品牌信任所介导，丰富了感知创新和品牌信任的前因变量研究。

第三，本文明晰了品牌共创声明作用的边界条件，丰富了产品口碑效价的研究。以往的研究鲜少考虑产品口碑效价对品牌共创的影响，本文揭示了产品口碑效价在品牌共创声明对消费者购买意愿影响过程中的调节作用，识别出了品牌共创声明影响的边界条件，丰富了产品口碑效价对品牌共创的影响研究。

（三）管理借鉴

第一，企业应合理制定营销策略，促进消费者的共创行为。本文发现了品牌与消费者的共创声明更能激发消费者的购买意愿。因此，企业在制定相应的营销策略时，更应重视品牌与消费者共创声明的作用，通过市场调查充分了解消费者的心理需求，从而设计更多创意方案吸引消费者参与到品牌共创活动中。

第二，企业应设计科学的管理机制，重视共创的过程体验。让消费者参与品牌共创不仅是品牌进行创意推广的方式，同时也是与消费者建立关系的有效方式。因此，企业管理者应重视消费者参与共创的过程体验，在设计合理的运营机制基础上，协调各部门积极配合，根据消费者对共创过程体验的反馈及时进行改善优化，让消费者在参与共创的过程中体验感知到品牌的创新，增加对品牌的信任，从而产生购买行为。

第三，企业应重视已有的品牌口碑，根据市场口碑决定品牌发布的共创声明形式。如果市场上负面口碑较多，企业可以发布与消费者共创的声明，激发消费者的品牌共创参与意愿，激发消费者对品牌的信任和购买意愿。而当市场上产品的口碑大多为正面时，品牌发布与明星或与消费者共创的声明信息对购买意愿的影响没有显著差异，可以根据品牌需求与利益选择合作对象和营销宣传方式。

第四，企业应关注国潮与非遗的结合，积极支持国潮的发展与非遗的传承创新。本文证实了将国潮与非遗进行结合，会让消费者感知到品牌的创新，从而产生购买意愿。企业营销管理人员推广国潮和非遗时，针对"Z世代"等年青一代的消费群体，可以选择消费者作为品牌共创的主体，充分迎合年轻消费群体的内心需求，以激发他们内心表达自我的共鸣，从而促进消费者产生更强的购买意愿。

（四）研究局限与未来发展

本文存在一定局限性。第一，参与品牌共创的主体除了普通消费者和明星，还包括关键意见领袖（KOL）等，未来可以研究其他主体的共创声明对消费者购买意愿产生的影响差异。第二，本文仅探索了不同主体的共创声明对感知创新、品牌信任与购买意愿的作用，考虑了产品口碑效价这一边界条件。但在实际生活中，品牌价值共创影响还会受顾客认知、社会环境等其他因素影响，未来研究中可以考虑更多因素。

参考文献

［1］PRAHALAD C K, RAMASWAMY V. Co-creating unique value with customers［J］. Strategy & Leadership, 2004, 32（3）：4-9.

［2］PRAHALAD C K. The co-creation of value［J］. Journal of Marketing, 2004, 68（1）：23.

［3］SCHREIER M, FUCHS C, DAHL D W. The innovation effect of user design：Exploring consumers' innovation perceptions of firms selling products designed by users［J］. Journal of Marketing, 2012, 76（5）：18-32.

［4］DIJK J V, ANTONIDES G, SCHILLEWAERT N. Effects of co-creation claim on consumer brand perceptions and behavioural intentions［J］. International Journal of Consumer Studies, 2014, 38（1）：110-118.

［5］HUERTAS M K, PERGENTINO I. The effect of "cocreation with consumers" claims on purchase intention：The moderating role of product category performance information［J］. Creativity and Innovation Management, 2020, 29（S1）：75-89.

［6］宣雨婷，吕昉. 明星主理人与品牌联名设计的研究［J］. 设计，2021，34（1）：67-69.

［7］VARGO S L, LUSCH R F. Evolving to a new dominant logic for marketing［J］. Journal of Marketing, 2004, 68（1）：1-17.

［8］RAMASWAMY V, GOUILLART F. Building the co-creative enterprise［J］. Harvard Business Review, 2010, 88（10）：100-109.

［9］刘文超，任俊生，辛欣. 企业与消费者"共同创造"的动机和结果分析［J］. 甘肃社会科学，2011（6）：226-229.

［10］DAVENPORT S. Why brands should turn to bloggers instead of celebrity spokespeople［EB/OL］.［2014-03-07］. http：//marketingland. com/brands-turn-to-bloggers-instead-celebrity-spokespeople-75971.

［11］沈占波，代亮. 网红直播带货营销机制研究——基于品牌价值共创视角［J］. 河

北大学学报（哲学社会科学版），2021，46（6）：125-135.

［12］薛哲，宁昌会．品牌共创对品牌认同的影响：非参与顾客视角［J］．华东经济管理，2017，31（9）：152-160.

［13］FRIESTAD M，WRIGHT P. The persuasion knowledge model：How people cope with persuasion attempts［J］．Journal of Consumer Research，1994，21（1）：1-31.

［14］梁静．消费者说服知识研究述评［J］．外国经济与管理，2008（7）：39-44+51.

［15］MEHRABIAN A，RUSSELL J A. An approach to environmental psychology［M］．Cambridge：The MIT Press，1974.

［16］O'HERN M，RINDFLEISCH A. Customer co-creation：A typology and research agenda［J］．Review of Marketing Research，2010（6）：84-106.

［17］FUCHS C，SCHREIER M. Customer empowerment in new product development［J］．Journal of Product Innovation Management，2011，28（1）：17-32.

［18］Kennedy E. I create, you create, we all create—For whom?［J］．Journal of Product and Brand Management，2017，26（1）：68-79.

［19］朱良杰，何佳讯，黄海洋．数字世界的价值共创：构念、主题与研究展望［J］．经济管理，2017，39（1）：195-208.

［20］ALEX W，CAROLYN L. Effects of content class with endorsement and information relevancy on purchase intention［J］．Management Research Review，2011，34（4）：417-450.

［21］ESCALAS J E，BETTMAN J R. Self-construal, reference groups, and brand meaning［J］．Journal of Consumer Research，2005，32（3）：378-389.

［22］MCCORMICK K. Celebrity Endorsements：Influence of a product-endorser match on millennials attitudes and purchase intentions［J］．Journal of Retailing and Consumer Services，2016，32（1）：39-45.

［23］HENARD D H，SZYMANSKI D M. Why some new products are more successful than others［J］．Journal of Marketing Research，2001，38（3）：362-375.

［24］VOGT D. Innovation perception from a customer perspective recognition, assessment, and comprehension of innovations［M］．Stgallen：University of Stgallen，2013.

［25］STOCK R M，ZACHARIAS N A. Two sides of the same coin：How do different dimensions of product program innovativeness affect customer loyalty［J］．Journal of Product Innovation Management，2013，30（3）：516-532.

［26］ROGERS E M. Diffusions of innovations［M］．New York：Free Press，2003.

［27］FU F Q，ELLIOTT M T. The moderating effect of perceived product innovativeness and product knowledge on new product adoption：An integrated model［J］．Journal of Marketing Theory & Practice，2013，21（21）：257-272.

［28］O'CASS A，CARLSON J. An e-retailing assessment of perceived website-service innovativeness：Implications for website quality evaluations，trust，loyalty and word of mouth ［J］．Australa-sian Marketing Journal，2012，20（1）：28-36.

［29］牟宇鹏，吉峰，汪涛，等．顾客参与创新：第三方消费者对产品创新性的感知［J］．商业经济与管理，2015（8）：56-65.

［30］薛哲，杨建辉，张中英．共创信号、产品创新感知与品牌认同——基于共创观察者的研究［J］．财经论丛，2018（3）：77-85.

［31］BHATTACHARYA R，DEVINNEY T M，PILLUTLA M M．A formal model of trust based on outcomes［J］．The Academy of Management Review，1998，23（3）：459-472.

［32］LAU G T，LEE S H．Consumers'trust in a brand and the link to brand loyalty［J］．Journal of Market-Focused Management，1999，4（4）：341-370.

［33］CHAUDHURI A，HOLBROOK M B．Product-class effects on brand commitment and brand outcomes：The role of brand trust and brand affect［J］．Journal of Brand Management，2002，10（1）：33-58.

［34］DELGADO-BALLESTER E．Development and validation of a brand trust scale［J］．International Journal of Market Research，2003，45（1）：335-353.

［35］金玉芳，董大海，刘瑞明．消费者品牌信任机制建立及影响因素的实证研究［J］．南开管理评论，2006（5）：28-35.

［36］李健生，赵星宇，杨宜苗．外部线索对自有品牌购买意愿的影响：感知风险和信任的中介作用［J］．经济问题探索，2015（8）：44-51.

［37］KING R A，RACHERLA P，BUSH V D．What we know and don't know about online word-of-mouth：A review and synthesis of the literature［J］．Journal of Interactive Marketing，2014，28（3）：167-183.

［38］李琪，任小静．矛盾性追加评论对感知有用性的影响效应研究［J］．管理科学，2017，30（4）：139-150.

［39］CHARLETT D，GARLAND R，MARR N．How damaging is negative word of mouth［J］．Marketing Bulletin，1995（6）：42-50.

［40］YANG J，MAI E S．Experiential goods with network externalities effects：An empirical study of online rating system［J］．Journal of Business Research，2010，63（9）：1050-1057.

［41］GELB B，JOHNSON M．Word-of-mouth communication：Causes and consequences［J］．Journal of Health Care Marketing，1995，15（3）：54-58.

［42］CUI G，LIU H K，GUO X N．The effect of online consumer reviews on new product sales［J］．International Journal of Electronic Commerce，2012，17（1）：39-58.

［43］SKOWRONSKI J J，CARLSTON D E．Negativity and extremity biases in impression formation：A review of explanations［J］．Psychological Bulletin，1989，105（1）：131-142.

［44］GERSHOFF A D，MUKHERJEE A，Mukhopadhyaya A．Few ways to love，but many ways to hate: Attribute ambiguity and the positivity effect in agent evaluation [J]. Journal of Consumer Research, 2007, 33 (4): 499-505.

[45] 陶晓波，宋卓昭，张欣瑞. 网络负面口碑对消费者态度影响的实证研究——兼论企业的应对策略 [J]. 管理评论，2013, 25 (3): 101-110.

[46] EAST R, HAMMOND K, LOMAX W. Measuring the impact of positive and negative word of mouth and brand purchase probability [J]. International Journal of Research in Marketing, 2008, 25 (3): 215.

[47] FÜLLER J, BILGRAM V. The moderating effect of personal features on the consequences of an enjoyable co-creation experience [J]. Journal of Product & Brand Management, 2017, 26 (4): 386-401.

[48] THOMPSON D V, MALAVIYA P. Consumer-generated ads: Does awareness of advertising co-creation help or hurt [J]. Journal of Marketing, 2013, 77 (3): 33-47.

[49] COSTA C, DO VALE R C. To tell or not to tell? The impact of communicating consumer participation in new product development [J]. Journal of Product & Brand Management, 2018, 27: 158-171.

[50] CHAUDHURI A, HOLBROOK M B. The chain of effects from brand trust and brand affect to brand performance: The role of brand loyalty [J]. Journal of Marketing, 2001, 65 (2): 81-93.

[51] 袁登华，罗嗣明，李游. 品牌信任结构及其测量研究 [J]. 心理学探新，2007 (3): 81-86.

[52] SICHTMANN C, DIAMANTOPOULOS A. The impact of perceived brand globalness, brand originimage, and brand origin-extension fit on brand extension success [J]. Journal of the Academy of Marketing Science, 2013, 41 (5): 567-585.

[53] KIM J, MORRIS J D. The power of affective response and cognitive structure in product-trial attitude formation [J]. Journal of Advertising, 2007, 36 (1): 95-106.

Research on the Influence of "Co-creation Statement" of Different Subjects on Consumers' Purchase Intention

Yongzhong Yang   Yun Tang

Abstract: With the rapid development of the Internet, consumers are increasingly participating in the value co-creation process of brands. In order to deeply understand the value co-creation signals released by brands, this study reveals the difference in the influence of consumers participating in brand value co-creation and celebrities participating in brand value co-creation based on different subjects participating in brand value co-creation. Through the two experiments of "national tide+intangible cultural heritage", this paper finds that: Compared with the co-creation statement of the brand and the celebrity, the co-creation statement of the brand and the consumer can arouse consumers' purchase intention more; Perceived innovation and brand trust play a mediating role in the influence of brand co-creation statement on consumers' purchase intention. Furthermore, the moderating effect of word-of-mouth valence is found to be that that when consumers face negative product word-of-mouth, the co-creation statement between brands and consumers can more stimulate consumers' purchase intention; When consumers face positive product word-of-mouth, brand co-creation claims with consumers and co-creation claims between brands and celebrities have no significant difference in consumer purchase intentions. This study reveals the mechanism and boundary conditions of brand co-creation statement on consumer purchasing decision behavior, and provides theoretical inspiration and practical guidance for brand marketing and management.

Key words: Co-creation statement; Purchase intention; Perceived innovation; Brand trust; Word-of-mouth valence

基于演化博弈的文化创意企业信用风险评估研究[*]

◎ 高长春　邹　耀　邓梅娥[**]

　　摘要：文化创意企业融资困难的根源在于信息不对称，而信用风险评估是缓解企业融资困境的重要途径之一。本文构建了文化创意企业和金融机构间的演化博弈模型，验证了进行文化创意企业信用风险评估的有效性。结果显示：在初始状态不变的情况下，文化创意企业和银行等金融机构的博弈均衡点最终会演化到文化创意企业有违约状况，即发展信用风险，而银行等金融机构为了降低损失拒绝向文化创意企业进行放贷的稳定状态；这种不合作的稳定状态既不利于文化创意企业顺利融资，也会限缩金融机构的业务发展范围。而当加强对文化创意企业可能发生的信用风险的评估时，则可以降低金融机构的相关成本，增加文化创意企业发生信用违约的代价，从而使最终的博弈朝向双方合作的方向发展，从而缓解文化创意企业面临的融资困境。

　　关键词：文化创意企业；信息不对称；信用风险评估；演化博弈

---

　　* 上海市哲学社会科学规划课题"文化产业数字化融合创新及共生生态发展研究"（项目编号：2021ECK001）、上海市人民政府发展研究中心项目"上海文化创意产业生态链转型研究"（项目编号：2022-YJ-M04-B）、东华大学中央高校基金重点项目资助。

　　** 高长春（1964—），男，吉林桦甸人，东华大学旭日工商管理学院教授、博士生导师，主要研究方向：创意管理（上海 200051）；邹耀（1989—），男，安徽淮南人，东华大学旭日工商管理学院博士研究生，主要研究方向：创意企业管理（上海 200051）；邓梅娥（1984—），女，武汉轻工业大学管理学院讲师（武汉 430023；472904570@ qq. com）。

一、引言

随着我国经济发展水平日益提高，人民群众的收入逐年增长，人民群众对于精神文化产品和服务的需求越来越强烈。文化创意产业作为精神文化产品和服务的主要供给源，也受到越来越多的关注。文化创意产业的发展对于推动我国社会主义文化大发展、大繁荣，增强文化自信具有重要意义，也是发扬中华民族传统文化，使其重新屹立于世界文化之林的重要前提。目前，我国经济正处于高质量发展阶段，文化创意产业对于推动我国产业结构转型升级、促进经济的高质量发展具有重要作用[1, 2]，日益成为我国居民消费结构升级和经济增长的新亮点[3, 4]。文化创意企业作为文化创意产业的微观组成部分，是推动产业转型升级、促进经济发展、满足人民群众日益增长的精神文化产品和服务的基础。

文化创意产业中的企业多以中小微企业为主，规模较小，成立时间较晚，信用历史较短，公司资产以专利、商标、品牌、知识产权等无形资产为主的特征使其难以被银行等金融机构信赖。同时，文化创意产品或服务从研发到投放市场存在一定的风险，使其价值难以被准确地评估。文化创意产品或服务在研发阶段面临失败的风险，在投放市场的过程中面临消费者需求的不确定性风险，这是因为文化创意产品或服务从研发到市场销售需要经过较长的时间，但是消费者的习惯受到种种因素的影响可能会快速发生变化。受到金融机构自身信贷风险评估能力的限制，在产品或服务的价值难以准确评估的前提下文化创意企业的融资难度加大。此外，我国文化创意企业普遍存在经营管理不健全、内部运营有待规范、相关信息披露不完整等问题，由此带来的信息不对称易引发企业的信用危机，使企业面临融资难题。

近年来，随着信息技术的发展，企业相关数据的可得性不断提高，为利用大数据技术进行企业信用风险评估提供了可能。针对银行等金融机构由于信息对称问题的存在，导致文化创意企业难以获取信贷资金的问题，文化创意企业进行信用风险评估是其必然选择。本文将通过演化博弈分析揭示文化创意企业信用风险存在的原因，并在演化博弈分析中引入信用风险评估，使文化创意企业种群和金融机构种群的演化均衡向合作方向演进，为缓解文化创意企业融资困难奠定理论基础。

二、相关文献综述

融资难一直是文化创意企业面临的一种重要问题。学者们一直积极从各个方面探讨企业融资相关问题。邓丽丽从产业融资规律视角对北京文化创意企业面临的融资难题进行了分析，并提出了相应的对策[5]。王大为和魏亚平分析了文化创意面临融资困境的内外部因素，并提出了针对性政策[6]。杨光和谢家平针对中小文化创意企业的融资难题，提出用未来票房收入质押融资模型来缓解文化创意企业融资问题[7]。魏鹏举就小微文化创意企业的弱势市场地位和融资失灵问题，提出依托大学的文创空间形成的集聚效应和互联网众筹模型来缓解小微企业融资问题[8]。郭娅丽针对版权质押融资中存在的困境，提出将版权期待权纳入质押范围、完善担保方式和企业信用信息公示制度及借鉴最新法律成果实现质权[9]。

龚志文等构建了文化创意企业知识产权质押融资收益感知矩阵和演化博弈模型，并发现第三方知识产权评估担保平台参与演化博弈时，整个演化博弈系统会向金融机构和文化创意企业合作方向演化，并达到稳定状态[10]。肖莎等针对小微企业融资难题，在演化博弈模型中引入信用评级和惩罚成本，从而使小微企业和金融机构达到合作的稳定状态，缓解小微企业的融资难题[11]。此外，还有学者提出从专利权质押[12]、加强金融服务信息系统建设[13]、构建预收购机制[14]等角度出发来缓解文化创意企业面临的融资问题。

从以上分析可以发现，现有文献较少从企业信用风险评估研究角度探究文化创意企业的信息不对称问题。本文将在通过演化博弈分析文化创意企业信用风险形成机制的基础上，将企业信用风险评估机制引入博弈过程，提升金融机构企业风险的识别能力，增加文化创意企业违约成本，从而使演化博弈的稳定状态从不合作向合作过渡，缓解文化创意企业的融资难题，扩展金融机构的业务范畴，实现双赢，为缓解文化创意企业融资难题奠定理论基础。

三、文化创意企业信贷融资模式

为了促进文化创意企业快速发展，仅仅依靠企业的内部积累远远不能满足企业发展的需要。因此，通过举债的方式获取发展资金成为众多文化创意企业的必然选择。就目前的情况来看，文化创意企业的信贷融资仍然以银行信贷为主，债券市场和民间借贷等信贷融资方式是文化创意企业进行融资的重要补充。

（一）银行信贷融资模式

目前，我国的金融市场发展尚不成熟，其他的融资方式要么渠道不畅要么成本太高，难以满足文化创意企业的融资需求。为了获取企业发展资金，银行信贷资金成为补充文化创意企业流动性不足和投资需求的重要途径。文化创意企业进行银行信贷融资的主要方式包括知识产业抵押贷款、质押借款、信用证融资等方式。一般来说，文化创意企业的银行信贷融资规模越大，企业的债务越高，企业的杠杠水平越高。此时，文化创意企业如果经营得当，那么收益将实现倍增；反之，企业的损失也将会被成倍放大。根据中国人民银行最新数据显示，截至2020年，30家银行的文化产业贷款余额达到16561.5亿元。尽管受到2018年后经济增长放缓、不良贷款增加等不利因素的影响，文化产业贷款余额增长呈现放缓趋势，但是2016~2020年信贷资金余额平均增速还是达到了17.61%（见图1），分别高于同时期的银行业金融机构贷款余额增长率和金融机构贷款余额增长率。此外，为文化创意产业提供信贷支持的银行以中小规模为主，但其信贷余额总量仍低于大型商业银行。

图1　2016~2020年30家主要银行的文化产业贷款余额增长率

（二）债券融资模式

债券融资也是文化创意企业进行融资的重要渠道。债券作为一种有价证券，是文化创意企业在发展筹集资金过程中而向投资者出具的、承诺偿还本息的债务凭证。文化创意产业拥有的资产以版权、专利等轻资产为主，相应地，其债券融资方式也表现出一定的创新性，如版权类资产支持类债券融资模式等。其债券融资市场主要包括场外市场（中国银行间市场）及场内市场（深圳证券交易所）。根据 Wind 咨询统计，2019 年各类文化企业共发行 119 只债券，发行总额为 1185.33 亿元，同比增长 128%。尽管文化产业债券发展速度增长较快，但是占整体证券市场规模的比例仍然较低，总体上占比不到 1%。

（三）互联网融资模式

近年来，随着数字技术的快速发展，金融科技创新加速，互联网融资发展迅速。互联网融资具有低门槛、便捷性、快速放贷等优点，可以更好地满足文化创意企业短、平、快的融资需求，是解决文化创意企业融资需求的重要方式之一。近年来，以支付宝、财务通等为代表的互联网融资平台发展迅速，预估到 2023 年底，我国互联网金融消费贷款市场规模将达到 50.29 万亿元，而互联网金融的快速为文化创意企业融资奠定了良好的基础。

我国文化创意企业以中小企业为主，企业规模较小，以轻资产为主，这些资产的价值往往难以评估，无法用于融资抵押或质押，很大一部分企业被排斥在一些银行等传统金融机构之外。但是随着互联网金融的快速发展，相关融资平台和企业如雨后春笋般崛起，这些企业借助于大数据技术，结合文化创意企业发展相关数据，可以准确识别企业信用状况，进行信贷决策。同时，互联网金融企业也可以根据文化创意企业融资需求现状，开发出适合企业发展的金融产品，来满足企业的融资需求。

（四）其他信贷融资方式

其他信贷融资方式主要包括民间借贷、并购融资及资产证券化等。民间借贷是在文化创意企业无法达到银行信贷融资门槛和债券发行条件的情况下，为了能够及时获取资金去研发和推广产品、项目或扩大市场规模，以较高的利息直接从民间或金融机构进行的非正规融资。这种信贷融资方式一般成本较高、风险较高。并购融资是指企业以并购企业的资产或未来收益为抵押，向银行等金融机构进行借款的行为。随着我国文化创意产业的快速发展，并购融资也越来越多。资产证券化是文化创意企业进行信用融资的一个新的发展方向，是以文化创意企业拥有的版权、专利等无形资产的收入为信用基础向资本市场融资的方式。

四、文化创意企业信用风险形成的演化博弈分析

（一）演化博弈模型构建

在文化创意企业进行融资过程中，主要存在的一对博弈方为文化创意企业 C

和银行等金融机构 F。在双方信息不充分的条件下，银行等金融机构可以选择的策略为 {放贷，拒绝放贷}，文化创意企业可以选择的策略为 {履约，违约}。假定银行等金融机构的放贷的可能性为 m（$0 \leqslant m \leqslant 1$），则拒绝放贷的可能性为 $1-m$；文化创意企业履行到期债务的可能性为 n（$0 \leqslant n \leqslant 1$），则无法履行到期债务的可能性为 $1-n$。同时，m 和 n 与时间 t 的函数关系为：$m=m$（t），$n=n$（t）。

银行等金融机构是否对文化创意企业进行放贷，取决于其所能产生的收益和成本差。若收益大于成本，金融机构则会放贷；反之，则拒绝。金融机构在考虑是否对文化创意企业进行信贷支持时的主要成本是风险识别和监督成本，产生的费用假定为 C_F（$C_F > 0$）。对于文化创意企业而言，向金融机构申请信贷资金会产生诸如材料准备的费用 C_{C1}（$C_{C1} > 0$），以及按期偿还信贷资金的本金和利息费用 C_{C2}。

在金融机构选择给文化创意企业放款，文化创意企业也正常还款的情况下，金融机构的收益为 R_F（$R_F > 0$ 且 $R_F > C_F$）；文化创意企业的收益可以表示为 R_C（$R_C > 0$ 且 $R_C > C_{C1} + C_{C2}$）。在金融机构选择放款给文化创意企业，文化创意企业选择不偿还到期债务的情况下，文化创意企业将获取更多的收益 R'_C（$R'_C > 0$ 且 $R'_C \gg R_C$）；银行等金融机构获得的收益较少，假定为 R'_F（$R_F \gg R'_F$ 且 $R'_F > 0$），R'_F 之所以假定大于 0，是因为即使文化创意企业出现违约，未按期偿还本息，银行等金融机构也可以通过对企业进行追债来弥补部分损失。银行等金融机构在对文化创意企业进行讨债的过程中，会产生一定的费用 D_F（$D_F > 0$）。一般认为，银行等金融机构在讨债的过程中需要花费大量的人力、物力和财力，而一般未能正常履约都是因为文化创意企业的内部财务出现了严重问题导致的，因此，银行等金融机构即使能够获得相关方面的支持，获取的收益也相对来说比较低，即 $R'_F - C_F - D_F < 0$。这种情况发生在银行等金融机构的信贷风险识别技术性能较弱，而文化创意企业未能按时偿还到期债务的惩罚也较轻的时候。

文化创意企业除了通过银行等金融机构进行融资外，还可以通过其他渠道进行融资，假定通过其他渠道进行融资的费用为 D_C（$D_C > 0$），一般认为文化创意企业其他融资途径的费用要高于银行的融资费用，即 $D_C > C_{C2}$。同时，假定通过其他途径获取的收益与银行融资获取的收益一样，即 R_C。经营良好的文化创意企业更容易获取银行等金融机构的资金支持，此时，这类文化创意企业的净收益为 $-C_{C1}$。而经营状况较差的文化创意企业由于难以获取正规金融机构的信贷支持，转而向成本更高的其他途径进行融资，此类文化创意企业的净收益为 $R_C - C_{C1} - D_C$，一般认为 $R_C - C_{C1} - D_C$ 要大于 0，否则文化创意企业就没有动机进行其他途径的融资了。

通过以上分析，我们可以构建文化创意企业和银行等金融机构融资博弈支付矩阵，如表1所示。

表1 博弈收益感知矩阵

博弈双方		金融机构	
		放贷（m）	拒绝放贷（$1-m$）
文化创意企业	履约（n）	$R_C - C_{C1} - C_{C2}$, $R_F - C_F$	$-C_{C1}$, 0
	违约（$1-n$）	$R'_C - C_{C1}$, $R'_F - C_F - D_F$	$R_C - C_{C1} - D_C$, 0

通过表1可以看出，银行等金融机构为文化创意企业提供信贷资金的期望收益为：

$$U_{F1} = n(R_F - C_F) + (1-n)(R'_F - C_F - D_F) \tag{1}$$

而金融机构拒绝为文化创意企业提供信贷资金的期望收益为：

$$U_{F2} = 0 \tag{2}$$

金融机构的平均期望收益为：

$$E(U_F) = mU_{F1} + (1-m)U_{F2} \tag{3}$$

文化创意企业履行债务偿还义务的期望收益为：

$$U_{C1} = m(R_C - C_{C1} - C_{C2}) - C_{C1}(1-m) \tag{4}$$

文化创意企业未能按期偿还金融机构债务的收益为：

$$U_{C2} = m(R'_C - C_{C1}) + (1-m)(R_C - C_{C1} - D_C) \tag{5}$$

文化创意企业的平均期望收益为：

$$E(U_C) = nU_{C1} + (1-n)U_{C2} \tag{6}$$

通过金融机构和文化创意企业以上的期望收益公式可以发现，双方选择不同的策略所获取的期望收益是不同的，因此在金融机构群体和文化创意企业群体中使用不同博弈策略的比例会随着时间的推移而发生变化。这是因为，金融机构和文化创意企业会在博弈的过程中，经过各自期望收益的研判，摒弃那些期望收益较低的策略，选择对自身最有力的策略。

基于表1感知收益矩阵，可以得出金融机构群体和文化创意企业群体相应的复制动态方程。金融机构群体对文化创意企业群体进行放贷的比例动态变化为：

$$\frac{dm(t)}{dt} = m[U_{F1} - E(U_F)] \tag{7}$$

其中，$\frac{dm(t)}{dt}$ 表示选择放贷策略的金融机构在整体金融机构群体中比例随时间的变化情况。m 表示在 t 时刻，金融机构群体中选择放贷的个体比例。U_{F1} 表示金融机构选择放贷策略的期望收益，而 $E(U_F)$ 表示金融机构群体的平均收益。通过式（7）可以得出，选择放贷策略的金融机构个体随时间的变化率与当前选择放贷策略的金融机构个体数量、选择放贷策略金融机构的期望收益和金融机构群体的平均收益之差成正比。

基于式（1）、式（2）、式（3），可以简化金融机构放贷策略的复制动态微分方程为：

$$\frac{dm(t)}{dt} = m[U_{F1} - E(U_F)] = m[U_{F1} - mU_{F1} - (1-m)U_{F2}]$$

$$= m(1-m)[U_{F1} - U_{F2}]$$

$$= m(1-m)[n(R_F - C_F) + (1-n)(R'_F - C_{F1} - C_{F2} - D_F)] \tag{8}$$

同理，基于式（4）、式（5）、式（6），可以简化文化创意企业履行到期债务还本付息义务的复制动态微分方程为：

$$\frac{dn(t)}{dt} = n[U_{C1} - E(U_C)] = n[U_{C1} - nU_{C1} - (1-n)U_{C2}]$$

$$= n(1-n)[U_{C1} - U_{C2}]$$

$$= n(1-n)[m(R_C - C_{C1} - C_{C2}) - C_{C1}(1-m) - m(R'_C - C_{C1}) - (1-m)(R_C - C_{C1} - D_C)] \tag{9}$$

（二）演化博弈模型的均衡和稳定分析

1. 金融机构和文化创意企业间演化博弈的均衡点分析

根据微分方程的稳定性定理和演化博弈稳定策略的相关知识，当 $\frac{dm}{dt} = 0$ 和 $\frac{dn}{dt} = 0$ 时，可求得该博弈复制动态方程的稳定策略。

当金融机构群体和文化创意企业群体演化博弈的复制动态方程等于 0 时，文化创意企业和金融机构可以实现局部稳定的均衡点，即演化博弈双方的稳定策略点。将式（8）、式（9）取值为 0，可以算出金融机构群体和文化创意企业全体的局部稳定条件。

根据金融机构的复制动态方程，使式（8）结果为 0，能够求得三个可能的稳定状态：$m=0$，$m=1$，$n^* = -\dfrac{R'_F - C_F - D_F}{R_F - R'_F + D_F}$。

根据文化创意企业的复制动态方程，使式（9）结果为 0，可以求得：$n=0$ 或 $n=1$ 或 $m^* = \dfrac{R_C - D_C}{2R_C - C_{C2} - R'_C - D_C}$。

综合以上分析，令式（8）、式（9）等于 0 并联立方程组，求解 m 和 n 即可得到演化博弈过程的 5 个局部均衡点。在金融机构和文化创意企业的双方动态博弈中，有 5 个局部的纳什均衡点：$A_1(0,0)$，$A_2(0,1)$，$A_3(1,0)$，$A_4(1,1)$，$A_5\left(\dfrac{R_C - D_C}{2R_C - C_{C2} - R'_C - D_C},\ \dfrac{R'_F - C_F - D_F}{R_F - R'_F + D_F}\right)$。

2. 金融机构和文化创意企业间演化博弈均衡点的稳定性分析

文化创意企业信用风险的演化情况不仅受到和金融机构演化博弈的均衡点影响，还受到和金融机构演化博弈的均衡点的稳定性影响。参考 Friedman[15] 提出的雅克比矩阵（Jacobian）相关知识进行局部稳定性分析，进而求解稳定策略。分别对 $\dfrac{dm}{dt}$、$\dfrac{dn}{dt}$ 求关于 m 和 n 的偏导数，可以求得演化博弈模型的雅克比矩阵：

$$J = \begin{bmatrix} X_1 & X_2 \\ X_3 & X_4 \end{bmatrix} = \begin{bmatrix} \dfrac{\partial\left(\dfrac{dm}{dt}\right)}{\partial m} & \dfrac{\partial\left(\dfrac{dm}{dt}\right)}{\partial n} \\ \dfrac{\partial\left(\dfrac{dn}{dt}\right)}{\partial m} & \dfrac{\partial\left(\dfrac{dn}{dt}\right)}{\partial n} \end{bmatrix}$$

$$= \begin{bmatrix} (1-2m)(R'_F - C_F - D_F + nR_F - nR'_F + nD_F) & m(1-m)(R_F - R'_F + D_F) \\ n(1-n)(2R_C - C_{C2} - R'_C - D_C) & (1-2n)(2mR_C - mC_{C2} - mR'_C - mD_C - R_C + D_C) \end{bmatrix} \quad (10)$$

计算该雅克比矩阵的行列式和迹，其中行列式为 $Det(J) = X_1 \times X_4 + X_2 \times X_3$，迹为 $Tr(J) = X_1 + X_4$，据此可以计算出式（10）的行列式值和矩阵的迹分别为：

$$Det(J) = (1-2m)(R'_F - C_F - D_F + nR_F - nR'_F + nD_F) \times (1-2n)(2mR_C - mC_{C2} - mR'_C - mD_C - R_C + D_C) + m(1-m)(R_F - R'_F + D_F) \times n(1-n)(2R_C - C_{C2} - R'_C - D_C)$$

$$(11)$$

$$Tr(J) = (1-2m) \times (R'_F - C_F - D_F + nR_F - nR'_F + nD_F) + (1-2n) \times (2mR_C - mC_{C2} - mR'_C - mD_C - R_C + D_C) \tag{12}$$

将演化博弈 5 个局部纳什均衡点代入式（11）和式（12），可以得出金融机构和文化创意企业演化博弈过程中均衡点稳定性状况。

根据非线性动力学相关理论和应用研究，借鉴谢晓东[16]研究，本文认为，当 $Det(J) > 0$ 且 $Tr(J) < 0$ 时，此时求得的文化创意企业和金融机构演化博弈均衡点是博弈双方的渐进稳定点，即文化创意企业种群和金融机构种群演化博弈系统的稳定策略点；当 $Det(J) > 0$ 且 $Tr(J) > 0$ 时，此时求得的文化创意企业和金融机构种群的博弈均衡点是整个演化博弈系统的不稳定点；当 $Det(J) < 0$ 时，此时求得的博弈均衡点是整个演化博弈系统的不稳定点；当 $Det(J) > 0$ 且 $Tr(J) = 0$ 时，此时求得的博弈均衡点是整个演化博弈系统的中心点；当 $Tr(J) = 0$ 时，则认为求得的博弈均衡点是整个演化博弈系统的鞍点。具体结果如表 2 所示。

表 2　演化博弈局部稳定性分析结果

纳什均衡点	矩阵行列式值符号	矩阵迹的符号	稳定性
$A_1(0, 0)$	+	−	渐进稳定点
$A_2(0, 1)$	+	+	不稳定点
$A_2(1, 0)$	−	不确定	不稳定点
$A_4(1, 1)$	−	不确定	不稳定点
$A_5(m_5, n_5)$	不确定	0	鞍点

3. 金融机构和文化创意企业动态演化博弈过程分析

从以上分析可以看出，在 5 个可能的纳什均衡点中，有一个稳定的均衡点 $A_1(0, 0)$，而其他不稳定的均衡点最后都会向这一稳定的均衡点演化移动。

从图 2 中可以容易看出，在文化创意企业种群和金融机构种群演化博弈过程中，存在一个稳定均衡点 $A_1(0, 0)$，即在文化创意企业融资过程中，不管整个演化博弈系统最开始处于什么状态，在无外力干涉的条件下，随着金融机构群体和文化创意企业群体反复博弈，最后文化创意企业种群和金融机构种群在整个融资市场中都会趋向稳定均衡点 $A_1(0, 0)$，也就是说，文化创意企业无法从金融机构获取融资，面临融资困境。

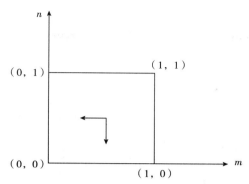

图2　金融机构种群和文化创意企业种群演化博弈相位图

五、基于文化创意企业信用风险缓解的演化博弈分析

在文化创意企业信用风险形成机理的演化博弈基础上，针对博弈稳定均衡点 $A_1(0,0)$，即金融机构群体和文化创意企业群体都采取不合作的博弈策略，进行优化调整，进而缓解文化创意企业融资难题。主要通过降低金融机构对于文化创意企业的贷前观测成本和贷后监督成本，同时提高文化创意企业的违约成本使文化创意企业获得融资，金融机构也愿意放贷。

（一）缓解演化博弈模型构建

金融机构在与文化创意企业建立债权债务关系的过程中，金融机构产生的成本主要有放贷前的信用状况识别成本和放贷后的监督成本，而文化创意企业所产生的成本主要是违约成本。这些成本的存在直接影响了金融机构和文化创意企业演化博弈策略的选择。对于金融机构而言，如果其信用风险识别成本较高，那么为了避免可能的损失，金融机构就会放弃放贷。如果文化创意企业的违约成本低，那么文化创意企业就会选择违约；反之就是正常履约。但是，随着风险识别技术的进步，金融机构可以提高风险识别能力，降低了金融机构的相关成本，可以为文化创意企业获取融资提供帮助。

在本节研究中，我们引入了金融机构贷前信用风险识别成本的改变量 ΔC_F（$\Delta C_F>0$），这样，金融机构的风险贷前风险识别成本变为 $C_F-\Delta C_F$。随着金融科技的发展，金融机构进行信用风险识别的效率越来越高，从而可以降低人工进行信贷风险识别的低效率和高成本。随着科技的发展与进步，金融机构进行风险识别的能力越来越高，甚至出现了人工智能完全替代人工的情况，从而使 $C_F-\Delta C_F$ 较小。假定 $\lim C_F-\Delta C_F \to 0$，则若文化创意企业在获取信贷资金后未能按时偿还贷款，此时由于金融机构数字化风险控制手段的改进使金融机构追债的收益远远高于0，也就是 $R'_F - (C_F - \Delta C_F) - D_F > 0$。

对于文化创意企业来说，本节中我们引入了文化创意企业的违约成本 P_C（$P_C > 0$）。这个成本的存在主要是由于金融机构信用风险评估技术的进步，使有违约风险的文化创意企业可以更加轻松地被提前发现，在违约处罚不变的前提下，文化创意企业的总违约成本就会上升。同时，随着我国信用体系建设的逐步完善，一旦发现文化创意企业有违约记录，便可以影响其未来的融资需求，使文化创意企业的违约成本过高，即 $P_C \to +\infty$，从而使文化创意企业违约的净收益低于0，即 $R'_C - C_{C1} - P_C \ll 0$。

通过以上分析，我们可以构建文化创意企业和银行等金融机构融资博弈支付矩阵，如表3所示。

表3　基于信用风险评估博弈收益感知矩阵

博弈双方		金融机构	
		放贷（m）	拒绝放贷（$1-m$）
文化创意企业	履约（n）	$R_C - C_{C1} - C_{C2}, R_F - (C_F - \Delta C_F)$	$-C_{C1}, 0$
	违约（$1-n$）	$R'_C - C_{C1} - P_C, R'_F - (C_F - \Delta C_F) - D_F$	$R_C - C_{C1} - D_C, 0$

（二）演化博弈模型的均衡和稳定分析

1. 金融机构和文化创意企业间演化博弈的均衡点

综合以上分析，在金融机构和文化创意企业的双方动态博弈中，有5个可能的纳什均衡点：$B_1(0, 0)$，$B_2(0, 1)$，$B_3(1, 0)$，$B_4(1, 1)$，$B_5\left(\dfrac{R_C - D_C}{2R_C + P_C - C_{C2} - R'_C - D_C}, \dfrac{D_F + C_F - \Delta C_F - R'_F}{R_F - R'_F + D_F}\right)$。

2. 金融机构和文化创意企业间演化博弈均衡点的稳定性分析

基于以上分析，可以得出考虑信用风险识别能力改进的演化博弈局部稳定性分析结果，具体结果如表4所示。

表4　基于信用风险评估演化博弈局部稳定性分析结果

纳什均衡点	矩阵行列式值符号	矩阵迹的符号	稳定性
$A_1(0, 0)$	－	不确定	不稳定点

续表

纳什均衡点	矩阵行列式值符号	矩阵迹的符号	稳定性
$A_2(0, 1)$	+	+	不稳定点
$A_2(1, 0)$	−	不确定	不稳定点
$A_4(1, 1)$	+	−	渐进稳定点
$A_5(m_5, n_5)$	−	0	鞍点

3. 金融机构和文化创意企业动态演化博弈过程分析

从以上分析可以看出，在基于信用风险识别改进演化博弈的 5 个可能的纳什均衡点中，有一个稳定的均衡点 $B_4(1, 1)$，而其他不稳定的均衡点最后都会向这一稳定的均衡点演化移动。

从图 3 中可以容易看出，在文化创意企业群体和金融机构群体演化博弈过程中，存在一个稳定均衡点 $B_4(1, 1)$，即在文化创意企业融资过程中，随着金融机构信用风险识别能力的提升，金融机构群体和文化创意企业群体反复博弈，最后文化创意企业群体和金融机构群体在整个融资市场中都会趋向稳定均衡点 $B_4(1, 1)$，即文化创意企业可以从金融机构获取融资，同时文化创意企业也不会违约。

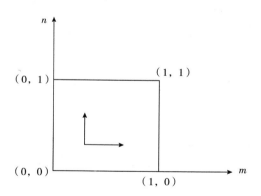

图 3　基于信用风险评估的金融机构和文化创意企业演化博弈相位图

六、结论

本章首先介绍了文化创意企业信贷融资的主要方式，并在此基础上分析了存在信息不对称的金融机构和文化创意企业间的演化博弈，深度揭示了文化创意企业存在融资困境的内在机理。随后，提出改进文化创意企业融资困境的措施，为后续信用风险预警研究奠定理论基础。

文化创意企业融资对于银行信贷资金的依赖程度依然较大，其他的融资方式有债券融资、民间借贷、并购融资及资产证券化等。通过金融机构和文化创意企业间的演化博弈分析可以发现，在双方博弈没有任何外在因素干预的情况下，随着金融机构群体和文化创意群体不断、反复地学习、调整，最终博弈的稳定点会停留在金融机构具体提供信贷支持，而文化创意企业倾向于违约的状态。但是，如果金融机构可以更加准确地识别文化创意企业可能存在的信用风险，降低不确定性，同时，文化创意企业也会因为违约记录而付出更多的违约成本，最终，会使金融机构和文化创意企业间的博弈均衡点朝着共同合作的方面演化，从而实现双赢，缓解文化创意融资困境，扩大金融机构的信贷市场。

参考文献

[1] 张苏缘，顾江．文化产业集聚如何赋能区域产业结构升级——基于城市品牌的中介效应分析 [J]．江苏社会科学，2022（5）：172-181+243-244.

[2] 熊正德．文化创意产业能助推经济发展方式转变吗？——以湖南省为例 [J]．吉首大学学报（社会科学版），2018，39（5）：37-44+145.

[3] 陈晓莹．文化创意产业跨界融合发展问题研究——基于消费升级视角 [J]．商业经济研究，2020（12）：179-181.

[4] 周略韬．中国文化创意产业出口贸易对经济增长的影响分析 [J]．商业经济研究，2021（7）：155-157.

[5] 邓丽丽．北京文化创意产业投融资分析及对策 [J]．首都经济贸易大学学报，2014，16（4）：58-64.

[6] 王大为，魏亚平．文化创意产业企业融资困境及对策 [J]．东南大学学报（哲学社会科学版），2015，17（S1）：25-26.

[7] 杨光，谢家平．文化创意产业未来票房收入质押融资模式研究 [J]．经济体制改革，2016（3）：120-124.

[8] 魏鹏举．基于"创意阶层"的小微文化创意行业发展与融资机制探讨 [J]．北京联合大学学报（人文社会科学版），2015，13（2）：38-43.

[9] 郭娅丽．版权质押融资的实践困境及制度破解 [J]．知识产权，2017（1）：105-108.

[10] 龚志文，吴越，喻婉芳．知识产权质押融资合作机制演化博弈研究——以文化创意企业为例 [J]．价格理论与实践，2021（2）：132-135+169.

［11］肖莎，陈希敏，王伟雄．信用评级、惩罚成本与小微企业融资［J］．预测，2017，36（3）：69-73．

［12］吴贤慧，王秀霞．文化创意类企业专利权质押融资模式探析——基于进化博弈的视角［J］．财会通讯，2016（10）：28-30．

［13］彭祝斌，谢莹．小微文化企业融资信息支撑体系建设研究［J］．同济大学学报（社会科学版），2016，27（3）：35-40．

［14］史跃峰，朱映凤，刘立安．艺术品融资风险管理的创新：基于预收购机制［J］．财经科学，2021（11）：25-35．

［15］FRIEDMAN D. Evolutionary games in economics［J］. Journal of the Econometric Society, 1991, 59（3）：637-666.

［16］谢晓东．基于演化博弈的中小建筑企业信用风险研究［D］．南昌：江西财经大学，2019.

Research on Credit Risk Assessment of Cultural and Creative Enterprises Based on Evolutionary Game Theory

Changchun Gao   Yao Zou   Mei'e Deng

Abstract：The root cause of financing difficulties for cultural and creative enterprises lies in information asymmetry, and credit risk assessment is one of the important ways to alleviate the financing dilemma for enterprises. This article constructs an evolutionary game model between cultural and creative enterprises and financial institutions, verifying the effectiveness of conducting credit risk assessment for cultural and creative enterprises. The results show that, under the condition of unchanged initial state, the game equilibrium point between cultural and creative enterprises and financial institutions such as banks will eventually evolve to a situation where cultural and creative enterprises have default, that is, develop credit risks, while banks and other financial institutions refuse to lend to cultural and creative enterprises in order to reduce losses, leading to an unstable state of non-cooperation. This stable state is not conducive to the smooth financing of cultural and creative enterprises, but also limits the business development scope of financial institutions. However, by strengthening the evaluation of credit risks that cultural and creative enterprises may face, the related costs of financial institutions can be reduced, the cost of credit default for cultural and creative enterprises can be increased, and the final game can be developed towards cooperation between both sides, thereby alleviating the financing dilemma faced by cultural and creative enterprises.

Key words: Cultural and creative enterprises; Information asymmetry; Credit risk assessment; Evolutionary game

创意管理评论·第8卷
CREATIVE MANAGEMENT REVIEW, Volume 8

数字创意管理

**Digital Creative
Management**

数字化转型背景下效果推理对商业模式调整的影响研究[*]

◎ 奉小斌　刘琳琳[**]

摘要：数字化转型背景下企业的商业模式调整备受关注，但不同效果推理原则对企业商业模式调整的作用机制尚不清楚，且未有研究揭示这种影响的制度合法性情景。本文从管理认知和组织合法性视角，构建组织合法性调节下效果推理对商业模式调整影响的理论模型，并对 347 家企业的样本数据进行实证。结果表明：提升型效果推理和预防型效果推理对商业模式调整均有倒 U 形作用；市场合法性正向调节提升型效果推理与商业模式调整的关系，却负向调节预防型效果推理对商业模式调整的影响；政治合法性削弱了市场合法性对效果推理与商业模式调整关系的调节作用。本文在丰富效果推理、组织合法性与商业模式调整相关研究的同时，对企业如何应对数字化转型具有指导意义。

关键词：效果推理；商业模式调整；组织合法性；数字化转型

一、引言

"十四五"规划纲要明确提出要加快"数字化转型"，以大数据为代表的新一代信息技术正在引发数字转型浪潮。数字技术的广泛应用驱动企业重新思考市

* 国家自然科学基金项目（项目编号：71772166；72272137）、教育部人文社科项目（项目编号：22YJA630019）资助。

** 奉小斌，浙江理工大学经济管理学院管理学教授（杭州 310018；fengxb2002@163.com）；刘琳琳，浙江理工大学经济管理学院研究生（杭州 310018；liulinlin321@126.com）。

场价值的提供、创造和获取机制，固守原有商业模式可能导致企业的发展延缓和衰退，商业模式调整成为企业应对动态环境的战略选择[1]。商业模式表征企业如何运作并为相关方创造价值的逻辑，而商业模式调整是企业主动变革和修正原有商业模式以快速适应外界变化的过程，这意味着企业的商业模式在试错与迭代升级中实现调整和优化[2,3]。虽然数字化转型在创造数字资源、数字生态系统等方面能够赋能企业商业模式调整，但数字技术以颠覆性方式破坏主流市场的价值创造与获取模式，企业的商业模式调整面临更加复杂和不确定的环境[4]。效果推理作为应对不确定环境的启发式认知决策，强调利用既有手段整合资源、开发机会和试错探索，有助于企业发现商业模式变革优化的机会，并通过柔性学习及时调整业务模式、运营管理等[5,6]。为此，研究数字化转型背景下效果推理对企业商业模式调整的影响机制具有重要意义。

既有研究从知识整合[6]、创业路径[7] 等视角探索效果推理对企业适应数字化的重要影响，并认同组织敏捷性及协同创新推动企业向数字化商业模式过渡[8]，但仍存在以下缺口：首先，以往关于商业模式调整的研究更多关注互联网创业[3]、信息技术和互联网等服务行业[9]、新兴行业[10] 等情景，对数字化转型企业如何主动调整商业模式缺乏重视。数字化转型的不确定性加剧了组织认知惯性，企业容易陷入是否调整及如何调整商业模式的困境[12]。效果推理作为应对不确定环境的认知决策，与企业改变管理认知进行商业模式调整的逻辑一致[3]。虽然有学者探究企业智能化转型的效果推理或创新柔性[6,13]，并验证效果推理下，数字技术使顾客从价值需求者转变为价值共创者，企业必须重新评估或完善传统的价值创造和获取机制[4]，但数字化转型企业的商业模式调整机制亟待探讨。其次，管理认知视角下，商业模式蕴含了企业管理者满足顾客需求的认知逻辑[11]，决策者的有限理性和数理对商业模式具有线性作用[14]，但缺乏从管理者的关注焦点角度来考察企业不同效果推理原则的差异性[15]。数字化转型企业面临机遇与挑战并存的复杂环境，管理者将感知到的外部环境解释为"机会"或"威胁"，关系到商业模式调整决策[16]，因此不同关注焦点下效果推理原则对商业模式调整的影响机理有待明晰。最后，基于组织合法性视角，企业的商业模式调整面临制度合法性挑战，尤其是数字技术催生的新型商业模式可能超出市场参与方认知范围而缺乏市场关键资源支持，加剧市场导向与市场相关方认同对企业商业模式调整的约束[17]，有必要探讨现有市场合法性情景下的受众价值观及规范认知对效果推理与商业模式调整关系的权变作用。此外，数字技术的颠覆性、用户隐私数据的安全性等问题，强化了政府对数字化转型企业的监管压力[18]，而转型经济情境下我国企业普遍面临制度基础薄弱、市场保护机制不完善，可能导致政治资源并不能直接影响企业的商业活动，而是通过数字化基础设施、提倡平台组织形式及数字制度构建等影响企业的市场合法性构建[19]。为此，政治合法性如何通过市场合法性间接影响企业的商业模式调整过程值得探究。

综上所述，本文从管理认知和组织合法性视角，探讨数字化转型背景下效果推理对企业商业模式调整的影响，并考察不同关注焦点下效果推理对商业模式调整的影响机制。在此基础上，检验市场合法性在效果推理与商业模式调整关系中的调节作用，以及政治合法性的二次调节作用。通过厘清合法性情景下效果推理对商业模式调整的影响机制，期望为数字化转型背景下企业选择合适的效果推理原则来调整商业模式提供理论参考和管理启示。

二、理论基础与研究假设

（一）效果推理

效果推理概念源于创业领域，是一种手段导向的启发式决策，区别于传统目标导向的因果推理[20]。SARASVATHY[5]最先提出效果推理，即企业决策者需要考虑"我是谁"、"我知道什么"和"我认识谁"，在了解组织可利用的现有资源和可承受的最大损失后，选择目标战略伙伴进行管理实践、探索试错并灵活运用突发事件等。效果推理通常包含试验、柔性、预先承诺和可承受损失四个原则[21]，多数学者将效果推理视为整体构念或研究效果推理不同原则的同向作用[22]。也有研究发现效果推理的不同原则在同一标准下可能出现相反影响，有学者将这种现象解释为效果推理不同原则反映不同的认知过程和行为[23]。PALMIÉ等[15]利用调节焦点理论来分析管理者效果决策动机和战略倾向，并认为提升焦点和预防焦点反映了不同的战略决策，二者在管理者试图满足的动机、追求目标和标准及结果方面都有所不同[24]。不同关注焦点为效果推理区分不同原则背后的认知过程和行为提供参考，为此PALMIÉ等[15]将效果推理的四个原则划分为提升型和预防型两类，以此表明效果推理原则间的差异性。其中，提升型效果推理包含试验原则和柔性原则，该类管理者关注提升焦点并渴望成功，对新想法、新观点等持开放态度[24]；预防型效果推理包含预先承诺原则和可承受损失原则，该类管理者注重预防焦点，倾向于安全需求和损失警戒，极力避免损失和错误[25]。数字化转型背景下，数字技术应用催生智能互联产品和用户个性化需求，加剧企业技术研发、产品设计、盈利模式及交易方式等的不确定性[6]。

效果推理作为一种应对环境不确定性的认知决策受到关注，管理者将数字化转型面临的外部环境解释为"机遇"或"威胁"直接影响商业模式调整决策[16]，因此区分提升型和预防型效果推理是必要的。

（二） 商业模式调整及其与效果推理的关系

商业模式是企业与外界主体进行互动而形成的、以创造和获取价值为主的基础架构[26]。以往学者关注初创企业通过调整组织结构来找到匹配环境的商业模式，忽略了数字化转型企业通过调整商业模式以维持市场优势地位的重要性[1]。现有学者主要从理性定位、演化学习和管理认知三个视角来研究商业模式的动态演化过程。其中，理性定位视角强调企业通过理性分析外部环境来设计最优商业模式，演化学习视角认为企业依赖以往组织惯例和经验来被动变革商业模式以适应环境变化，但这两种视角均未关注管理者的主观能动性[3]。基于管理认知视角，商业模式反映了管理者关于顾客想要什么、如何满足其需求并从中盈利的认知假设[11]，该视角强调企业主动调整商业模式以适应外界环境变化[2]，意味着企业对初始商业模式的修正和改变。数字化转型背景下，顾客消费方式的变化及消费需求的个性化给企业现有的价值创造和获取方式带来很大挑战，多数企业选择调整商业模式以应对数字技术催生的高市场竞争压力、低资源获取门槛和更加开放的组织环境[4]。

数字技术的应用模糊了企业边界，组织与外部多层次主体实现快速互联，更加开放的市场环境加剧企业数字化转型的不确定性[27]。SARASVATHY[5] 引入效果推理理论以应对环境不确定性，效果推理作为一种认知决策，鼓励迭代试错、保持组织柔性、价值共创及关注止损标准，与企业的商业模式调整活动密切相关[14]。梳理文献发现，以往研究多从传统经济背景下探索效果推理原则与商业模式活动的关系，但研究结论尚有分歧。例如，有研究将顾客联结或联盟作为促使企业调整商业模式的知识资源[10]；也有学者认为，试验原则通过整合手头资源来探索商业问题的解决方案，但过度依赖该原则可能因缺少具体目标而导致商业活动效率低下[5]。导致上述研究结论不一致的原因可能有两个：一是效果推理适用于高不确定性情境，而传统经济背景下企业所处市场环境趋于稳定；二是效果推理的作用机制存在差异，且效果推理原则是否有助于组织持续创造和获取价值仍待探讨。为此，立足于数字化转型情境，探究提升型和预防型效果推理如何影响企业商业模式调整至关重要。

（三） 组织合法性及其与商业模式调整的关系

组织合法性是制度理论的核心概念，可表征企业行为被外部相关方认同的程度。现有学者主要基于战略视角和制度视角研究组织合法性对企业行为的影响，其中战略视角下组织合法性被视为企业捕获其他资源的工具性资源[28]，制度视角下企业需要遵循社会规范和行为准则来同构外部环境以获取组织合法性[29]。SUCHMAN[30] 综合以上两种视角，认为组织合法性是一种看法或假设，即在既有社会体系建构的规范、价值、信念和定义中，组织的行动是合乎需要的、适当性和合意性的。有学者针对合法性不同定义将其维度划分概括为"二维论"（内部和外部合法性）和"三维论"（规制、规范和认知合法性；实用、道德和认知合法性）[31]，但忽略了不同利益相关方对企业合法性判断的区别。考虑到数字化转型背景特征，本文参考 GUO 等[32] 的研究从制度逻辑角度将组织合法性分为市场合法性和政治合法性。其中，市场合法性反映了企业行为与市场现行规则和规范的一致性，强调企业商业活动被市场参与方认可和接受的程度；政治合法性为企业行为与政府制定的相关法律、法规和标准的一致性，表明企业商业活动在多大程度上得到政府授权、评价和举荐。数字经济时代，数字平台形式、数字基础设施和数字制度建构对社会利益相关方的认知造成很大冲击，为持续获取合法资源和外部支持，组织合法性对数字化转型企业至关重要[17]。

虽然过往研究已从行业增长[14]、竞争强度[20] 等市场层面探索效果推理和商业模式关系的边界条件，但数字化转型背景下企业的商业活动还受到现有制度框架的约束[17]。数字技术催生的新型商业模式可能会超出市场参与方已有认知范围而缺乏市场关键资源支持，也会因不符合传统商业监管机制而陷入政治认同窘境[18]，获取市场和政治合法性对企业缓解数字化转型压力至关重要。数字技术的应用使顾客身份从价值需求者转变为价值共创者，促使企业更加注重市场导向和用户需求认同，市场合法性有利于企业更敏捷地洞察顾客需求变化并及时响应[10]。同时，数字经济时代企业的无边界影响及数字技术的变革性创新增加了政府部门对转型企业的监管力度[33]，而转型经济情境下我国企业普遍面临制度基础薄弱、市场保护机制不完善，加大了企业通过同构制度监管环境直接利用政治合法资源的难度。在得到政治合法性认可下获取的非市场资源，只能通过市场合法性转变为组织可吸收的市场资源[34]，进而影响数字化转型企业的商业活动。因此，本文从组织合法性视角探索市场合法性对效果推理和商业模式调整关系的调节作用，以及政治合法性通过市场合法性对企业商业模式调整过程的影响。

（四）效果推理与商业模式调整

1. 提升型效果推理与商业模式调整

提升型效果推理鼓励企业借助手段导向或设置最佳目标来提升竞争优势[25]。

管理者以开放、包容的心态拥抱新机会且评估风险利用的潜在收益，柔性整合手边资源并从突发事件中吸纳价值创造的新逻辑，进而修正和优化企业商业模式。一方面，企业利用既有手段和资源挖掘潜在数字化追赶机会时会放弃理想化的创新试验成果，呈现出成功导向的提升焦点[24]。数字化转型背景下，大数据、云计算和人工智能等技术能够提高试验原则的资源集成能力并降低试错学习成本，加速企业产品和服务的数字化重组或连接[35]，进而推动组织快速调整成数字化商业模式。同时，遵循试验原则可以使企业及时获得商业模式调适的结果反馈[6]，识别和避免商业模式修正中的错误决策，进而增强组织数字化战略更新的动力。另一方面，管理者将意外事件视为创新机遇和潜在商机的来源，反映出积极的提升焦点[24]。数字技术的自生长性、可供性等特征增加了不确定性，而企业柔性感知外部环境有助于其通过快速重构数字资源以探测与获取新兴机会，提高定位客户需求的精准性，快速响应产品或服务的数字化诉求[13]。同时，遵循柔性原则的企业将数字化转型视为潜在战略机会，加快组织借助数字技术跳出传统生产范式以赶超对手的速度[36]，从而获取商业模式调整的先动优势。

然而，过度依赖提升型效果推理可能阻碍企业商业模式调整。一方面，直播平台和社交媒体等数字化平台促使企业在更加开放的环境中开展商业活动，而试验原则倾向于根据现有资源并非具体目标调整商业战略、方案等[5]，试验程度较高时组织无法及时尝试最佳产品和商业模式来满足目标客户需求，导致商业流程调整无法匹配数字化情境下运营管理、服务模式等的变革[18]。同时，过度试验会导致向数字化商业模式过渡的企业因转型能力不足陷入失败和"数字孤岛"的恶性循环[1]，试错学习成本高于收益，可能削弱商业模式调整的最佳成效[37]。另一方面，企业在既有资源约束下，无法识别、评估和利用数字化机会窗口，而高水平的柔性原则倾向于颠覆现有创新路径及技术[15]，导致企业无法维系现有价值创造模式，甚至在商业模式修正和调适中脱轨。另外，以开放性和自生长性为特征的数字技术加速柔性原则对非系统性资源的获取，企业的高水平柔性原则可能造成新颖资源的吸收能力过载、阻碍原有优势领域知识的耦合和交互，导致组织无法高效平衡传统业务和数字化业务[4]。基于以上分析，本文提出如下假设：

H1a：提升型效果推理与商业模式调整之间呈倒 U 形关系。

2. 预防型效果推理与商业模式调整

预防型效果推理引导企业追求规避导向或最低目标来满足安全需求[25]，管理者以履行义务和避免损失的保守状态预估可承受损失范围，深化与利益相关方的协作承诺[15]，确保价值创造和获取模式的稳步调整。一方面，企业会自主联结主动承诺的利益相关方，以降低其对组织运营活动和战略目标的干预，体现避免损失的预防焦点[24]。遵循预先承诺原则的转型企业与外部伙伴协同互动以提高其对调整后商业模式的接受程度[19]，价值共创的风险分担承诺可能削减企业研发数字技术为核心业务赋能的成本和失败风险。并且，根据社会网络理论，企业协同人工智能、大数据等领域伙伴加速数字资源重构，并使用数字技术扩展、修改现有商业模式活动，奠定组织构建新价值创造和获取机制的资源基础[6]。另一方面，遵守可承受损失的企业倾向于按照最低风险标准调整商业模式，呈现安全导向的预防焦点[24]。数字化转型背景下，大数据分析降低组织实施可承受损失原则的资源评估及行为控制风险，并且数字技术使企业更容易调配资源、平衡资源，有助于提高交易流程、内容或方式的改进效率[27]。同时，开展可承受损失原则的企业借助数字技术提高风险评估效率，有利于精准获取目标客户需求、优化交易流程等，降低商业模式调适风险[4]。

然而，过度依赖预防型效果推理可能阻碍企业商业模式调整。一方面，企业过度寻求外部承诺会产生惰性且抵触自主创新，与企业对合作伙伴、共同目标、业务流程和行动方案等承诺的创新逻辑存在"根本性冲突"[15]，高水平预先承诺原则会加剧企业的资源内耗进而难以优化商业模式。同时，企业通常主动透露商业模式调整的战略意图来吸引顾客、供应商和竞争者等作出合作承诺[21]，导致行业竞争者率先优化自身数字化战略以赶超目标企业产品或服务的商业化进程。过度依赖预先承诺原则会加剧企业合作协调的高成本，降低组织向数字化业务过渡的积极性[8]。另一方面，数字技术的颠覆性和无边界性使组织遭受更多创新挑战，企业在修正或改变初始商业模式的基础架构时会面临高风险和高成本[3]，过分关注可承受损失原则可能迫使企业放弃数字化相关业务的调整[6]。此外，过度依赖可承受损失原则的企业通常会采取渐进式投资策略来降低商业模式调整的潜在损失[38]，可能错失数字化机会窗口或转型升级的先发优势。基于以上分析，本文提出如下假设：

H1b：预防型效果推理与商业模式调整之间呈倒 U 形关系。

（五）组织合法性在效果推理与商业模式调整间的调节作用

1. 市场合法性的调节作用

获得市场合法性的企业可发掘和利用更多市场机会，增强提升型效果推理对商业模式调整的影响。一方面，市场合法性帮助企业应用数字技术来实现顾企联动，加速组织产品转型升级，弥补了试验程度较低的企业对数字资源投入较少而收效甚微的缺陷[33]，进而缩短数字化商业模式的调整周期。同时，企业根据市场相关方需求和期待调整商业流程来获取市场合法性[30]，与外部多样化主体的互动、试验有助于数字化转型企业发现潜在创新机会及用户个性化需求[35]。另一方面，数字化转型背景下，数字化基础设施和数字化平台促使企业嵌入更加开放的市场环境[4]，企业获取市场相关方认同，可以拥有市场自主权以增强市场敏感性，灵活调度各方资源进而准确开发市场需求产品[37]，提高顾客满意度且构建商业模式调整的竞争优势。并且，数字技术有助于获取市场合法性的企业降低产品创新成本、加快产品研发效率，同时遵循柔性原则可摆脱组织商业模式惯性[39]，实现数字化商业模式调整的平稳过渡。

然而，随着提升型效果推理程度超过一定范围，市场合法性会加剧提升型效果推理对商业模式调整的负向影响。一方面，企业遵循行业统一的产品标准或服务规范来获取市场合法性，会削弱现有技术和市场领域的竞争优势[40]，甚至难以试验数字资源及数字技术催生的创新产品、运营流程和商业模式。同时，企业在原有优势领域投入试验资源以维护市场合法性[32]，这种合法性管理会抑制组织的数字创新战略认知及数字资源集成能力，阻碍企业重新评估传统的价值创造和获取方式[18]。另一方面，数字技术加速企业与市场主体建立商业关联获取多样化资源[8]，但现有产业结构或技术范式阻碍组织灵活融合数字技术和商业运营流程，降低数字化商业模式的调整动力[34]。同时，企业遵循柔性原则时会倾向于选择同质性技术或产品资源来缓解现有规范压力，忽略数字经济时代的技术创新趋势和顾客需求变化[10]，甚至陷入商业模式调整的路径依赖。基于以上分析，本文提出如下假设：

H2a：市场合法性对提升型效果推理与商业模式调整的关系起正向调节作用。

不同于提升型效果推理，市场合法性不利于预防型效果推理对商业模式调整的影响。一方面，数字化转型需要企业跨界集成多样化资源以识别用户个性化需求，而遵循预先承诺原则的企业通过获取同质性的冗余资源来追求市场合法性认同[32]，加大了向数字化商业模式调整的难度。同时，企业通过渐进式创新维护市场合法性而错失数字化机会窗口，低水平预先承诺关系的合作组织会因零数字化红利脱离价值共创联盟[40]，影响企业收入流的稳定进而减缓商业模式调整进程。另一方面，数字技术加速具备市场合法性的企业嵌入开放环境获取数字资源[4]，而企业通过全面评估自身资源并根据可承受能力开展活动会错失商业流程的完善机会[15]。同时，市场合法性促使企业引导顾客需求、灵活调度不同领域资源及试错创新等[34]，数字技术的自生长性加速创新创业环境的跳跃式变化，偏离可承受损失原则追求的安全需求及避免损失导向[6]，减缓数字化商业模式的快速调整。

然而，随着预防型效果推理超过一定程度，市场合法性则会缓解预防型效果推理对商业模式调整的负向影响。一方面，数字化转型背景下，市场合法性加速组织间形成数字化创新生态系统，企业可以准确捕获顾客个性化需求或竞争者动态发展等信息[27]，降低通过商业模式调整来挖掘利用数字化创新机会的成本。同时，市场相关方认可及预先承诺原则均可促使组织集成更多有效资源，缓冲企业融合数字技术与现有业务的高不确定性[8]。另一方面，拥有较高市场合法性的企业多以市场和顾客需求为导向，大数据分析等技术可根据组织可承受的损失程度进行资源预算[36]，帮助组织精准定位市场潜在机会并加速调整商业交易内容和运营流程。此外，市场合法性给予组织改变商业流程的市场规范和管理实践[28]，同时遵循可承受损失原则会引导企业高效、准确地挖掘和集成数字资源，加快融合数字技术与组织基础设施[17]，进而实现调整后商业模式的可持续发展。基于以上分析，本文提出如下假设：

H2b：市场合法性对预防型效果推理与商业模式调整的关系起负向调节作用。

2. 政治合法性的二次调节作用

政治合法性减弱市场合法性对提升型效果推理和商业模式调整关系的正向影响。一方面，数字化转型背景下，监管机构可能坚持用传统的规制来审视平台型商业模式，这会加剧制度环境与调整后商业模式的不匹配[18]，降低企业对数字化市场导向和顾客需求导向的关注度，抑制组织通过试验原则向数字化商业模式过渡的速度。同时，企业通常按照政府规制和准则追求公益导向和社会目标[32]，这种组织惯例会抑制吸收市场相关方溢出资源，削减企业数字化转型探索中数据资源的多样性，进而阻碍商业模式调整进程[35]。另一方面，企业建立差异化组织程序或结构来满足政治和市场相关方期待[29]，同时追求不同类型合法性，会抑制企业柔性配置数字资源，阻碍其通过数字创新活动满足用户个性化需求的路径发展，从而减缓企业数字化商业模式的转型速度[13]。并且，企业可能将政治联系视为规避市场竞争的缓冲带，政治合法性更加滋长组织通过制度同构获取竞争优势的市场创新惰性，削弱市场相关方对组织的情感认同和资源支持[34]，降低企业对数字创新环境变化的敏捷性和市场反应能力，影响组织构建新的价值创造和获取机制。

类似地，政治合法性缓解市场合法性对预防型效果推理和商业模式调整关系的负向影响。一方面，根据资源基础观，政治合法性给予转型企业数字创新补贴及政策引导，在一定程度上弥补了市场环境制度基础薄弱导致组织联盟获取资源趋同的缺陷[40]，帮助企业集成数字资源以摆脱数字化转型窘境。同时，数字化转型背景下，政治合法性的政府背书溢出效应可缓解市场合法性压力[33]，数字技术加速企业间的互动联结，从而提高商业模式调整中的产品升级速度和用户需求满意度[27]。另一方面，政府提倡数字化组织形式、加大数字基础设施投入和数字制度构建等政策，会降低市场主体数字化转型的创新成本和失败风险[17]，从而鼓励遵循可承受损失原则的企业实施商业模式可行性方案。同时，政治合法性要求企业按照既定规章制度和标准创造和获取价值，在一定程度上抑制了市场环境的非正式联结行为[34]，企业在公平竞争环境中能借助可承受损失原则投资智能技术、重塑产品工艺流程[6]，促进数字化商业模式的稳步调整。基于以上分析，本文提出如下假设：

H3a：政治合法性削弱市场合法性对提升型效果推理与商业模式调整关系的调节作用。

H3b：政治合法性缓解市场合法性对预防型效果推理与商业模式调整关系的调节作用。

基于上述理论研究和假设推导，本文构建了如图1所示的理论模型。

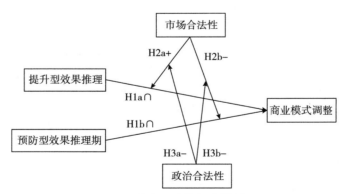

图1　本文研究的理论模型

三、研究方法

（一）研究样本与数据收集

本文通过问卷调查方式搜集样本数据。首先，课题组邀请2位数字化转型企业的总经理和运营总监及2位创新创业领域专家指导问卷设计，主要识别表述不清的条目、调整问卷结构等。其次，课题组根据反馈意见修改和润色问卷内容及表达措辞。最后，课题组走访杭州大创小镇，发放 30 份小样本进行预测试，结合收集数据验证量表的信效度并形成最终问卷。调研集中在浙江、江苏、上海、广东和山东沿海省份或直辖市的数字化转型企业，主要原因是沿海省份或直辖市经济较发达，企业的数字化转型特征明显且涌现出大量有特色的商业模式。调研数据收集时间持续约 4 个月，主要通过以下 4 种途径：委托相关省市的数字经济联合会、物联网产业协会等发放问卷 200 份；根据各省市工商联提供的企业名单，经中间人介绍，调研团队联系企业负责人并邮寄问卷 200 份；通过走访数字化产业园区、参加数字化专题研讨会发放问卷 200 份；借助专业调研公司发放问卷 200 份。课题组在调研前均向被调研企业详述此次问卷目的，且要求企业中高层管理人员填写调查问卷。课题组员共发放问卷 800 份（每家企业 1 份），累计回收 402 份。剔除未填完、规律性强等原因的无效问卷，得到有效问卷 347 份（有效率 43.38%）。样本的描述性统计如表 1 所示。

表 1   样本的描述性统计（$N=347$）

企业特性	类别	数量（份）	占比（%）	被调查者特性	类别	数量（份）	占比（%）
地区	浙江	88	25.36	性别	男性	192	55.33
	江苏	80	23.05		女性	155	44.67
	上海	67	19.31	年龄	25 岁以下	196	56.48
	广东	68	19.60		25~35 岁	114	32.85
	山东	44	12.68		35 岁以上	37	10.66
企业规模（S）	300 人以下	103	29.68	受教育程度	本科	145	41.79
	301~500 人	70	20.17		硕士	108	31.12
	501~1000 人	66	19.02		博士	63	18.16
	1000 人以上	108	31.12		专科及以下	31	8.93
企业年龄（A）	3 年以下	88	25.36	本行业任职年限（MTO）	0~2 年	110	31.70
	3~5 年	112	32.28		3~5 年	122	35.16
	6 年以上	147	42.36		6 年以上	115	33.14
行业类型（I）	高新技术行业	183	52.74	职位级别（MP）	中层管理者	65	18.73
	非高新技术行业	145	44.38		高层管理者	282	81.27

对企业规模、企业年龄、所属行业类型、管理者职位级别和管理者在本行业

任职年限进行独立样本 T 检验，发现 4 种途径回收的问卷无显著差异，因此数据可以合并使用。本文将样本企业与未参与调查企业进行对比来避免调查结果的回答者偏差，发现企业特征变量方面无显著差异，这表明调查结果具有一定的普适性。

（二）变量测量

本文采用李克特 7 级量表进行打分，1~7 分别表示非常不同意到非常同意，由低到高过渡，4 表示中立态度，各个变量的具体测量题项如表 2 所示。

表 2　变量的信度及效度

变量	题项	因子载荷	解释变异量（%）	Cronbach's α	AVE	CR
提升型效果推理（POE）			58.387	0.880	0.644	0.926
试验（EX）	1. 组织采取实验方法尝试不同的产品和商业模式	0.844		0.828	0.621	0.830
	2. 组织现有的产品和服务与最初的规划有着实质性的区别	0.812				
	3. 组织进行不同的尝试去找到最佳商业模式	0.784				
柔性（FL）	1. 组织会尽量灵活使用新出现的机会	0.819		0.881	0.661	0.886
	2. 组织能够对资源进行适应性调整	0.808				
	3. 组织总是能保持足够的柔性以及时开发利用新出现的机会	0.772				
	4. 组织不会采取有可能降低其柔性和适应性的行为	0.907				
预防型效果推理（PRE）			60.311	0.834	0.704	0.922
预先承诺（PR）	1. 为了减少不确定性的影响，组织与顾客、供应商及其他组织建立大量合作关系	0.900		0.849	0.738	0.849
	2. 组织会利用顾客和供应商的先前承诺来推动企业发展	0.887				

续表

变量	题项	因子载荷	解释变异量（%）	Cronbach's α	AVE	CR
可承受损失（AL）	1. 组织会谨慎进行资源承诺以确保其在可承受范围内	0.844		0.858	0.681	0.863
	2. 组织会谨慎投资开发的机会以免承担不必要的损失	0.877				
	3. 组织在开发过程中会严格控制资金的使用，以免陷入无法承受的损失	0.869				
市场合法性（ML）	1. 我们的做法获得同行的认可	0.811	70.928	0.863	0.614	0.864
	2. 我们的做法获得顾客接受	0.858				
	3. 我们的做法获得供应商认可	0.834				
	4. 我们的做法获得销售商认可	0.832				
政治合法性（PL）	1. 我们的做法获得政府部门认可	0.862	69.501	0.779	0.546	0.782
	2. 我们的做法获得政府部门高度赞扬	0.850				
	3. 政府经常把企业当作样板公司推荐	0.760				
商业模式调整（BMA）	1. 引入新的产品或服务类型	0.725	66.235	0.912	0.610	0.916
	2. 加大对新客户的销售力度	0.826				
	3. 加大对海外客户的销售力度	0.749				
	4. 建立更亲密的伙伴关系	0.790				
	5. 选择新的供应商	0.866				
	6. 对公司内部进行重组	0.827				
	7. 调整产品或服务的价格	0.898				

1. 提升型效果推理和预防型效果推理

本文参考 CHANDLER 等[21] 的研究，用 7 个题项测量提升型效果推理（POE），其中采用"组织采取实验方法尝试不同的产品和商业模式"等 3 个题项测量试验（EX），采用"组织会尽量灵活使用新出现的机会"等 4 个题项测量柔性（FL）；用 5 个题项测量预防型效果推理（PRE），其中采用"为了减少不确定性的影响，组织与顾客、供应商及其他组织建立大量合作关系"2 个题项测量预先承诺（PR），采用"组织会谨慎进行资源承诺以确保其在可承受范围内"等 3 个题项测量可承受损失（AL），如表 2 所示。

2. 市场合法性和政治合法性

本文参考 GUO 等[32] 的研究，采用"我们的做法获得政府部门认可"等 3 个题项测量政治合法性（PL），采用"我们的做法获得同行的认可"等 4 个题项测量市场合法性（ML），如表 2 所示。

3. 商业模式调整

本文参考 SAEBI 等[2] 的研究，采用"引入新的产品或服务类型"等 7 个题项测量商业模式调整（BMA），如表 2 所示。

4. 控制变量

参考以前学者的研究，本文把企业规模（S）、企业年龄（A）、管理者职业级别（MP）、管理者在本行业任职年限（MTO）和企业所属行业类型（I）作为控制变量。首先，在企业管理者层面，文章控制了管理者层级[41] 和管理者任职期限[12]。其中，管理者层级用哑变量表示，0 表示中层管理者，1 表示高层管理者。其次，参考以往研究对企业特征进行控制[9]，如企业规模、企业年龄、企业所属行业类型。其中，企业规模用员工人数取自然对数来测量；企业年龄用成立时间来表示；企业所属行业类型考虑高新技术行业是否存在影响，哑变量 1 表示高新技术行业，0 表示非高新技术行业。

（三）信度与效度检验

本文对所选量表进行信效度检验以保证结论的可靠性和有效性，具体数值如表 2 所示。其中，各变量的 Cronbach's α 系数均在 0.70 以上，组合信度（CR）的值介于 0.782 ~ 0.926，大于基准值 0.70，表明本文所用问卷量表具有较好的内部一致性。探索性因子分析结果发现，效果推理的载荷值介于 0.772 ~ 0.907，合法性的载荷值介于 0.760 ~ 0.862，商业模式调整的载荷值介于 0.725 ~ 0.898。验证性因子分析结果显示，量表的平均提取方差值（AVE）介于 0.546 ~ 0.738，高于 0.50，可以判别量表具有较好的聚合效度。本文的题项均源自相关领域的成熟量表，由此认为所选量表具有较好的内容效度。

（四）同源方法偏差

为了尽量减少潜在的同源方法偏差问题，课题组在问卷设计时将自变量（效果推理）与因变量（商业模式调整）以模块形式分开，通过对因变量搜集的被调查企业客观数据来交叉验证主观评价数据的真实性。本文通过以下途径检验同源方法偏差问题：第一，使用 Harman 单因子测试方法，结果发现最大因子方差解释率为 24.389%，并未出现单个主导因子存在的情况。第二，通过验证性因子分析来测试模型。从表 3 可知，与单因子模型相比（$\chi^2/df = 10.936$，$NFI = 0.358$，$IFI = 0.380$，$CFI = 0.377$，$RMSEA = 0.169$），七因子模型的拟合指数最佳（$\chi^2/df = 1.443$，$NFI = 0.921$，$IFI = 0.974$，$CFI = 0.974$，$RMSEA = 0.036$）。第三，在七因子模型基础上加入共同因子，拟合指数无明显增加（$\Delta NFI = 0.014$，$\Delta IFI = 0.009$，$\Delta CFI = 0.009$），这意味着有无共同因子对本文模型的影响不大。因此，本文的同源方法偏差问题并不严重。

表 3 验证性因子分析结果

模型	χ^2/df	GFI	AGFI	NFI	IFI	CFI	RMSEA
七因子模型+CMV	1.318	0.932	0.906	0.935	0.983	0.983	0.030
七因子模型	1.443	0.919	0.898	0.921	0.974	0.974	0.036
六因子模型	2.187	0.873	0.843	0.878	0.930	0.929	0.059
五因子模型	2.862	0.843	0.810	0.838	0.888	0.887	0.073
四因子模型	3.660	0.802	0.763	0.789	0.838	0.837	0.088
三因子模型	5.995	0.690	0.633	0.652	0.692	0.690	0.120
双因子模型	8.347	0.591	0.518	0.512	0.543	0.541	0.146
单因子模型	10.936	0.509	0.424	0.358	0.380	0.377	0.169

注：单因子模型：$EX+FL+PR+AL+ML+PL+BMA$；双因子模型：$EX+FL+PR+AL+ML+PL$、BMA；三因子模型：$EX+FL+PR+AL$、$ML+PL$、BMA；四因子模型：$EX+FL$、$PR+AL$、$ML+PL$、BMA；五因子模型：$EX+FL$、$PR+AL$、ML、PL、BMA；六因子模型：$EX+FL$、PR、AL、ML、PL、BMA；七因子模型：EX、FL、PR、AL、ML、PL、BMA。

四、数据分析与实证结果

（一）表述性统计和相关性分析

如表 4 所示，变量间的相关系数均低于 0.6，AVE 的算数平方根均高于主要变量和其他变量间的相关系数，表明多重共线性问题并不严重。而且，提升型效果推理（$r = 0.175$，$p < 0.01$）和预防型效果推理（$r = 0.391$，$p < 0.01$）与商业模式调整间均具有显著正相关关系。

表4 描述性统计和相关系数矩阵（$N = 347$）

变量	1	2	3	4	5	6	7	8	9	10
S	—									
A	0.135*	—								
MP	0.002	-0.035	—							
MTO	0.259**	0.345**	-0.030	—						
I	0.144**	0.056	0.034	0.045	—					
POE	-0.074	-0.012	0.048	0.055	0.044	(0.803)				
PRE	0.061	0.023	0.016	0.036	0.076	0.138**	(0.839)			
ML	0.044	0.000	-0.061	0.030	0.078	0.029	0.213**	(0.784)		
PL	0.014	-0.052	-0.015	-0.026	-0.011	0.052	0.097	0.272**	(0.739)	
BMA	0.192**	0.025	-0.016	0.172**	0.086	0.175**	0.391**	0.208**	0.195**	(0.781)
均值	6.339	4.406	0.813	3.574	0.527	4.453	4.976	4.870	4.273	4.801
标准差	0.989	2.253	0.391	1.685	0.500	1.413	1.458	1.558	1.326	1.538

注：$N = 347$；**表示 $p < 0.01$；*表示 $p < 0.05$（双尾检验）；对角线为 AVE 的平方根。

（二）假设检验

如表5所示，方差膨胀因子（VIF）的值处于 1.036~1.596，均低于10，这表明本文的多重共线性问题并不严重。

表5 回归分析结果（$N = 347$）

变量	商业模式调整				
	模型1	模型2	模型3	模型4	Max VIF
S	0.152** (2.761)	0.152** (3.185)	0.111* (2.534)	0.091* (2.256)	1.134
A	-0.050 (-0.897)	-0.068 (-1.404)	-0.039 (-0.873)	0.007 (0.160)	1.206
MP	-0.015 (-0.291)	-0.016 (-0.355)	-0.039 (-0.940)	-0.047 (-1.203)	1.036
MTO	0.146* (2.545)	0.149** (2.997)	0.155** (3.389)	0.148** (3.485)	1.244

续表

变量	商业模式调整				
	模型 1	模型 2	模型 3	模型 4	Max VIF
I	0.061 (1.148)	0.040 (0.863)	0.051 (1.215)	0.087* (2.213)	1.069
POE		0.124** (2.696)	0.157*** (3.688)	0.127** (3.241)	1.068
PRE		0.262*** (5.394)	0.220*** (4.754)	0.207*** (4.867)	1.258
POE^2		−0.185*** (−4.056)	−0.160*** (−3.778)	−0.141*** (−3.592)	1.068
PRE^2		−0.275*** (−5.709)	−0.223*** (−4.889)	−0.236*** (−5.603)	1.232
ML			0.088* (2.033)	0.075 (1.820)	1.183
$ML{\times}POE$			0.126** (2.989)	0.112** (2.859)	1.067
$ML{\times}PRE$			−0.168** (−3.425)	−0.169*** (−3.723)	1.424
$ML{\times}POE^2$			−0.119** (−2.798)	−0.132** (−3.373)	1.059
$ML{\times}PRE^2$			0.189*** (3.835)	0.195*** (4.067)	1.596
PL				0.091* (2.237)	1.155
$PL{\times}ML$				0.242*** (5.852)	1.187
$PL{\times}ML{\times}POE$				−0.142** (−3.500)	1.147
$PL{\times}ML{\times}PRE$				0.225*** (5.196)	1.305
R^2	0.058	0.310	0.432	0.527	
F	4.233**	16.859***	18.015***	20.288***	

续表

变量	商业模式调整				
	模型 1	模型 2	模型 3	模型 4	Max VIF
ΔR^2	0.058	0.252	0.121	0.095	
ΔF	4.233**	30.791***	14.167***	16.482***	

注：***表示 p<0.001，**表示 p<0.01，*表示 p<0.05（双尾检验）；括号中为 T 值。

从模型 2 可知，提升型效果推理对商业模式调整的一次项系数为正且显著（$\beta=0.124$，$p<0.01$），平方项系数为负且达到显著水平（$\beta=-0.185$，$p<0.001$）；预防型效果推理对商业模式调整的一次项系数为正且显著（$\beta=0.262$，$p<0.001$），平方项系数为负且达到显著水平（$\beta=-0.275$，$p<0.001$）。然而，回归方程二次项系数显著并不是确保曲线关系存在的充分条件，本文借鉴 LIND 和 MEHLUM[42] 对倒 U 形关系的三步检验程序，验证了自变量取最小值和最大值时的曲线斜率是否分别为正和负，以及曲线拐点是否在自变量取值范围内。借助 Stata 软件的 u-test 命令检验发现：提升型效果推理取最小值和最大值的斜率分别为 1.041 和 -0.539，曲线拐点值为 4.955 在［1，7］的取值范围；同理，预防型效果推理取最小值和最大值时的斜率分别为 1.709 和 -0.501，曲线拐点值为 5.730 在［1.4，7］的取值范围内。结果符合倒 U 形检验条件，这表明提升型效果推理和预防型效果推理与商业模式调整均存在倒 U 形关系，即 H1a 和 H1b 得到验证。

从模型 3 可知，市场合法性与提升型效果推理的一次项交互系数为正且显著（$\beta=0.126$，$p<0.01$），平方项交互系数为负且达到显著（$\beta=-0.119$，$p<0.01$），即市场合法性增强了提升型效果推理对商业模式调整的非线性作用。同理，市场合法性与预防型效果推理一次项交互系数为负且显著（$\beta=-0.168$，$p<0.01$），平方项交互系数为正且达到显著（$\beta=0.189$，$p<0.001$），这说明市场合法性削弱了预防型效果推理与商业模式调整的曲线关系。为了更直观地揭示市场合法性对效果推理与商业模式调整关系的影响，本文利用简单斜率检验原理绘制了调节作用的效果图。根据图 2（a）可知，随着市场合法性的增强，提升型效果推理影响商业模式调整的斜率增加，而图 2（b）中预防型效果推理影响商业模式调整的斜率降低，说明市场合法性增强提升型效果推理与商业模式调整的关系，却削弱预防型效果推理与商业模式调整的关系，即 H2a 和 H2b 得到验证。

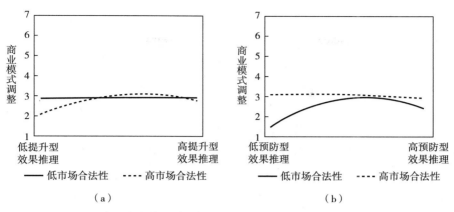

（a）　　　　　　　　　　　　（b）

图2　市场合法性对效果推理与商业模式调整关系的调节作用

为验证政治合法性的二次调节作用，本文将政治合法性、政治合法性与市场合法性的交互项，以及政治合法性、市场合法性及效果推理的交互项依次放入模型进行回归检验。从模型4可知，政治合法性、市场合法性及提升型效果推理三者交互项系数为负且显著（$\beta = -0.142$，$p < 0.01$），这表明政治合法性削弱了市场合法性对提升型效果推理与商业模式调整关系的调节作用。政治合法性、市场合法性及预防型效果推理三者交互项系数为正且达到显著（$\beta = 0.225$，$p < 0.001$），这表明政治合法性也削弱了市场合法性对预防型效果推理与商业模式调整关系的调节作用。如图3（a）所示，随着政治合法性的增强，市场合法性

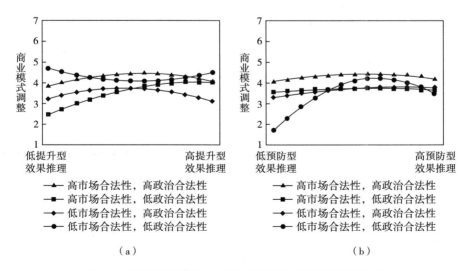

（a）　　　　　　　　　　　　（b）

图3　效果推理和组织合法性对商业模式调整的交互作用

对提升型效果推理与商业模式调整间关系的增强作用得到缓和，即 H3a 得到验证。图 3（b）中的结果表明，随着政治合法性的增强，市场合法性对预防型效果推理与商业模式调整间关系的减弱作用得到缓解，即 H3b 得到验证。

（三）稳健性检验

参考 YU 等[41] 的研究，本文考虑不同层级管理者对效果推理和商业模式调整的理解不同，且排除中层管理者提供的样本数据再次回归检验。检验结果表明（见表 6），提升型和预防型效果推理与商业模式调整的一次项回归系数分别为 0.140（$p<0.01$）和 0.255（$p<0.001$），二次项系数也达到显著水平（$\beta_1 = -0.157$，$p<0.01$；$\beta_2 = -0.253$，$p<0.001$），符合 H1a、H1b 假设内容；市场合法性及政治合法性的调节作用也与上文发现一致，因此研究结果通过了稳健性检验。

表 6 回归分析结果（$N=282$）

变量	商业模式调整				
	模型 1	模型 2	模型 3	模型 4	Max VIF
S	0.137* (2.278)	0.149** (2.817)	0.103* (2.116)	0.083 (1.841)	1.111
A	−0.052 (−0.842)	−0.043 (−0.799)	−0.008 (−0.162)	0.025 (0.546)	1.157
MTO	0.178** (2.836)	0.161** (2.932)	0.160** (3.162)	0.153** (3.278)	1.198
I	0.042 (0.712)	0.018 (0.352)	0.023 (0.480)	0.068 (1.538)	1.067
POE		0.140** (2.681)	0.169** (3.503)	0.148** (3.297)	1.095
PRE		0.255*** (4.635)	0.220*** (4.229)	0.193*** (3.997)	1.270
POE^2		−0.157** (−3.055)	−0.137** (−2.870)	−0.122** (−2.751)	1.082
PRE^2		−0.253*** (−4.663)	−0.216*** (−4.249)	−0.240*** (−5.050)	1.230
ML			0.104* (2.170)	0.081 (1.764)	1.162

续表

变量	商业模式调整				Max VIF
	模型 1	模型 2	模型 3	模型 4	
$ML \times POE$			0.103 * (2.173)	0.096 * (2.169)	1.062
$ML \times PRE$			−0.157 ** (−2.869)	−0.179 *** (−3.531)	1.410
$ML \times POE^2$			−0.127 ** (−2.662)	−0.143 ** (−3.241)	1.062
$ML \times PRE^2$			0.206 *** (3.788)	0.198 *** (3.660)	1.595
PL				0.099 * (2.141)	1.158
$PL \times ML$				0.244 *** (5.307)	1.158
$PL \times ML \times POE$				−0.141 ** (−3.077)	1.152
$PL \times ML \times PRE$				0.208 *** (4.217)	1.328
R^2	0.062	0.300	0.424	0.517	
F	4.540 **	14.599 ***	15.206 ***	16.637 ***	
ΔR^2	0.062	0.238	0.125	0.093	
ΔF	4.540 **	23.202 ***	11.629 ***	12.677 ***	

注：*** 表示 $p<0.001$，** 表示 $p<0.01$，* 表示 $p<0.05$（双尾检验）；括号中为 T 值。

五、结论与启示

（一）研究结论

本文基于管理认知视角和组织合法性视角，构建数字化转型背景下效果推理、组织合法性与商业模式调整的关系模型，得到如下结论：第一，提升型效果推理和预防型效果推理对商业模式调整均有倒 U 形影响。这表明，一定程度的提升型效果推理或预防型效果推理均有利于企业调整商业模式，而超过某个阈值后会对商业模式调整有负面影响。第二，市场合法性在效果推理与商业模式调整间发挥差异化调节作用。具体而言，市场合法性强化提升型效果推理和商业模式调整的倒 U 形关系，但弱化预防型效果推理对商业模式调整的非线性影响。第三，政治合法性削弱市场合法性对效果推理和商业模式调整间关系的调节作用。这说明，政治合法性削弱市场合法性对提升型效果推理与商业模式调整关系的增强作用，缓解市场合法性对预防型效果推理与商业模式调整间关系的减弱作用。

（二）研究贡献

1. 理论意义

本文的理论贡献有以下四点：第一，将效果推理理论与商业模式调整理论拓展至数字化转型情境。效果推理理论起源于创业领域，有学者将其延伸到新兴经济体的创新情境[37]，但数字智能时代各领域的管理实践普遍面临更高的不确定性，剖析数字化转型背景下企业的效果决策将促进效果推理理论的发展。并且，以往学者们对商业模式调整的研究更多关注互联网创业[3]、服务行业[9]、新兴行业[10] 等情景，探讨数字化转型背景下企业如何主动调整商业模式有助于丰富和拓展组织数字赋能商业模式的相关理论内容[43]。第二，从管理认知视角揭示效果推理对商业模式调整的影响机制。既有研究探讨了效果推理整体构念对商业模式创新[14]、商业模式设计[20] 的影响机制，但缺乏从管理者的关注焦点（提升或预防）角度来考察企业不同效果推理原则的差异性[15]，且对数字化转型情境下效果推理如何影响企业商业模式调整关注不足。基于调节焦点理论，本文探讨数字化转型背景下企业提升型和预防型效果推理与商业模式调整的非线性关系，既呼应了 AREND 等[23] 的区分效果推理不同原则的存在作用差异的观点，又拓展了不确定环境下效果推理与商业模式调整的非线性关系研究。第三，结合管理认知和组织合法性视角，探究了效果推理对商业模式调整的影响边界。本文验证了市场合法性对效果推理与商业模式调整关系的调节作用，既拓展了以往学者从行业增长、竞争强度等方面对商业模式权变因素的研究，又证实了市场相关方提供的资源和机会对数字化转型企业调整商业模式的重要影响[10]。第四，揭示了政治合法性通过市场合法性对效果推理与商业模式调整关系产生权变影响。以往学者仅关注商业模式的单维合法性构建[39] 或多维合法性的获取过程[31]，忽略不同受众合法性对企业商业模式调整的差异化作用。本文将政治和市场两种不同场域受众的合法性纳入同一框架，并验证政治合法性通过市场合法性对效果推理和商业模式调整关系产生边界作用，深化了政治合法性与市场合法性交互关系的相关研究[34]，并丰富了组织内外部因素对商业模式调整战略的影响机制研究。

2. 管理启示

本文的管理启示有以下两方面：一方面，数字化转型背景下企业应该权衡利用效果推理原则修正或优化商业模式。一是管理者应该利用大数据分析、云计算等数字技术，降低企业试验成本、提升试验效率，洞察数字经济下用户的个性化需求；同时注重组织对外部环境的柔性感知能力和对资源的柔性配置能力，调整组织结构来适应数字化技术、产品及工艺流程等，逐步构建新的价值创造和获取模式来维持企业的市场竞争优势。二是企业需要与消费者实现价值共创、与产业链伙伴和竞争对手等建立创新生态系统，降低组织资源获取成本、优化服务增值效率；通过流程的数字化、智能化及大数据技术提高组织可承受损失的精准预算，进而优化组织交易内容、方式及流程等，以减少企业数字化转型的不确定性。然而，企业如果过分关注积极寻求机会的效果决策，可能缺少严谨的商业计划，造成高成本和商业战略目标偏差；过度采取保守策略会降低企业对新兴机会的感知能力，陷入是否调整及如何调整商业模式的数字化转型困境。另一方面，数字化转型企业应该重视市场合法性和政治合法性的获取。一是数字化转型情景下企业需要注重市场导向和顾客需求导向，按照用户、供应商等市场利益相关者的个性化需求开展数字业务，方便组织开展实验探索活动、柔性对待外部突发事件。二是企业应该注重政府机构的合法性认可，利用政治关系向现有或潜在业务伙伴发出合作信号，以期整合监管商业资源来发展和加强组织的数字业务。基于此，企业应该整合政治利益相关者提供的非市场资源和市场利益相关者带来的市场资源，借助严谨的商业计划、建立战略联盟来发挥资源协同作用，从而提高组织调整后商业战略的可接受度和可持续发展。

（三）研究局限与展望

本文存在以下局限：第一，本文将商业模式调整作为静态变量，但数字化转型情景下的企业通常需要调整多次商业模式，未来研究可参考 DENOO 等[10] 的测量将商业模式调整视为一个连续的过程，利用纵向案例或系统动力学仿真等方法开展跟踪研究。第二，本文将商业模式调整作为整体构念，并未考虑数字化转型企业不同程度商业模式调整的作用机理，未来可借鉴 OSIYEVSKYY 和 DEWALD[12] 的研究，探讨效果推理对渐进式和变革式商业模式调整的影响机制。第三，本文将样本企业归类为高新技术行业和非高新技术行业，并未细分具体行业。由于不同行业企业面临的环境不确定性和数字化转型挑战有所差异，未来研究可围绕某些具体行业（如生物医药行业、新能源行业等）探索效果推理、组织合法性和商业模式调整战略间的关系。

参考文献

［1］孟韬，赵非非，张冰超．企业数字化转型、动态能力与商业模式调适［J］．经济与管理，2021，35（4）：24-31.

［2］SAEBI T，LIEN L，FOSSN J．What drives business model adaptation? The impact of opportunities，threats and strategic orientation［J］．Long Range Planning，2017，50（5）：567-581.

［3］纪雪洪，张思敏，赵红．创业企业商业模式调整机制研究：直接动因、调整过程与主要模式［J］．南开管理评论，2019，22（5）：49-63.

［4］WARNER K，WAGER M．Building dynamic capabilities for digital transformation：An ongoing process of strategic renewal［J］．Long Range Planning，2019，52（3）：326-349.

［5］SARASVATHY S D．Causation and effectuation：Towards a theoretical shift from economic inevitability to entrepreneurial contingency［J］．Academy of Management Review，2001，26（2）：243-263.

［6］王影，张宏如，梁祺．效果推理对制造企业智能化转型的影响机制研究［J］．研究与发展管理，2021，33（1）：27-38.

［7］刘莎莎，宋立丰，宋远方．数字化情景下互联网独角兽的公司创业路径研究［J］．科学学研究，2020，38（1）：113-123.

［8］CAPUTO A，PIZZI S，PELLEGRINI M M，et al．Digitalization and business models：Where are we going? A science map of the field［J］．Journal of Business Research，2021，123：489-501.

［9］胡保亮，田萌，闫帅．高管团队异质性、网络能力与商业模式调适［J］．科研管理，2020，41（1）：265-273.

［10］DENOO L，YLI-RENKO H，CLARYSSE B．The impact of customer ties and industry segment maturity on business model adaptation in an emerging industry［J］．Strategic Entrepreneurship Journal，2021，16（3）：602-632.

［11］TEECE D J．Business models，business strategy and innovation［J］．Long Range Planning，2010，43（2-3）：172-194.

［12］OSIYEVSKYY O，DEWALD J．Explorative versus exploitative business model change：The cognitive antecedents of firm-level responses to disruptive innovation［J］．Strategic Entrepreneurship Journal，2015，9（1）：58-78.

［13］孟凡生，赵刚．创新柔性对制造企业智能化转型影响机制研究［J］．科研管理，2019，40（4）：74-82.

［14］FUTTERER F，SCHMIDT J，HEIDENREICH S．Effectuation or causation as the key to corporate venture success? Investigating effects of entrepreneurial behaviors on business model innovation and venture performance [J] . Long Range Planning, 2018, 51 (1): 64-81.

[15] PALMIÉ M, HUERZELER P, GRICHNIK D, et al. Some principles are more equal than others: Promotion-vs. prevention-focused effectuation principles and their disparate relationships with entrepreneurial orientation [J] . Strategic Entrepreneurship Journal, 2019, 13 (1): 93-117.

[16] VIAL G. Understanding digital transformation: A review and a research agenda [J] . The Journal of Strategic Information Systems, 2019, 28 (2): 118-144.

[17] HININGS B, GEGENHUBER T, GREENWOOD R. Digital innovation and transformation: An institutional perspective [J] . Information and Organization, 2018, 28 (1): 52-61.

[18] GARUD R, KUMARASWAMY A, ROBERTS A, et al. Liminal movement by digital platform-based sharing economy ventures: The case of Uber technologies [J] . Strategic Management Journal, 2020, 43 (3): 447-475.

[19] 刘洋, 董久钰, 魏江. 数字创新管理: 理论框架与未来研究 [J] . 管理世界, 2020, 36 (7): 198-217+219.

[20] 王玲玲, 赵文红, 魏泽龙. 因果逻辑和效果逻辑对新企业新颖型商业模式设计的影响: 环境不确定性的调节作用 [J] . 管理评论, 2019, 31 (1): 90-100.

[21] CHANDLER G N, DETIENNE D R, MCKELVIE A, et al. Causation and effectuation processes: A validation study [J] . Journal of Business Venturing, 2011, 26 (3): 375-390.

[22] SMOLKA K M, VERHEUL I, BURMEISTER-LAMP K, et al. Get it together! Synergistic effects of causal and effectual decision-making logics on venture performance [J] . Entrepreneurship Theory and Practice, 2018, 42 (4): 571-604.

[23] AREND R J, SAROOGHI H, BURKEMPER A. Effectuation as ineffectual? Applying the 3E theory assessment framework to a proposed new theory of entrepreneurship [J] . Academy of Management Review, 2015, 40 (4): 630-651.

[24] BROCKNER J, HIGGINS E T, MURRAY B L. Regulatory focus theory and the entrepreneurial process [J] . Journal of Business Venturing, 2004, 19 (2): 203-220.

[25] HMIELESKI K M, BARON R A. Regulatory focus and new venture performance: A study of entrepreneurial opportunity exploitation under conditions of risk versus uncertainty [J] . Strategic Entrepreneurship Journal, 2008, 2 (4): 285-299.

[26] ZOTT C, AMIT R. Business model design: An activity system perspective [J] . Long Range Planning, 2010, 43 (2): 216-226.

[27] 余江, 孟庆时, 张越, 等. 数字创业: 数字化时代创业理论与实践的新趋势 [J] . 科学学研究, 2018, 36 (10): 1801-1808.

[28] ZIMMERMAN M A, ZEITZ G J. Beyond survival: Achieving new venture growth by building legitimacy [J] . Academy of Management Review, 2002, 27 (3): 414-431.

[29] DIMAGGIO P J, POWELL W W. The iron cage revisited: Institutional isomorphism and

collective rationality [J]. American Sociological Review, 1983, 48 (2): 147-160.

[30] SUCHMAN M C. Managing legitimacy: Strategic and institutional approaches [J]. Academy of Management Review, 1995, 20 (3): 571-610.

[31] 葛安茹, 唐方成. 基于合法性视角的新物种涌现机理研究: 花椒直播的案例分析 [J]. 科研管理, 2020, 41 (12): 112-120.

[32] GUO H, SHEN R, SU Z. The impact of organizational legitimacy on product innovation: A comparison between new ventures and established firms [J]. IEEE Transactions on Engineering Management, 2019, 66 (1): 73-83.

[33] 郭海, 李阳, 李永慧. 最优区分视角下创新战略和政治战略对数字化新创企业绩效的影响研究 [J]. 研究与发展管理, 2021, 33 (1): 12-26.

[34] ZHANG J A, O'KANE C, CHEN G. Business ties, political ties, and innovation performance in Chinese industrial firms: The role of entrepreneurial orientation and environmental dynamism [J]. Journal of Business Research, 2020, 121: 254-267.

[35] GUPTA G, BOSE I, PHILLIPS F. Strategic learning for digital market pioneering: Examining the transformation of Wishberry's crowdfunding model [J]. Technological Forecasting & Social Change, 2019, 146: 865-876.

[36] COSKUN-SETIREK A, TANRIKULU Z. Digital innovations-driven business model regeneration: A process model [J]. Technology in Society, 2021, 64: 101461.

[37] WU L, LIU H, SU K. Exploring the dual effect of effectuation on new product development speed and quality [J]. Journal of Business Research, 2020, 106: 82-93.

[38] DEW N, SARASVATHY S, READ S, et al. Affordable loss: Behavioral economic aspects of the plunge decision [J]. Strategic Entrepreneurship Journal, 2009, 3 (2): 105-126.

[39] 孙锐, 周飞. 企业社会联系、资源拼凑与商业模式创新的关系研究 [J]. 管理学报, 2017, 14 (12): 1811-1818.

[40] LI J, XIA J, ZAJAC E J. On the duality of political and economic stakeholder influence on firm innovation performance: Theory and evidence from Chinese firms [J]. Strategic Management Journal, 2017, 39 (1): 193-216.

[41] YU B, HAO S, WANG Y. Organizational search and business model innovation: The moderating role of knowledge inertia [J]. Journal of Knowledge Management, 2020, 24 (7): 1705-1718.

[42] LIND J T, MEHLUM H. With or without U? The appropriate test for a U-shaped relationship [J]. Oxford Bulletin of Economics and Statistics, 2010, 72 (1): 109-118.

[43] 陈一华, 张振刚, 黄璐. 制造企业数字赋能商业模式创新的机制与路径 [J]. 管理学报, 2021, 18 (5): 731-740.

The Impact of Effectuation on Business Model Adaptation under the Background of Digital Transformation

Xiaobin Feng　　Linlin Liu

Abstract：Firm's business model adaptation（BMA）has attracted much attention under the background of digital transformation. However，it's not clear that how different effectuation principles influence firm's BMA，and the moderating role of institutional legitimacy has not been revealed. Grounded in the views of management cognitive and organizational legitimacy，we construct the theoretical model of effectuation on BMA，as well as the moderating role of organizational legitimacy. Using the survey data collected from 347 firms for empirical testing，the results show that both promotion-focused effectuation and prevention-focused effectuation have inverted U-shaped effects on BMA. Market legitimacy strengthens the relationship between promotion-focused effectuation and BMA，but weakens the effect of prevention-focused effectuation on BMA. Political legitimacy weakens the moderating role of market legitimacy in the relationship between promotion/ prevention-focused effectuation and BMA. The paper enriches the research among organizational legitimacy，effectuation and BMA，and is significant for venture on how to deal with digital transformation.

Key words：Effectuation；Business model adaptation；Organizational legitimacy；Digital transformation

数字经济时代文化产业发展路径探究

◎ 时钰鹏[*]

摘要：近年来，云计算、物联网、区块链、大数据、5G 和人工智能等一系列新的数字概念和技术层出不穷。在数字化驱动下，新一轮的产业革命正在如火如荼地进行中。数字经济发展方兴未艾，为文化产业的迅速发展注入了强大的动力。数字经济时代，文化产业发展应在技术、市场、政策三个领域有所突破，同时避免数字侵权、数字鸿沟及合作安全等问题，抓住数字经济时代所面临的机遇，全面发展。

关键词：数字经济；文化产业；发展路径；区块链；数字化

当前，数字技术正与国民经济各个行业相互融合，带来诸多新产业、新业态和新的商业模式。数字经济时代，文化产业与数字技术的有效融合，能极大地推动数字文化产业在内的新经济快速发展，在稳定经济增长、推动经济结构转型升级、改变生活方式和提高生活品质等方面发挥着重要作用。

一、数字经济的内涵与特点

数字经济（Digital Economy）的概念最早可以追溯到加拿大学者唐·泰普史考特（Don Tapscott）于 1995 年出版的《数据时代的经济学：对网络智能时代机遇和风险的再思考》和美国学者尼古拉斯·尼葛洛庞帝（Nicholas Negroponte）于 1996 年出版的《数字化生存》。两位学者前瞻性地探究了互联网的出现对经济社会的冲击与影响，在开启了人们对数字经济认知大门的同时，更对数字经济

* 时钰鹏，四川传媒学院电影学院副教授（成都 611745；shiyupeng@ vip. 163. com）。

后续不断地发展与延伸奠定了基础。

进入 21 世纪，随着网络技术的不断发展，数字经济在各国国民经济总量中的比重不断增强，各国越来越重视数字经济的重要性，纷纷出台有关振兴数字经济的战略规划。而随着云计算、物联网、区块链、人工智能、5G 等技术的不断崛起，数字经济逐渐拥有了新的内涵，即数字经济是继农业经济、工业经济之后的一种新的经济社会发展形态，它对于未来，经济社会的发展具有深远的影响。未来，经济社会发展会建立在数字基础设施之上，传统基础设施在物联网技术支撑下也会全面实现数字化。数字经济的发展必然会重塑整个经济和社会，数据成为最重要的生产要素，各行业的商业模式和盈利方式将会重构。未来，所有产业都将是数字化产业，所有企业都将是数字化企业，数字经济将具有时代赋予它的新的特点：

（一）数字化

数字经济是以二进制的形式来表示和处理信息，将包括文字、图片、视频、声音等在内的诸多信息转化为计算机能够读取、处理和传输的二进制代码。虽然大部分信息都能以数字化的形式表示，但信息的数字化进程仍远未结束，为促进文化产业在数字经济时代下的全面发展，文化产业的传统领域必须向数字化转型，从而利用数字技术推动融合创新，在拓宽应用领域的同时推动文化经济深度发展。

（二）网络化

数字经济的基础是通过网络通信技术实现人与人、人与物、物与物之间的实时连接。2018 年全球互联网用户规模达到 43.88 亿人，相比 2017 年增长了 9.13%，互联网用户规模快速提升，全球互联网渗透率从 2014 年的 42% 增至 2018 年的 57%。除了互联网以外，物联网也在高速成长，推动着现有经济社会深度变革。未来，经济社会的发展需以数字经济为驱动力，推动互联网技术的开放、合作、交流与共享，让互联网更好地助力经济发展、社会进步。

（三）智能化

进入 21 世纪以来，人工智能研究在多个领域实现突破，数字经济进入以智能化为核心的发展阶段，目前人工智能应用的商业模式还主要集中在单一的应用上，包括语音识别、自动驾驶、机器人写稿、图像识别、医疗辅助等诸多领域。未来，智能化技术发展将对数字经济发展产生质变效应，推动人类生产生活方式的新变革。

（四）商业化

数字经济时代，数字资源的"共享价值"超过了"交换价值"，合作共赢将会超越竞争。在这一前提下，传统商业模式已不能满足需要，以共享、交换为核心的新商业模式将会逐步出现。因此，未来必须重新构建商业模式。数字经济未来将会以大数据、区块链、人工智能为依托，在传统商业模式基础上进行重新设计，依靠数字技术来驱动的跨行业、跨区域商业模式。

（五）共享化

数字经济时代要求数字资源高度共享，将发展的重心放在不断拓展数字信息资源上，发展关于数字技术的集成、存储、分析及交易业务，通过共享、交换的方式释放数字技术资源的新价值，实现互利共赢。

综上所述，数字经济的数字化、网络化、智能化、商业化、共享化特征揭示了数字经济发展的必然性，为具有良好数字基础的文化产业提供了明确的发展方向。而文化产业中先天的"数字基因"将在数字经济时代得到充分的发展。因此，数字经济时代，文化产业的数字化变革势在必行。

二、数字经济时代文化产业发展的必然性

数字经济时代下，文化产业除保持原有发展轨迹及趋势外，呈现出诸多新的特征。数字文化产业概念应运而生，显示出文化产业发展与数字经济紧密结合的必然。2016年，数字文化产业首次被纳入《"十三五"国家战略性新兴产业发展规划》。该规划指出："数字文化产业是数字创意产业中最为核心的部分，其以文化创意内容为核心，依托数字技术进行创作、生产、传播和服务，呈现技术更迭快、生产数字化、传播网络化、消费个性化等特点，有利于培育新供给、促进新消费，已成为文化产业发展的重点领域和数字经济的重要组成部分。"

目前，数字文化产业的主要消费领域更多地侧重于消费互联网，但也正向更多其他领域拓展。尤其是文化旅游、电竞游戏、体育等领域，将会迎来推动数字文化产业发展的重要机遇。大数据和人工智能等技术在数字文化产业发展中的作用越来越重要。随着5G技术商用化的全面推广，大数据、云计算、人工智能及区块链技术都将加速影响数字文化产业的发展。随着产业互联网和消费互联网的融通，作为生产性服务业，文化产业尤其是数字文化产业的带动作用将得到充分发挥。因此，文化产业要想得到长足性地、可持续性地发展，必须抓住数字经济时代的机遇，应对时代对文化产业发展带来的挑战。

三、数字经济时代文化产业发展的路径

（一）技术层面：关注技术前沿，做好有效融合

数字经济发展在新技术体系上，主要包括大数据、云计算、物联网、人工智能、区块链五大技术。其中，大数据及云计算技术为数字资源的获取、分析与产出奠定基础；物联网技术为数字内容传输提供路径；人工智能技术为数字经济的引用提供智能支持；而区块链技术为数字经济发展提供了技术保障。

现今，以五大数字技术为代表的新技术体系在文化产业领域的应用已初见端倪，甚至在有些领域已经取得了较大的进步。例如，物联网技术已初步应用在馆藏文物的环境监测、远程控制调节、批量管理艺术藏品流向等领域；以云计算、大数据为代表的数字技术已经全面应用在以网络游戏、短视频行业为代表的数字文化产业的各领域中；而以区块链技术为代表的数字技术也已在数字游戏、音乐产业、艺术品市场中尝试应用。未来，随着数字技术的不断延伸，数字技术在文化产业中应用的领域将不断拓宽，技术与产业之间应做好更多的融合。五大技术应根据数字文化产业生产、传播、消费的要求，技术之间相互配合，与文化产业有效融合推动数字文化产业的高速度、高质量发展。

（二）市场层面：培育消费市场，引导消费习惯

作为文化产业发展的内在推动力量，文化消费近年来不断增长，所占经济支出比重逐年提高。2018 年我国数字经济规模达到 31.3 万亿元，占 GDP 比重达 34.8%，其中数字文化产业的比重逐年提高。数字文化产业在促进经济增长、扩大就业等方面取得了显著的成效。但是，现实存在的数字鸿沟与消费的两极分化也影响着数字经济的成果推广。因此，文化产业的发展要尽量避免由于数字资源的分布不均导致的数字鸿沟所带来的负效应和马太效应。

因此，应当做好数字基础设施建设以普及数字应用终端来缓解数字资源的分配不均衡现象，消弭数字鸿沟所带来的"先天不足"。同时，积极培育数字文化产业与消费市场，培育和引导消费者的消费内容与消费习惯。针对不同地区的文化消费习惯、模式提供相应的文化产品。根据不同消费群体的个性特征提供有针对性的、消费者喜闻乐见的数字文化产品及服务。不断培育消费需求，实现产品内容数字化、传播渠道网络化、消费习惯个性化，释放数字经济在文化领域的动能，培育新的文化消费增长点。

（三）政策层面：出台保障政策，完善监管机制

数字经济时代，文化产业的发展将进入快车道，但可持续性的发展必须要有

配套的保障措施及完善的监管机制，以便更好地引导文化产业发展方向、提升产业现有竞争力和发展水平。因此，政府需要在调研现有数字文化产业发展现状的基础上，制定和完善有利于国家或地区数字文化产业发展的政策，依据国家和地区产业发展战略和发展规划，加强产业化引导和培育。同时，建设完善信息公共服务平台，方便数字文化产业参与者了解政府相关优惠政策和扶持措施，从而降低企业成本，提高区域企业整体竞争力。

数字文化产业快速发展的同时，以游戏、影视、音乐为代表的多个领域的侵权现象愈演愈烈。随着越来越多的参与主体进入数字文化产业领域，分散化的侵权行为与日俱增。由于现有侵权违法成本低、侵权代价小，"法不责众"的心态使很多人存有侥幸心理。因此，要加强和完善市场监管机制，以更好地减少侵权、剽窃等版权纠纷问题。

四、数字经济时代文化产业发展应注意的问题

数字经济时代，文化产业的发展在注重以上三个层面有效发展的同时，也应当注意如数据确权、数字鸿沟、合作安全等问题。如果忽略了这些问题将严重制约数字文化产业的发展。

（一）数据确权问题

数据确权是指数据的所有权、采集权、存储权、占有权、隐私权、使用支配权等，数据确权是保证数字经济健康、安全地顺利发展的基本条件和法律基础。现今的数据确权问题，主要存在于数据的所有权、占有权、支配权和隐私权等方面，归根结底是没有解决好数据标签、数据复制滥用的问题，在文化产业领域的具体现象就是大量的侵权、盗版行为。

数字经济时代，文化产业的有序发展、明确数据的权属关系是数字文化产业发展的基础和保障。因此，应当在完善现有版权相关法律及监管机制的同时，全面引入区块链技术，利用区块链技术的分布式信任体系，为实现数据确权提供基本的架构保证。利用区块链的不可篡改性，增加侵权、违法的成本。利用区块链的去中心化存储的特点实现数据内容的安全可信。

（二）数字鸿沟问题

数字鸿沟，是指在全球数字化进程中，不同国家、地区、社区之间，由于对信息、网络技术的拥有程度、应用程度及创新能力的差别而造成的信息落差及贫富进一步两极分化的趋势。虽然现今中国的数字经济已经进入快速发展时期，数

字文化产业发展的速度日新月异，但仍存在着数字资源不发达、互联网渗透率较低的现象。数字鸿沟仍然存在于现今中国的互联网环境中。当今文化产业的发展，高度依赖互联网的普及，数字文化产业要想获得更大的发展可能，需要不断弥合数字文化领域中的数字鸿沟。

当前，以新一代信息技术为核心的"新基建"已成为中国经济发展的新动能。2020年5月22日的政府工作报告指出，要"加强新型基础设施建设，发展新一代信息网络，拓展5G应用，建设充电桩，推广新能源汽车，激发新消费需求、助力产业升级"。"新基建"的推广无疑为数字鸿沟的弥合提供了利好，但在系统、终端、人机界面的设计上，务必要切实关注和满足特殊群体的需求，这样我们才能提防可能出现的新的数字鸿沟与新贫困。

（三）合作安全问题

2019年末突如其来的新冠疫情极大地影响了全球人们的生活。疫情给全球文化产业，尤其是以院线、演艺为代表的文化机构及企业，带来了严重的影响。各国的文化产业损失惨重。新冠疫情对全球文化机构的"毁灭性影响"仍在持续，人们不得已将注意力及关注度转移至线上。有关全球文化产业是否就此迎来从"现场文化"向"线上文化"的转变的讨论不断发酵。

在本国文化产业受到重创的同时，国外文化产品的消费也陷入了僵局。虽然各国纷纷出台诸多政策来振兴本国的文化产业，但经济重启之后，本国文化产品与外国文化产品的侧重与取舍将会成为消费者面临的具体问题。文化保护主义、民粹主义的抬头会让人们重新审视全球合作与全球化问题。因此，在确保本国文化产业安全发展的前提下，如何处理好安全与合作的问题将成数字经济时代文化产业发展的关键。

综上所述，当前数字文化产品在国际文化服务贸易中的比重逐年上升，各国均将发展数字内容产业作为重要战略，中国数字文化产业尚需更大范围地发展。随着5G技术逐渐商业化，新的技术影响越来越大，它将成为支撑数字文化产业的重要力量。云计算、大数据、人工智能和区块链等其他重大技术对于数字文化产业的发展同样重要。因此，应当在注重技术、市场、政策三个层面全面发展的同时，避免数字侵权、数字鸿沟及合作安全等问题的出现。加速文化产业与互联网新技术的融合，加快经济转型升级，助力文化产业发展。

参考文献

［1］范周 . 数字经济变革中的文化产业创新与发展［J］. 深圳大学学报（人文社会科学

版），2020，37（1）：50-56.

［2］曹红丽，黄忠义．区块链：构建数字经济的基础设施［J］．网络空间安全，2019，10（5）：75-81.

［3］毛丽娟，浩布尔卓娜．数字经济时代下文化创意产业发展路径研究［J］．黑龙江社会科学，2020（2）：56-60.

［4］SHI Y P. Exploration of the application of blockchain technology in the field of cultural industry［J］. Scientific Journal of Intelligent Systems Research, 2019, 1（3）：6-10.

Research on the Development Path of Cultural Industry in the Era of Digital Economy

Yupeng Shi

Abstract：In recent years，a series of new digital concepts and technologies such as cloud computing，Internet of things，block chain，big data，5g and artificial intelligence have emerged in an endless stream．Driven by digital technology，a new round of industrial revolution is in full swing．The development of digital economy is in the ascendant，which injects powerful power into the rapid development of cultural industry．In the era of digital economy，the development of cultural industry should make breakthroughs in technology，market and policy．At the same time，we should avoid the problems of digital infringement，digital divide and cooperation security，and seize the opportunities in the era of digital economy to develop in an all-round way.

Key words：Digital economy；Cultural industry；Development path；Block chain；Digitization

创意管理评论 · 第8卷
CREATIVE MANAGEMENT REVIEW, Volume 8

创意管理生态

Creative Management Ecology

创意企业知识产权合规的理论内涵、测度方式及其创新效应研究[*]

◎ 余晨辉　牛爱文　高长春[**]

摘要： 在国家法律制度完善和公司法治意识提高的背景下，知识产权合规成为创意企业的管理前沿领域。本文采用内容分析法归纳了知识产权合规的理论内涵并提炼出相应的概念维度。基于新制度主义和理性系统组织理论，本文从合法性机制和效率机制出发，解释了知识产权合规对创意企业创新绩效的作用机理。实证研究发现：创意企业知识产权合规分别通过合法性机制和效率机制提高动态能力，进而提高创新绩效。研究结论丰富了组织社会学在合规管理中的应用，并对创意企业知识产权战略运行具有指导意义。

关键词： 创意企业；知识产权合规；合法性机制；效率机制；创新效应

一、引言

自中华人民共和国最高人民检察院推动合规不起诉试点政策以来，企业合规管理在国内管理学、法学和经济学领域成为研究热点[1]。具体到知识产权领域，

---

　* 上海市人民政府发展研究中心—东华大学"城市创意经济与创新服务"研究基地资助项目"上海文化创意产业生态链与城市转型研究"（项目编号：2022-YJ-M04-A）、东华大学中央高校基金重点项目资助。

　** 余晨辉（1995—），男，浙江人，博士研究生，研究方向：组织行为学和创意企业管理（yuchen-hui1995@163.com）；牛爱文（1995—），女，山东人，博士研究生，研究方向：组织行为学和创意企业管理；高长春（1964—），男，吉林桦甸人，教授，博士生导师，主要研究方向：创意管理。

法律制度的完善和企业法治意识的提高推动了知识产权合规的持续发展。法律制度极大程度地增加了知识产权的违规成本，有利于改善创意生产的营商环境。2021年，我国第一部《中华人民共和国民法典》实施，规定了知识产权的"避风港原则"和"红旗原则"，并把知识产权侵权责任从损失赔偿责任加重为最高达到三倍的惩罚性赔偿责任[2]。同年，新修改的《中华人民共和国刑法典》也完善了著作权、专利和商标相关的罪名和刑罚，对严重的知识产权违法行为予以刑事处罚[3]。此外，创意企业对知识产权的保护和尊重对比先前管理实践得到了较大程度的提高。据《最高人民法院知识产权法庭年度报告（2021）》，以阿里巴巴、腾讯控股、字节跳动、网易为代表的数字创意龙头企业在知识产权诉讼中的平均胜诉率达到82.31%，其中网易和中兴在有些年份的知识产权胜诉率甚至可以达到100%[4]。因此，中华人民共和国最高人民法院在报告中提出未来的文化战略之争必然涉及知识产权之争。创意产业又被称为版权产业，知识产权对创意企业劳动成果在确认、保护和转让等多方面起到重要作用，所以知识产权合规对创意企业价值创造和价值实现构成制度性约束。传统的IP开发方式主要遵循"先侵权后赔偿"的粗放路径，知识产权合规意味着改变这一开发路径，即创意企业只有在得到他人授权后才能开发创意文本[5]。鉴于这一背景，本文提出了两个问题：第一，知识产权合规的理论内涵是什么？我们应该如何测度知识产权合规？第二，知识产权合规管理究竟激发还是束缚了创意企业的创新行为？如果有影响，知识产权合规对创意企业创新绩效的作用机理是怎样的？

合规管理被区分为综合合规管理和专项合规管理，已有研究对企业合规的讨论聚焦于综合合规管理问题。关于合规的定义，理论界和实务界分别提出了三要素说、五要素说、六要素说、九要素和十三要素说。三要素说是合规管理的传统学说，覆盖了合规的主体、客体和行为方式，最早被应用于经合组织2010年发布的《经合组织内控、道德与合规最佳行为指南》[6]。按照三要素说，一个有效的合规管理体系一般由三个相互依赖的要素组成——董事会和管理层的监督管理、合规管理计划、合规管理审计。五要素说由陈瑞华（2020，2021，2022）提出，从PDCA的流程视角出发把企业合规解构为商业行为准则、合规组织体系、防范体系、监控体系和应对体系[7-10]。六要素说来自以国务院《合规管理体系指南》为代表的一系列官方文件，认为完整的合规体系应该是由六个要素形成的一个闭环：合规义务、合规目标、合规风险、合规团队、合规措施有效性和持续改进。九要素说源于国际标准化组织发布的《合规管理体系要求及使用指南》，从组织行为学角度把合规分解为治理与领导力，风险评估与尽职调查，标准、政策与程序，培训与沟通，员工报告，案件管理与调查，测试与监控，第三方合规及持续改进九个要素[11]。周万里（2022）综合上述观点，提出了十三要素学说：合规方针与承诺、合规组织、合规管理运行（合规制度与流程、合规风险管理、合规审查、违规管理与问责、合规管理评估）、合规管理保障（合规审计、合规考核与评价、合规管理信息系统、合规宣传与培训、合规计划与合规报告、合规文化）[12]。在上述定义指导下，国资委和中小企业协会先后发布了《中央企业合规管理指引（试行）》（国资发法规〔2018〕106 号）和《中小企业合规管理体系有效性评价》团体标准，奠定了综合合规管理的评价体系。

此外，学者们利用微观层面的客观数据检验了合规管理对企业绩效的影响结果。陈永安等（2020）利用上市公司数据开展实证工作，从行政处罚、诉讼风险、自律监管、信息披露、财务审计、内部控制和社会责任 7 个维度构建综合性合规指数，并揭示了合规指数对企业绩效的倒 U 形影响，即适度承诺效应和过度承诺效应[13]。刘猛和赵永亮（2020）以税务合规、环境合规和用工合规为基础构建了综合合规指数，并对工业企业数据库相关数据进行实证分析，最终发现合规管理通过增加创新融资、研发补贴和引进创新人才的途径来提高企业创新能力[14]。两项实证研究总体上支持合规管理对企业经营绩效尤其是创新绩效的促进效应，初步回应了合规管理的作用之谜。

综合合规管理是专项合规管理的上位概念，两者之间属于一般与具体的关系，所以现有研究为知识产权合规性奠定了理论基础。然而，知识产权合规管理相较于综合合规管理有其特殊之处：第一，综合合规以规避刑事责任风险和行政责任风险为优先事项，而知识产权合规管理以规避民事责任风险为主要工作[15]。综合合规管理是公法导向的，主要调整的是企业与公权力机关之间的法律关系。知识产权合规管理是私法导向的，主要调整平等民事主体之间的产权纠纷。第二，综合合规是企业单方履行义务、遵守制度的过程，而知识产权合规具有双向性[16]。创意企业在强化合规过程中既能避免对他人侵权，也可以提高维权意识和维权能力，应对他人的侵权损害。基于此，综合合规的定义方法和研究结论并不能直接适用于知识产权合规管理，知识产权合规管理作为专项合规的门类之一尚未得到充分重视。尽管国家知识产权局和国家标准化管理委员会发布了《企业知识产权管理规范》，但是此规范就知识产权合规问题没有建立系统性的评价标准，也没有提供应用细则，对企业管理实践的指导意义相对有限。

本文将回顾学术研究和政策文件，通过内容分析法解构知识产权合规管理的理论内涵和概念维度，并以此为基础构建知识产权合规指标体系。本文将以新制度主义的组织合法性理论为基础，从知识产权合规出发构建高科技企业创新绩效的解释框架。本文将以 127 家创意企业为样本，运用结构方程模型检验知识产权合规对企业创新绩效的影响，并通过拟合优度和理论探讨修正前述研究模型。基于此，本文将为企业合规管理的理论内涵和创新效应给出新的解释，并为创意企业 IP 开发活动提供实践指导。

二、概念界定与研究假设

（一）知识产权合规的概念界定

1. 合规的定义

Bird 和 Orozco（2014）创建了法务战略学理论，把合规视为五种法务战略之一，这是合规第一次被引入管理学领域[17]。按照最新修订的《合规管理体系要求及使用指南》，合规的定义是"满足所有的组织合规义务的结果"，是指组织履行所有必须遵守的强制性的、明示的、隐含的或必须履行的需求或期望的结果。遵循概念界定的完备性原则和无冗余性原则，研究者对比了三要素说、五要素说、六要素说、九要素说和十三要素说之间的联系和区别，认为合规管理的核心要素涉及合规承诺、风险分析、合规沟通、合规组织、合规记录、违规问责与矫正制度。六大核心要素共同构成了合规管理的理论内涵，也是知识产权合规的概念基础。

2. 知识产权合规概念维度的初步提炼

研究者在北大法宝以"知识产权合规""知识产权违规""知识产权侵权""知识产权犯罪"等关键词为检索范围选取了 41 份相关的法律制度或政策文件。此外，研究者下载了 12 篇知识产权合规相关的新闻报道（包括中建六局、腾讯控股和华为公司等多家知名企业）和 7 篇知识产权合规管理的学术文献（3 篇中文核心和 4 篇外文核心），还参考了 2 本知识产权合规的专著。整合上述文献，本文构建了知识产权合规的语义池，该语义池共有 496 条语料（含词汇或语句）。本文采用内容分析法来剖析上述语料从而提炼出知识产权合规的概念维度。在内容分析过程中，本文前后开展了三次语义审查，每次审查都让两名博士研究生进行编码。在第一次审查中，本文以业务类别为依据，把知识产权合规的内涵分解为一般知识产权合规（知识产权权属合规、知识产权完整性合规、知识产权交易条件合规、知识产权登记合规）和跨境知识产权合规（技术进出口合规、知识产权海关保护合规和争议解决条款合规）。在第二次审查中，本文以法律渊源为依据，把知识产权合规的内涵归纳为民商事法律合规、刑事法律合

创意企业知识产权合规的理论内涵、测度方式及其创新效应研究

Research on the Theoretical Connotation, Measurement Methods and Innovation Effects of Intellectual Property Compliance in Creative Enterprises

同、行政法律合规、非制度性规范合规（行业惯例合规和职业道德合规）。在第三次审查中，本文以业务流程为依据，把知识产权合规的内涵梳理为合规风险识别与分析（法律法规风险、规章政策风险、惯例与道德风险）、合规预防机制建设（自有知识产权运营维护机制、他人知识产权授权等待机制、内外部知识产权合法交易机制）、合规人员管理（内部合规手册、定期合规培训、合规人事管理）。本文对三次编码结果的一致性进行计算，得到结果如下：Kappa 系数分别为 0.82、0.87 和 0.90，SE 系数分别为 0.04、0.07 和 0.06。第三种内涵提炼方法借鉴了前两种方法的观点，具有更高的分类准确性，所以知识产权合规的概念应该由合规风险识别和分析、合规预防机制建设、合规人员管理三个构件组成。

3. 知识产权合规的理论内涵

上述三大构件界定了知识产权合规的主体（合规官或法务人员）、客体（企业法人和员工）、参考对象（各类制度规范）。知识产权合规指的是法务人员确保企业法人经营行为符合法律、法规、规章、行业惯例和职业道德等多项规范，并通过组织惯例强化在职人员知识产权合法性意识，进而规避刑事法律、民事与行政三维法律风险的非诉讼管理措施。

根据内容分析，知识产权合规管理不仅具有合规管理的一般特征，也有其特殊性。从内涵与管理过程看，知识产权合规与合规管理的十三个要素吻合，形成一个决策、组织与控制的管理闭环。从合规风险看，知识产权合规主要是应对侵权赔偿为主的民事风险，其次是应对产权申请被驳回为主的行政风险，最后是应对极端侵权行为导致的刑事风险。这一风险规避顺序刚好与一般合规活动相反，反映出知识产权合规管理区别于一般合规活动的特殊性。

（二）创意企业知识产权合规与合法性机制

创意企业知识产权合规可以从制度嵌入和品牌商誉两个方向构建合法性机制[18,19]。第一，知识产权合规可以巩固政府管制背景下创意企业与利益相关方的合作关系。在内容创作、文化生产、媒介宣传、市场营销和客户消费的价值链中，创意企业必须与其他企业开展合作。由于法律规定了二次侵权的赔偿责任，创意企业的违规行为会通过价值链把损失扩张到各利益相关方。一旦合作方遭受损失，他们可能会取消商业合作甚至永久性终止双方关系。由此，创意企业知识产权合规通过规制合法性和规范合法性构建了合作伙伴对自身的制度信任。第二，知识产权合规可以增强消费者对创意企业品牌的满意度和忠诚度，从而构建认知合法性。抄袭、贬损他人创意的侵权风波往往造成创意企业的公共危机，引发消费者不满和粉丝流失，进而失去市场。知识产权合规有助于企业树立原创、

新颖和诚信的声誉，塑造良好的品牌形象，从而在消费者文化层面构建认知合法性。基于以上分析，本文提出以下假设：

H1：创意企业知识产权合规对合法性机制具有正向影响。

（三）创意企业知识产权合规与效率机制

创意企业知识产权合规可以从战略决策、公司治理和组织架构等方面构建效率机制。第一，知识产权合规可以完善企业战略方案质量，减少决策偏差。知识产权合规蕴含了一套风险评估与预测、监督与实施、控制与反馈的流程，增强了决策的民主性、科学性和正当性，减少了企业侵权开发或文化违规的决策可能性。第二，知识产权合规调整了创意企业内部权力和职责的分配。知识产权合规强化了企业监事会、法务部门或合规团队的监管职能，有利于提高创意企业内部控制质量。第三，知识产权合规有助于推动组织变革，通过流程再造消除创新活动中的无效环节。知识产权合规可能增强企业架构的正规化与制度化，并在此过程中通过专项培训、经验实操、文化推广来提高员工合规意识和合规能力。基于以上分析，本文提出以下假设：

H2：创意企业知识产权合规对效率机制具有正向影响。

（四）合法性机制与动态能力

相对于资源基础观的核心能力，动态能力是一种高阶能力，是企业有意改变产品、生产流程、标准或服务市场的能力（Winter，2003）[20]。Pavlou 和 Sawy（2011）认为动态能力是由感知能力、学习能力、整合能力和运营能力构成的能力束，重点在于帮助企业做出适应外部环境变化的调整[21]。合法性机制具体表现形式有强制机制、模仿机制和规范机制，可以从两方面影响动态能力。第一，合法性机制可以帮助企业从创新网络中获取知识，捕捉机会，进而克服能力刚性。已有研究表明，合法性强的企业拥有更多的社会资本，而社会资本是创意企业从创新网络中汲取信息、分享知识的前置因素。在开放性创新网络中，创意企业利用合法性机制可以通过上下游企业、同业竞争者和客户所分享的知识来提高自身的感知能力和学习能力。第二，重整业务流程或标准可能会影响其他主体的利益，而合法性机制可以帮助企业在调整业务时得到利益相关者的谅解和支持。根据利益相关者理论和资源依赖理论，企业实质上是与利益相关者订立的契约集合，其经济行动需要利益相关者的资源支持。只有具备较高的组织合法性，创意企业整合资源并重构业务的战略举措才能得到利益相关者的认同，所以合法性机制提高了创意企业的整合能力和运营能力。基于以上分析，本文提出以下假设：

H3：合法性机制对创意企业动态能力具有正向影响。

创意企业知识产权合规的理论内涵、测度方式及其创新效应研究

Research on the Theoretical Connotation, Measurement Methods and Innovation Effects of Intellectual Property Compliance in Creative Enterprises

（五）效率机制与动态能力

根据理性系统组织理论，效率机制可以调适企业内部资源与外部环境已经不相适应的部分关系，而动态能力就是使企业低阶能力和产业环境、国民经济环境相适应的高阶能力，所以效率机制和动态能力具有目标一致性，效率机制可以从规模效率和技术效率两个层面对动态能力产生影响[22]。从技术效率看，效率机制可以帮助创意企业改造落后的实物资本、创意设计理念和文化生产流程，通过重新构造生产函数来优化动态能力。从规模效率看，知识产权合规可以削减那些严重侵权的业务来调整组织的规模和结构，从而强化动态能力，为组织变革松绑。基于以上分析，本文提出以下假设：

H4：效率机制对创意企业动态能力具有正向影响。

（六）动态能力与创意企业创新绩效

动态能力从技术适应性和进化适应性两个方面提高创意企业的创新绩效[23]。技术适应性是指能力被有效发挥的程度与其所产生的成本的比值。技术适应性可以帮助创意企业克服既定技术的路径依赖和当前设计的主流观点，驱使创意企业采取新技术和新理念。进化适应性是指企业通过创建、扩展或调整其资源基础，以超越其他企业从外部获取生存的能力。进化适应性可以推动创意企业形成资源柔性、组织柔性、财务柔性等多维灵活性以应对环境变化，对创意企业商业模式创新和管理方式创新具有重要意义。基于以上分析，本文提出以下假设：

H5：动态能力对创意企业创新绩效具有正向影响。

（七）理论模型

遵循"职能战略选择—竞争战略机制—企业竞争能力—战略结果"的逻辑，本文构建了如图1所示的理论模型。在这个模型中，创意企业知识产权合规的独

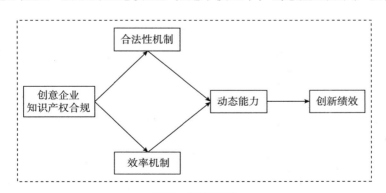

图1　理论模型

立性和工具性分别构建了合法性机制和效率机制，而两大机制分别通过社会资本和经济资本建立动态能力。动态能力是创新绩效的前置因素，以技术适应性和进化适应性推动企业克服能力刚性，从而帮助企业在商业模式、产品与流程、组织管理方面实现创新。

三、研究设计

（一）数据来源

2021 年 3 月至 11 月，课题组向杭州、苏州、上海、南京的创意产业园区进行调查并对 300 家创意企业发放纸质或电子问卷。为了缓解同源偏差，课题组采取分阶段、多主体的问卷发放方式：在时刻 1，课题组把问卷发放给企业负责人 A 来调查自变量知识产权合规；在时刻 2，课题组把问卷发放给企业负责人 B 来调查中介变量合法性机制、效率机制和动态能力；在时刻 3，课题组把问卷发放给负责人 A 来调查因变量创新绩效。经过匹配后，本文回收问卷 183 份，有效问卷 127 份，回收率和有效回收率分别为 61% 和 42.33%。

（二）变量选取

被解释变量：创新绩效（INV）。本文借鉴于晓宇和蔡莉（2013）[24]、Zhang 和 Li（2010）[25] 的创新量表来测度创新绩效，包括五个题项：①持续推出新产品；②率先引入新产品；③迅速发布新产品；④开发出高质量的新产品；⑤使用新产品来渗透市场。

解释变量：知识产权合规（IPC）。该变量的量表由课题组采用内容分析法提取高频语义加以编制。经过两轮预调查的检验和修正，知识产权合规的量表最终包括 9 个题项：①贵公司在形成决策前往往会评估法律法规风险；②贵公司在形成决策前往往会评估规章政策风险；③贵公司在形成决策前往往会评估惯例与道德风险；④贵公司建立了完善的自有知识产权运营维护机制；⑤贵公司建立了完善的知识产权授权等待机制；⑥贵公司建立了完善的内外部知识产权合法交易机制；⑦贵公司为培育员工合规意识而发布内部合规手册；⑧贵公司为增强员工合规意识而展开定期合规培训；⑨贵公司为增强员工合规意识而把合规绩效考评纳入人事管理。

中介变量 1：合法性机制（LM）。本文参考杜运周和李毛毛（2012）[26] 的研究来测度合法性机制的量表，共有 7 个题项：①员工会自豪地告诉别人他们是您公司的成员；②竞争者对您公司很尊重；③与您关系密切的官员高度评价本企

创意企业知识产权合规的理论内涵、测度方式及其创新效应研究

Research on the Theoretical Connotation, Measurement Methods and Innovation Effects of Intellectual Property Compliance in Creative Enterprises

业；④供应商希望与您做生意；⑤顾客高度评价企业的产品；⑥政府高度评价企业的经营行为；⑦投资者愿意与公司接洽。

中介变量2：效率机制（EM）。本文参考陈华珊（2021）[27]的测度方式，认为效率机制的测量题项应包括：①在本行业内，贵公司的技术效率处于前沿水平；②在本行业内，贵公司的组织效率处于前沿水平；③在本行业内，贵公司的规模效率处于前沿水平。

中介变量3：动态能力（DC）。本文综合借鉴多份研究经过两轮预调查[21-23]，最终确定动态能力的测量量表，共有4个题项：①贵公司经常可以洞悉竞争机遇和风险；②贵公司可以预见和把握顾客需求变化；③贵公司可以有效整合资源并重构业务；④贵公司的组织架构具有较高的灵活性。

控制变量：①企业年龄（AGE）：企业成立3年以下，AGE=1；企业成立3~5年，AGE=2；企业成立5~8年，AGE=3；企业成立8年以上，AGE=4。②企业负责人教育背景（EDU）：高中及以下，EDU=1；本科或大专，EDU=2；研究生以上，EDU=3。③企业规模（SIZE）：小微企业，SIZE=1；中等规模企业，SIZE=2；大规模企业，SIZE=3。④产权结构（OWN）：企业为国有性质，OWN=0；企业为民营或外资性质，OWN=1。

（三）样本结构

结合《国民经济行业分类》（GB/T 4754—2021）和长三角地区创意产业发展现状，《上海市社会主义国际文化大都市建设"十四五"规划》提出了创意产业的十二种细分行业。其中，建筑设计、时尚创意、咨询和中介服务、软件信息业占有较大比重，这与长三角地区文化创意业态发展现状相吻合。企业规模、成立年限、教育背景和产权结构的调查结果如表1所示，文本内容在此不再赘述。

表1　样本结构

特征变量	特征值	频数	比例（%）	特征变量	特征值	频数	比例（%）
企业规模	Size=1	23	18.11	细分行业	媒体与艺术	12	9.45
	Size=2	86	67.72		工业设计	4	3.15
	Size=3	18	14.17		建筑设计	13	10.24
成立年限	Age=1	14	11.02		时尚创意	25	19.69
	Age=2	68	53.54		互联网相关	5	3.94
	Age=3	22	17.32		软件信息业	18	14.17
	Age=4	23	18.11		广告与会展	7	5.51

续表

特征变量	特征值	频数	比例（%）	特征变量	特征值	频数	比例（%）
教育背景	Edu = 1	10	7.87	细分行业	休闲娱乐	8	6.30
	Edu = 2	79	62.20		文化创意投资运营	4	3.15
	Edu = 3	38	29.92		咨询和中介服务	15	11.81
产权结构	Own = 0	22	17.32		文化装备制造销售	9	7.09
	Own = 1	105	82.68		文化创意辅助用品	7	5.51

四、实证结果

（一）信效度与同源偏差检验

运行 SPSS27.0，本文得到了如表 2 所示的信效度检验结果。潜变量的 Cronbach's α 值均超过 0.8，验证性因子分析中各测项的因子载荷量均处于 ［0.5，0.95］，因此量表信度良好。依托上述因子载荷量计算平均萃取方差（AVE）与组合信度（CR），AVE 值均大于 0.5 的阈值，CR 值均大于 0.7 的阈值，因此各变量均有较好的收敛效度。

表 2　信效度检验结果

变量	题项	α 值	CR	AVE	变量	题项	α 值	CR	AVE
INV	INV1	0.855	0.9430	0.8022	LM	LM1	0.843	0.9475	0.7206
	INV2	0.915				LM2	0.821		
	INV3	0.934				LM3	0.856		
	INV4	0.901				LM4	0.833		
	INV5	0.871				LM5	0.854		
IPC	IPC1	0.820	0.9267	0.7416		LM6	0.858		
	IPC2	0.871				LM7	0.876		
	IPC3	0.879			EM	EM1	0.8724	0.8559	0.6652
	IPC4	0.801				EM2	0.8118		
	IPC5	0.868				EM3	0.7586		
	IPC6	0.876			DC	DC1	0.8875	0.9282	0.7641
	IPC7	0.890				DC2	0.9259		
	IPC8	0.857				DC3	0.8517		
	IPC9	0.884				DC4	0.8282		

创意企业知识产权合规的理论内涵、测度方式及其创新效应研究

Research on the Theoretical Connotation, Measurement Methods and Innovation Effects of Intellectual Property Compliance in Creative Enterprises

尽管调查过程采取分阶段问卷发放方式，但我们仍然无法完全避免同源偏差。为此，研究者把所有题目设置为一个变量进行因子分析。运行 SPSS27.0，因子分析结果表明，第一主成分的累积贡献度为 24.82%，低于 40% 的门槛值，所以问卷并不存在严重的同源偏差。

（二）结构方程模型初步检验

运行 AMOS24.0，通过极大似然估计法进行结构方程模型分析，本文可以得到如图 2 所示的统计结果，模型的拟合指标 $x^2/DF = 3.54$，RMSEA = 0.06，TLI = 0.9472，CFI = 0.9683，总体拟合程度良好。创意企业知识产权合规对合法性机制（0.517，P<0.05）和效率机制（0.382，P<0.1）的回归系数均为正，H1 和 H2 成立。合法性机制和效率机制对创意企业动态能力的回归系数分别为 0.662（P<0.01）和 0.258（P<0.1），H3 和 H4 成立。动态能力对创意企业创新绩效的回归系数为 1.149（P<0.05），H5 成立。

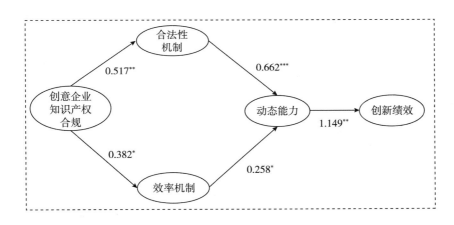

图2　结构方程模型初步实证结果

注：＊＊＊表示在 0.01 水平上显著；＊＊表示在 0.05 水平上显著；＊表示在 0.1 水平上显著。

（三）结构方程模型的修正

根据拟合指标，初始模型的拟合优度虽然已经满足科研的基本标准，但是仍然存在上升空间。遵循 AMOS24.0 的初始输出结果，如图 3 所示，我们增加了创意企业知识产权合规对动态能力、知识产权合规对创新绩效、合法性机制对创新绩效、效率机制对创新绩效的影响路径。在补充这些路径后，模型的拟合指标 $x^2/DF = 2.48$，RMSEA = 0.04，TLI = 0.9753，CFI = 0.9916，总体拟合程度有所提高。

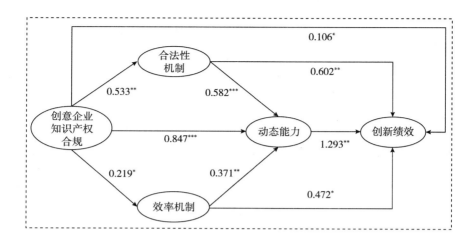

图3　修正后结构方程模型的实证结果

注：＊＊＊表示在 0.01 水平上显著；＊＊表示在 0.05 水平上显著；＊表示在 0.1 水平上显著。

五、结论与建议

（一）研究结论

本文通过内容分析法归纳了知识产权合规的理论内涵，并根据语义池编制了测度量表。在此基础上，研究者运用结构方程模型探讨了创意企业知识产权合规对创新绩效的作用机理，得到如下发现：

第一，知识产权合规的定义是法务人员确保企业法人经营行为符合法律、法规、规章、行业惯例和职业道德等多项规范，并通过组织惯例强化在职人员知识产权合法性意识，进而规避刑事法律、民事与行政三维法律风险的非诉讼管理措施。具体来看，知识产权合规包括合规风险识别与分析（法律法规风险、规章政策风险、惯例与道德风险）、合规预防机制建设（自有知识产权运营维护机制、他人知识产权授权等待机制、内外部知识产权合法交易机制）、合规人员管理（内部合规手册、定期合规培训、合规人事管理）。

第二，知识产权合规对创意企业创新绩效具有正向影响。关于合规活动的经济效应，理论研究者分别提出了"推进说"和"抑制说"两种观点。本文的实证结果总体上支持了"推进说"，认为知识产权合规并非是对创意企业的束缚，反而对企业创新具有产权维护、风险规避、责任明晰的保驾护航的正向影响。

创意企业知识产权合规的理论内涵、测度方式及其创新效应研究

Research on the Theoretical Connotation, Measurement Methods and Innovation Effects of Intellectual Property Compliance in Creative Enterprises

第三，知识产权合规可以同时通过合法性机制和效率机制形成动态能力，进而提高创新绩效。知识产权合规对外可以取得利益相关者的认同生成合法性机制，对内可以提高内部控制和公司治理质量生成效率机制。两大机制分别通过灵活性和适应性构建企业动态能力，进而为创意企业设计新作品、开发新技术奠定能力基础。

（二）管理启示

研究结论为创意企业的合规管理和创新活动提供了三点实践启示：

第一，积极投入法务资源，构建知识产权合规管理系统。与综合合规相比，知识产权合规要迎合更加繁杂的法律规范和政策文件，对法务资源的需求相当庞大。创意企业只有投入充足的资源，建立完整的合规系统，才能准确评估知识产权开发的法律风险，形成周密、流畅的组织架构，培育影响深远的合规文化。

第二，兼用合法性—效率机制，发挥知识产权合规综合功效。知识产权合规受到边际收益递减和边际成本递增的限制，因此创意企业应当充分了解知识产权合规的对内、对外影响，对内赋能内部控制和公司治理，使合规文化在组织各层级得到制度化，对外与利益相关者形成一致行动，构建社会资本从而获取更多外部资源。

第三，塑造动态能力，克服能力刚性。知识产权合规与企业的知识管理、资源柔性、组织惯例息息相关，有助于创意企业克服能力刚性，摆脱既定技术的路径依赖。基于此，创意企业在开展合规管理时应当变革传统的模仿或抄袭方式，在合规约束下发现新模式、新设计和新技术，进而为市场提供高质量创意作品。

（三）局限与展望

本文在理论视角和实证研究方面还存在以下局限性：第一，本文在提炼知识产权合规的理论内涵时主要借助既有文献而非质性研究，但是现有研究处于起步阶段，未必能够保证概念的饱和性。第二，尽管本文编制的量表经过了信效度检验，但是研究者没有以客观绩效数据与知识产权合规进行相关分析，并没有检验知识产权合规量表的预测能力。基于此，在后续研究中，课题组将尝试用扎根理论对多个案例进行分析，提取知识产权合规的理论维度。此外，课题组还将通过实际调查获取创意企业创新绩效的客观数据来检验知识产权合规的预测力。

参考文献

［1］杨林．超越"合规"：合规不起诉制度功能的多元定位［J］．环球法律评论，2023，45（2）：210-224.

［2］周伟萌．"避风港"何以避风？——我国网络交易平台商标侵权案件适用避风港规则的具体路径［J］．社会科学家，2021，289（5）：115-120.

［3］张燕龙．著作权法与刑法的衔接［J］．国家检察官学院学报，2023，31（2）：108-127.

［4］最高人民法院．最高人民法院知识产权法庭年度报告（2021）［EB/OL］．［2022-03-01］．https：//baijiahao.baidu.com/s？id=1726026584804392460&wfr=spider&for=pc.

［5］刘铁光，吴玉宝．大数据时代数据的保护及其二次利用侵权的规则选择——基于"卡-梅框架"的分析［J］．湘潭大学学报（哲学社会科学版），2015，39（6）：76-79.

［6］MILLER G P. The law of governance, risk management, and compliance［M］. Holland：Wolters Kluwer Law & Business，2014.

［7］陈瑞华．刑事诉讼的合规激励模式［J］．中国法学，2020，218（6）：225-244.

［8］陈瑞华．论企业合规的性质［J］．浙江工商大学学报，2021，166（1）：46-60.

［9］陈瑞华．论企业合规的基本价值［J］．法学论坛，2021，36（6）：5-20.

［10］陈瑞华．合规监管人的角色定位——以有效刑事合规整改为视角的分析［J］．比较法研究，2022，181（3）：28-43.

［11］国际标准化组织．ISO19600合规管理体系认证［EB/OL］．http：//www.iso-yj.com/service/article_ 201.html.

［12］周万里．企业合规讲义［M］．北京：中国法制出版社，2022.

［13］陈永安，刘汉民，齐宇．合规与公司绩效：促进还是抑制？——基于上市公司合规指数的计量和实证检验［J］．证券市场导报，2020，339（10）：23-34.

［14］刘猛，赵永亮．合规性与企业创新——理论分析与经验证据［J］．产业经济研究，2020，109（6）：68-82.

［15］张晓．合规视角下知识产权侵权归责［J］．经济研究导刊，2022，529（35）：158-160.

［16］朱雪忠，代志在．总体国家安全观下的知识产权安全治理体系研究［J］．知识产权，2021，246（8）：32-42.

［17］BIRD R C，OROZCO D. Finding the right corporate legal strategy［J］. Mit Sloan Management Review，2014，56（1）：81-82.

［18］DIMAGGIO P，POWELL W. The iron cage revisited：Institutional isomorphism and collective rationality［J］. Ameircan Sociological Review，1983，42（2）：726-743.

［19］TOLBERT P S，ZUCKER L G. Institutional sources of change in the formal structure of organizations：The diffusion of civil service reform，1880-1935［J］. Administrative Science Quarterly，1983（1）：22-39.

［20］WINTER S G. Understanding dynamic capabilities［J］. Strategy Management Journal，2003，24（10）：991-995.

创意企业知识产权合规的理论内涵、测度方式及其创新效应研究

Research on the Theoretical Connotation, Measurement Methods and Innovation Effects of Intellectual Property Compliance in Creative Enterprises

[21] PAVLOU P A, SAWY E O. Understanding the elusive black box of dynamic capabilities [J]. Decision Sciences, 2011, 42 (1): 182-196.

[22] HELFAT C E, FINKELSTEIN S, MITCHELL W, et al. Dynamic capabilities: Understanding strategic change in organizations [M]. Oxford: Blackwell, 2007.

[23] TEECE D. Explicating dynamic capabilities: The nature and microfoundations of (sustainable) enterprise performance [J]. Strategic Management Journal, 2007, 28: 1319-1350.

[24] 于晓宇, 蔡莉. 失败学习行为、战略决策与创业企业创新绩效 [J]. 管理科学学报, 2013, 16 (12): 37-56.

[25] ZHANG Y, LI H. Innovation search of new ventures in a technology cluster: The role of ties with service intermediaries [J]. Strategic Management Journal, 2010, 31 (1): 88-109.

[26] 杜运周, 李毛毛. 魅力型领导对新企业绩效的影响: 组织合法性的中介作用 [J]. 科学学与科学技术管理, 2012, 33 (12): 87-96.

[27] 陈华珊. 数字时代的政务微博创新扩散及治理——基于效率机制和合法性机制的比较分析 [J]. 学术论坛, 2021, 44 (5): 37-48.

Research on the Theoretical Connotation, Measurement Methods, and Innovation Effects of Intellectual Property Compliance in Creative Enterprises

Chenhui Yu   Aiwen Niu   Changchun Gao

Abstract: Against the backdrop of improving the national legal system and increasing corporate legal awareness, intellectual property compliance has become a cutting-edge field of management for creative enterprises. This study uses the Content analysis method to summarize the theoretical connotation of intellectual property compliance and extract the corresponding conceptual dimensions. Based on the new institutionalism and rational system organization theory, this article explains the mechanism of intellectual property compliance's impact on the innovation performance of creative enterprises from the perspectives of legitimacy and efficiency mechanisms. Empirical research has found that intellectual property compliance in creative enterprises enhances dynamic capabilities through legitimacy mechanisms and efficiency mechanisms, thereby improving innovation performance. The research conclusion enriches the application of organizational sociology in compliance management and has guiding significance for the operation of intellectual property strategies in creative enterprises.

Key words：Creative enterprises；Intellectual property compliance；Legitimacy mechanism；Efficiency mechanism；Innovation effect

上海文化创意产业集聚与多元生态构建策略研究[*]

◎ 孟方琳　高　晗　赵袁军[**]

摘要： 新时代下，上海要打造科技创新、数字赋能、资源集聚的"组合金融+文化创意全产业链服务+文化创意产业园区基地"的创意、创新、创造、创业"四创"多元生态共生发展模式。形成数字创意人才云集、各类金融资本助力，差异化园区孵化、核心企业主导，文化创意资源丰富、创新市场规范的高效文化创意产业空间集聚区域具有重要战略意义。本文聚焦于构建具有上海特色的空间要素资源共享、知识创新互补、价值共同创造、数字技术高效赋能、产业集聚效率提高的文化创意产业生态系统。本文通过搭建以数字赋能和创新创业孵化为核心的垂直深度文化创意产业生态圈，重点探讨来自企业主体、政府制度，以及各类机构的要素资源的互动共生和有效匹配，提升要素集聚效应，并从上海文化创意产业空间协同共生发展、要素资源合理高效流动、人才培养与激励视角提出上海文化创意产业多元生态系统构建策略。

关键词： 文化创意生态系统；协同共生；价值共创

文化创意产业已经成为衡量一个国家和城市国际竞争力的重要维度，以创意

---

[*] 上海市政府决策咨询项目（项目编号：2022-YJ-M03）、上海市哲学社会科学基金（项目编号：2021JGO15-ECK117）、东华大学中央高校基金重点项目资助。

[**] 孟方琳（1980—），女，黑龙江人，博士研究生，上海杉达学院商学院副教授，东华大学创意产业与创新研究中心研究员，研究方向：创新生态与创业投资；高晗（1989—），男，上海人，博士研究生，东华大学服装与设计学院讲师，研究方向：数字创新与创意研究；赵袁军（1989—），男，山东枣庄人，博士研究生，南京审计大学会计学院讲师，研究方向：创新与创业管理。

产业、创意经济、文化产业、文化经济、版权产业、内容产业等为主体的文化创意行业和部门发挥了促进经济增长、扩大就业、繁荣文化、创新社会等多重功能。文化创意产业成为可持续发展的核心动力和经济发展的重要驱动力，其创造了可观的经济收入和就业机会。文化创意产业作为融合型行业，呈现出多极化发展态势，城市作为文化创意产业的集聚地和领跑者，构建了文化多样性生态圈。随着以大数据、5G、人工智能、云计算、AI、物联网、全息技术、区块链、量子信息为代表的新一代科技革命的迅猛发展，文化与科技深入融合，在创意、创新、创造理念下，形成了数字文化创意产业新格局，数字技术加速改变了传统文化创意产业生产方式和消费方式，引领文化创意产业走向"云时代"，呈现出"技术+文化+社交+创意经济"的多功能叠加效应。探讨上海如何形成数字创意人才云集、各类金融资本助力，差异化园区孵化、核心企业主导，文化创意资源丰富、创新市场规范的高效文化创意产业空间集聚的文化创意城市具有重要战略意义。

Scott（2004）认为，文化产业在地理空间上的集聚趋势的形成是由于它具有独一无二的生产特征，且文化创意产业在城市的中心地区形成集聚趋势。孙洁（2014）立足于上海文化创意产业集聚演化发展现状和问题，对文化创意产业集群集聚演化趋势进行了判断，并提出方向性控制、分类指导和机制创新的建议。张妙枫（2019）分析了我国及长三角地区创意产业发展的现状和特点，提出我国创意产业在2014年以后就具备了支柱产业的雏形，长三角地区创意产业的发展处于我国领先的状态。花建（2020）认为，长三角文化产业已经成为全国范围内跨省市的协同机制最为有效、文化产业集群最为强盛、国际文化合作和贸易最为活跃的地区之一，这是有益文化、有为政府、有效市场等诸多要素协同作用的结果。曹如中等（2023）经过实证研究得出，长三角城市群文化创意产业空间关联强度逐年增加，产业网络结构趋于稳固，上海、南京、杭州、合肥等处于核心区域，形成集群内部凝聚子群。曲华丽等（2023）关注全球创意城市的区域多样性与网络结构特征，为我国创意城市发展提供了发展借鉴。孙汀等（2023）运用布尔迪厄理论探索并刻画了城市文化发展战略运作机制和演化进程。王兴全和王慧敏（2023）从产业、文化、空间三个维度梳理了上海文化创意产业园区功能的复合化与复杂化的演进。近年来，我国学者重点关注文化产业数字化、多层次多区域的文化产业高质量发展、新发展阶段下文化消费升级、多领域内文化创意产业元宇宙发展、文化创意产业学科建设和人才培养、文化创意产业园区和地域文化创意产业演进等问题。随着文化创意产业的统计分类和范围边界的逐渐清晰、文化创意产业研究中地理学视角的加强及文化创意产业新业态的兴起，文化创意产业多元生态系统构建成为研究的热点。

一、上海文化创意产业发展现状

文化创意产业是上海建设有影响力的国际文化大都市、在世界舞台上传播中国声音的重要突围路径；对内，文化创意是新时代"人民城市"建设的一环，是满足市民群众多样化、品质化生活需求，推动文化发展成果由人民共享的民生工程。文化创意产业已成为上海的支柱产业之一。到 2030 年，上海文化创意产业增加值占全市生产总值的比重将达到 18%左右，基本建成具有国际影响力的文化创意产业中心；到 2035 年，全面建成具有国际影响力的文化创意产业中心。"十四五"时期，上海文化创意产业将坚持守正创新，聚焦重点领域、关键环节和重大项目，基于红色文化、海派文化和江南文化实施"文化+""+文化"战略，包括实施文创领军企业培育计划，力争形成头部企业带动、腰部企业支撑、小微企业创新的产业创新发展生态等，建设具有核心竞争力、国际影响力的文化创意产业中心。集群化、规模性、互动性是文化创意产业发展的内在要求，同时文化创意产业与城市区域发展空间之间存在着双向互动关系，新兴的创意产业可以重构城市空间结构，随着数字科技的发展，文化创意产业可以形成跨地域、跨学科、跨产业的融合，文化创意产业的价值链和产业链需要持续高速更新迭代，以数字技术驱动文化创意产业的创新及效率与场景的应用，通过文化创意产业渗透融合功能，发挥资源转化、价值提升、结构优化和市场扩张的巨大潜能。为了促进上海文化创意产业的可持续发展，需要结合上海"十四五"发展规划及上海五大中心建设，进一步培育和优化文化创意产业生态系统环境。

2019 年，上海的文化创意制造业约 826 亿元，文化创意服务业约 5524 亿元，共占 GDP 的 16.64%。2020 年，上海文化创意产业总产出达到 20404.48 亿元，数字文化创意产业占 28.4%，其中互联网和相关服务业同比增长 18%，软件和信息技术服务业同比增长 12.5%。新冠疫情促进了网络视听、移动游戏、网络直播、数字阅读和电子竞技等新业态迅速增长，其中游戏和网络文学同比增长最快，分别为 50%和 37.7%，数字化发展成为上海文化创意产业的显著特征。

《2020 年中国城市文化创意指数研究及排序》在"文化创意+创意生态""文化创意+赋能能力""文化创意+审美驱动力""文化创意+创新驱动力"四个维度，分别从智力资本、资本环境、政策环境、市场潜力、文化创意 GDP、文化创意贡献率、产品设计力、消费带动力、城市好客度、城市美感、城市普惠度、城市幸福感、智权成果、失败容忍度、创新研发力、未来可塑性 16 个方面进行评估，我国城市文化创意指数排名前十位的分别是：北京、深圳、上海、广州、杭州、苏州、南京、西安、东莞、重庆。长三角城市群的文化创意实力提升，占据四席。上海的文化创意指数全国排名第 3 位，其中创意生态较北京有一定差距；赋能能力较深圳有一定差距；审美驱动力和创新驱动力较北京和深圳稍欠缺。上海在资本环境、市场潜力和文化创意服务业等方面具有优势，但是在文化创意智力资本、政策环境、文化创意贡献度、产品设计力等方面都有待进一步加强。上海作为文化创意驱动型城市和文化创意高能赋城市，已经高度融合并渗透进城市发展中，在产业经济、产品服务、公共空间、市民素质等方面都具有较高能赋水平。

《上海文化创意产业发展报告（2020～2021）》，依据全球影响力、区域代表性、文化代表性，从文化消费、文化生产和文化权力 3 个维度，文化互动、信息社会、时尚创意、文化体验、媒体设计、软件开发、广告产业、设计产业、文化影响、教育吸引、精英艺术 11 个方面衡量上海作为国际文化大都市的排名，最终上海排世界第 12 位。文化生产作为上海的强项排在 20 个国际都市中的第 6 位，其中设计产业最为亮眼，而软件开发与伦敦、纽约等城市有较大差距，也有较大的发展空间。文化消费排名第 12 位，文化权利第 14 位。基于知识与技术产出视角，从专利申请、PCT 申请的来历、实用新型、科技出版物、引用文件索引、人均 GDP 增长率、新业务密度、计算机软件总支出、ISO9001 质量证书、高科技和中高科技制造业、知识产权收据、高科技出口、ICT 服务出口、外国直接投资净流出等知识创造、知识影响和知识传播角度评测，我国的创新产出位居全球第 2；基于创意产出的商标申请类别、全球品牌价值、工业设计、ICT 和组织模型创建、文化创意服务出口、制作国家故事片、娱乐和媒体市场、印刷出版物和其他媒体输出、创意商品出口、通用顶级域名、国家/地区代码顶级域、维基百科年度编辑、移动应用创建等无形资产、创意商品和服务、线上创意三方面，WIPO 得出 2020 年中国创意产出排名第 4 位。

二、上海文化创意生态系统的构成与价值共创机理

（一）上海文化创意生态系统的内涵与特征

《上海市文化创意产业分类目录（2018）》提出文化创意产业是指以人的创

造力为核心，以文化为元素，以创意为驱动，以科技为支撑，以市场为导向，以产品为载体，以品牌为抓手，综合文化、创意、科技、资本、制造等要素，形成融合型产业链，体现文化创意产业发展的新型业态，包括媒体业、艺术业、工业设计业、建筑设计业、时尚创意业、互联网和相关服务业、软件与信息技术服务业、咨询服务业、广告及会展服务业、休闲娱乐业、文化装备制造业、文化创意投资运营和文化创意用品生产13个文化创意产业。

文化创意是指在创意活动中发现并创造新的审美趣味和审美价值，从而促进经济和社会的变革，同时推动城市环境空间的改善。数字经济时代，数字化的引擎功能发生了一定形式的变化，要素引擎、技术引擎和制度引擎助推文化创意产业拥有更广阔的发展空间：以"数字数据+计算力"运用为重点，推动内容、资本、技术等要素重组，形成了新的产业链和价值链；以典型场景开发为重点，形成了文化生活方式的有机整合；以数字化平台赋能产业发展，提高经济流量升级；通过智能、精准、互动、普惠的服务拓展社会成员的新的文化生产与消费空间和规模；基于"文化创意+"理论，可以形成具有区域特色的文化创意产业生态系统。

1. 上海文化创意生态系统的内涵

文化创意生态系统是指以文化创意企业为核心生产者，生产者为提供文化产品及服务、创意思想及灵感生产了文化创意产品和提供了文化创意服务（生态系统价值的核心来源），文化创意产品或服务投入市场后消费者会接受，同时在数字生态系统中，消费者可以参与生产者的价值创造，而充当文化创意生态系统中分解者的相关辅助企业种群或中介种群，会形成对生产者的文化创意产品或服务的评价，同时对消费者群落形成引导，这类似于生态系统中微生物的代谢分解。文化创意生态系统中存在着物质流、信息流和价值流。价值流就是生物生态系统中的能量流，其流动方式与系统中各方捕获价值能力有关，主要与其在文化创意生态系统中的生态位有关，受到生态位的价值创造能力、种群间互动关系及环境因素等多方面影响。文化创意生态系统中种群、群落的生态位是由种群或群落即文化创意产业中子产业的产业能力、产业间相互作用及其环境资源共同决定的，不同类型的文化创意企业、产业，在价值创造中所处的地位和角色不同。文化创意者、创意生产者、创意消费者、文化创意分解者等是构成文化创意生态系统的核心种群。种群间存在着原始协作、互利共生、偏离共生等正向作用，也存在着捕食、竞争和偏害共生反向作用。在文化创意生态系统中，生产者和消费者可以存在依存共生、独立共生和非完全独立共生的关系；文化创意分解者与生产者、消费者之间存在独立共生和非完全独立共生的关系，文化创意者和生产者之间存在捕食关系（见图1）。

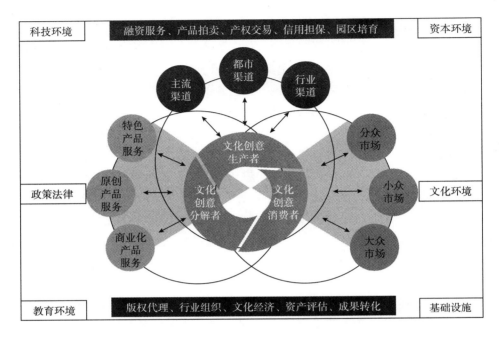

图1 上海文化创意生态系统构成

上海的文化创意生态系统环境由知识环境、融合环境和经济环境决定。其中，知识环境通过高校数量、入驻文化创意产业园区员工数量来测度人力资源；通过专利申请量和专利授权量来测度技术资源。国家级和市级文物保护单位、国家级和市级非物质文化遗产、公园构成创作环境；由文化创意产业园区和示范园区、公共服务平台所构建的开解平台是融合环境。由入驻园区企业、品牌企业所代表的资本环境和图书馆、文化场馆、电影院、博物馆、纪念馆、购物中心的经济环境代表了上海文化创意生态系统环境的基本情况。

上海文化创意产业生产者行业主要包括研发设计、建筑设计、文化传媒、咨询策划和时尚消费。上海的显著特色主要是，存在旧厂房旧仓库集聚，依托高等学院学校形成的特色集聚、各区特色资源集聚和五大新城集聚。上海文化创意消费者规模巨大，其中教育文化与娱乐占15%以上，且上海文化性和享受型消费在不断提高，具有较高的消费潜力，同时消费者具有较强的参与生产价值共创的意识。上海贸易中心、航运中心的建设使上海文化创意系统的分解者拥有各类商业主体、商业模式、商城商圈、首展会展、各级销售商等。同时，上海的大众传播媒体和融合型社会新媒体为生态系统的有效运行起了重要作用。上海文化创意产业与金融业相融合形成了新型的文化金融服务产业，解决了目前资本不足、投融资渠道狭窄造成的创意企业投融资难、创意产品质押难、创意项目担保难、创意资产估值难等问题。上海是近代中国工业的发源地，拥有包括电子、通信、汽车、造船、航空航天、化工等众多的工业门类，为上海提供了文化创意产业集聚的基础、空间和特色。上海的海派文化、江南文化、红色文化和上海的教育资源为上海文化创意生态系统提供了源源不断的新生物种，使其不断参与到各类种群、群落和子系统中，使其生生不息、迭代进化。上海的知识产权保护、数字及科学技术、政策法律为上海文化创意产业生态系统提供了稳定、友好的生态环境。

　　2. 上海文化创意生态系统的特征

　　文化创意产业具有较强的知识密集属性、绿色低碳属性、高附加值属性、产业融合属性、高风险高收益属性。文化创意生态系统由供应商、商业伙伴、同盟者、客户等一起形成协同共生关系，进行价值共创，生态系统中的种群、群落会聚焦于创造价值，各子系统形成纵横交错的价值系统。因此，文化创意生态系统的健康决定子系统、群落、种群的命运。文化创意生态系统中有三类核心因素影响着系统的健康稳定：系统中的技术交换、资源、创新等要素的生产效率；系统内的子系统、群落、种群应对生态系统环境变化的能力；各类主体因在生态系统中的不同作用和需求，都有各自的生态位，而新功能和生态位的不同增加了文化创意生态系统的多样性。

　　将上海文化创意产业建设成为文化创意生态系统，需要文化创意生产者、文化创意消费者、文化创意分解者等多种生态群落共同与文化创意环境相互作用，形成有机竞争、合作依存、协同共生演化的复杂生态系统，最终有利于价值的流动和增值。随着数字经济 3.0 时代的到来，上海文化创意产业生态系统呈现出文化创意主体走向分散化，文化创意生产群落、分解者群落和消费者群落在逐步形成，其优势互补和互利互惠形成双向共生关系的特点。为了构建健康的文化创意生态系统，上海需要重点培育创意创新生产者和开发者群落；重点建设和培育具有较强创新创意服务能力的文化创意行业服务平台，其对接政界、学界、业界、金融机构、消费者等智力资源，为文化创意生态系统中群落和种群提供成果的价值评估、信息咨询、成果转化等多种专业化创新服务；深入营造创意创新氛围，大力培育高精尖特的文化创意物种的生长。

（二）上海文化创意生态系统的构成

上海在研发设计、数字内容、咨询服务、软件设计、信息及服务业、时尚设计、文化旅游、节能环保、研发设计、传媒出版、广告与咨询、工业设计、城市建筑与规划设计、动漫及动漫衍生、文化艺术、文化传媒等领域具有核心优势。上海以"文化先导、产业主导、数字引导"为理念，依托海派文化、红色文化、江南文化和上海历史工业遗存以及都市时尚文化与艺术，充分发挥创意阶层和各类人才的智慧，有效挖掘市场需求，融合文化创意关联产业，营造友好的文化创意氛围。上海文化创意生态系统的主要构成如下：

1. 文化创意产业群落

文化创意产业中游戏、大众文化、视频、媒体、视觉设计、传统文化、演出、展示等细分行业中虚拟现实基础的真实游戏内容、利用人工智能技术的生活便利内容、为克服显示制约的真实感型内容，真实型影像制作的标准化系统、为拓展新一代视频和媒体内容的智能平台、为 Culture Flex 时代的影像媒体内容，运用融合复合技术实现文化信息现代化、运用文化大数据实现文化信息现代化、利用传统文化数据构建新服务，构建演出的智能舞台装置内容、基于新一代影响技术的 VR 效果和体验的演出和展示内容、识别用户情感并进行互动的感性融合内容、增加文化福利的公共服务内容、数字环境转变的创作支持技术产业，都是数字化时代文化创意产业的朝阳群落。

上海文化创意优势产业，已经发展成为创新先导型、内容主导型、智力密集型、资本密集型的产业，上海的文化创意产业集聚效应具备形成艺术产业、演艺产业、电竞产业、网络文化产业和设计产业等具有上海特色的产业高地和群落的条件。上海文创 50 条中明确提出要建设并优化全球影视创作中心、亚洲演艺之都、全球动漫游戏原创中心、全球电竞之都、国际创意设计之都、国际会展之都和国际重要艺术品交易中心；巩固网络文化的行业驱动功能；提升云计算、大数据、AR/VR、物联网、区块链等数字技术在文化创意中的融合应用；加快数字出版的发展，鼓励艺术品业态创新。上海已经从旧厂房、旧仓库改造形成的生产型封闭式自然文化创意产业集聚的 1.0 产业型，发展到创意生产要素与市场消费要素融合互动的开放式街区型文化创意产业集聚的 2.0 经济型，再到目前的街区、城区、园区、商区、社区五区联动的社会型文化创意社会发展阶段 3.0 社会型阶段。

2. 文化创意企业种群

发挥产业带动作用、具有核心竞争力、主业突出的骨干文化创意企业，"专、精、特、新"的中小文化创意企业，都在文化创意企业种群中。它们通过完善文化创意孵化服务体系、引进新文化创意优质项目、培育一批新兴文化创意企业来鼓励文化创意团队进行文创产品设计、文创产品营销、文化创意企业间的互动交流等，并为这些领域提供专业指导和资源支持。

3. 创意产业园区与平台

文化创意产业园区具有区域聚集、业态集聚、功能提升等特征，专业化、品牌化和特色化的文化创意产业园区与平台能够从价值聚合，文化、空间和发展价值两方面助力文化创意产业协同发展。工业遗存型文化创意产业具有创意型生产与生产性服务相统一的聚合价值，具备工业遗存记忆与现代文化创意氛围相融合的文化价值，具备生产空间和公共空间相互共生的空间价值，旧工业园区再造与城市更新相互作用的发展价值。上海目前已有成熟的文化创意产业园区超过150个，其中上海张江文化创意产业园区、国家对外文化贸易基地、上海世博城市最佳实践区、上海8号桥文化创意产业园区、800秀、锦和越界田林坊、上海普天信息产业园、长宁德必易园、上海天地软件园、M50、音乐谷产业园区、国际时尚中心、城市概念软件服务园、智慧湾、中国网络视听产业基地、中版创意设计产业基地、中广国际广告创意产业园、上海南翔智地企业总部园、海阔东岸文化创意产业园、田子坊、盛大天地源创谷等丰富的文化创意产业园区是上海文化创意产业生态系统中的核心种群与平台。

4. 资本种群

多层次和体系化的文化融资种群，艺术银行、创业投资、资本市场、商业贷款等一系列风险和时间偏好不同的融资方式是产业发展的基础，是文化创意生态系统中的资本种群。文化产品交易融资渠道种群需要丰富多样，并具有规模化、便利性、多样化和精品化的特征：发展财政扶持资金政府产业基金，发挥产业基金撬动放大效应；加快建设政府资金引导、社会资本参与的文化产业创新创业投资母基金和新媒体发展投资母基金。文化创意产业基金联盟可以本着"政府引导、平等协商、资源共享、共同发展"的原则，发挥政府引导基金、产业投资基金、创业投资和私募股权投资、公司创业投资对文化创意产业的助推作用。产业投资联盟通过定期的文化创意产业研讨、文化创意企业考察、创新创意项目的资本对接等，做好文化创意产业企业与投资机构、专业服务机构的桥梁。文化创意产业需要补贴促进、贷款支持、投资助推、保险、信用担保、奖励等投融资联动机制，尤其是要以政府引导基金、创业投资等股权投资为主，利用多层次资本市场，发挥上海金融中心的优势，建立文化创意企业上市挂牌储备库，文化创意企业多渠道挂牌上市，同时形成公共开支、商业融资、慈善捐助、风险投资、文化经济、拍卖行、广告收入、展示机构、知识产权交易市场等多元交易融资方式组成的交易融资群落。

5. 技术种群

英国技术战略委员会在《创意产业技术战略（2009—2012）》中提出影响文化创意产业的主要科技方向为数字和网络技术，可视化、建模和模拟技术，个性化、交互和共同创造技术，开源和合作平台开发技术，界面和传感器技术，设备技术，区块链技术等。作为文化创意产业生态系统中的核心种群，数字技术实现了产业生态内的结构升级，并将带动更多产业群落参与到数字文化创意生态系统中。

文化创意产业生态系统中的技术种群可以有效激励整个生态系统的活力，以信息及通信技术、计算机技术、视听表达技术、仿真技术、新材料技术、节能环保技术等为主的六大核心技术是推动文化创意生态系统向更高阶发展的重要支持。通过数字科技、大数据、人工智能、云计算、物联网的应用，文化创意产业升级换代涌现出一大批新形态和新景观，也催生出文化创意新消费。高新科技的发展为文化创意产业中的文化旅游、乡村建设、特色小镇、民宿民俗等带来了线上线下双线交错式新发展态势，拓展和培育了新的产业种群。例如，数字文化娱乐平台、观光旅游航空服务、娱乐智能飞行机制造、智能文化消费设备等新的边界，在顺应多元化、多样化和个性化的文化创意产品及服务需求的基础上，依托技术种群对现有生态系统种群的应用创新、转化和升级，又衍生叠加出新环节、新链条、新形态、新物种等。

（三）上海文化创意生态系统价值共创机理研究

本节从生态系统视角研究文化创意产业生态系统价值共创机理，分析上海文化创意产业生态系统内部种群间的开放与共享、学习与反哺、扩散与吸收。这些运行动力机制、扩散机制、支撑机制和价值共创机制最终形成文化创意产业全产业链、多向度服务、卓越竞争力的文化创意生态系统。数字经济时代的文化创意生态系统是基于个人创造和知识产权保障，以多样性为基础的。

1. 文化创意生态系统中种群的开放与共享

开放式创新正被众多文化创意企业运用，以实现更大的价值创新，主要表现在：创新创意资源的来源丰富、创新活动的过程完整、积极整合内外资源形成商业模式、快速进入市场、进行知识产权的有效转移、形成开放的企业文化等。文化创意生态群落中开放和共享体现为一种博弈关系，两类不同的主体进行开放共享活动，其收益由不同企业原有收益、双方或多方开放共享的活动后带来的分配收益、由知识共享和技术溢出所带来的收益增值构成。损失主要由违约带来，文化创意产业中众多种群向着长期开放共享演化时收益最大、种群开放共享收益最大、企业共享收益大于违约收益、最终双方会向互惠共生的稳定方向协同演进。

文化创意产业集群内企业合作的过程涉及知识溢出、知识传递、知识学习和知识吸收。企业的知识流出对合作企业绩效的提高具有正向推动作用，进而增进双方绩效。由于文化创意、创新类企业拥有大量创新知识，具有较高的专业渗透性和较广行业扩散特性，因此企业种群间的活动就成为显性知识和隐性知识交流的过程。企业之间在信任和共同制定的规则制度的基础上，对资本投入、知识积累和研发的依赖程度逐渐提高，文化创意产业双方或多变边界在动态变化中逐渐模糊，通过弹性松散约束关系构建和维持其合作共享。

2. 文化创意生态系统中种群的学习与反哺

文化创意集群内企业通过获取性学习和经验性学习的互补作用，不断提高创新、创意绩效，同时也利用其社会网络降低自身资源禀赋和内部组织结构的影响。企业通过"非嵌入式试验"进行探索性学习获取外部知识，在文化创意产业园区的培育下，企业紧密合作建立互动学习机制，学习对方关于市场、生产和研发方面的隐性技术和知识。开发性学习会沿着企业积累的成功经验轨迹增加对现有技术、范式和惯例的运用。探索性学习会使企业逐渐熟悉外部环境、找到更多外部机会渠道，吸收外部技术的能力也会随之增强。企业在探索性和开发性学习互补的情况下，先后按顺序交替进行探索性学习和开发性学习，形成组织间和组织内部的共同演化关系。集群组织间学习也是反哺过程，反哺能量涉及融资资本、专业人才及管理人才、攻关技术指导和风险规避等方面。企业通过直接投资将其所积累的人力、物力、知识和技术等资源反哺给同质性较强的企业。学习与反哺是连续的过程，双方均获得一定的利益，在双赢的基础上企业实现了协同发展，在学习与反哺过程中要通过相关的制度保证反哺行为的实现，使双方获益才可持续。企业之间就是优势互补、风险共担、共同发展的非正式合作关系。企业种群作为学习方和被学习方，在学习与反哺合作过程中均以有限理性为基础，在多轮学习和策略调整过程中，不断提高收益，如此反复直到达到整体均衡。

3. 文化创意生态系统中种群的扩散与吸收

文化创意生态系统中的企业所处的创新势能不同，它们的绝对创新能力、在生态群落中所起到的相对作用、所具备的创新资源和拥有的创新动力是关键性因素。生态群落中的主体企业通过创新学习、创新模仿和创新获取的途径捕获到外部的创新资源。第一，企业需要具备多元化知识基础，先引进技术形成文化生产能力，再进行创新学习从而提升自主创新能力。第二，创新模仿是对原有创新资源的升级改进，进而引致技术知识扩散，形成规模报酬递增，有利于文化创意企业在发展到一定阶段后寻求新的红海。生态系统中的价值创造就在于组织间的学习和知识吸收，文化创意企业通过吸收创新扩散，不断提高自身的知识存量，使双方创新势能差缩小。循环往复的扩散与吸收会推动新一轮创新的产生和溢出，形成生态群落的正反馈，也形成创新活动的良性循环。

三、上海文化创意生态系统种群生态位协同演化模式

（一）上海文化创意产业集聚发展现状

1. 集聚型区域文化创意产业结构特征

集聚型区域文化创意产业强调高端化、国际化和高品质，以提高核心竞争力。上海各区立足核心文化，重点发展高端服务业，通过举办各类高端重大的活动，以提升影响力；在产业结构布局上，点线结合打造健全的产业生态体系，多方联动互相促进，增加产业集聚化效应，优化产业布局。如表1所示，黄浦区、静安区、长宁区、徐汇区、虹口区、杨浦区六个区域都拥有集聚型文化创意产业结构特征。例如，黄浦区实行的"4+N"模式，依托黄浦区国际大都市中心城区的文化特征，结合现代艺术理念，发展传统创意设计。黄浦区文化创意产业区域布局实行"4+N"模式。其中，"4"是指：①江南智造文化创意产业集聚区致力于打造各类文化创意产业发展平台；②环人民广场区是按照"要素集聚、资源共享"理念发展的演艺活力区，根据全区发展建立传统艺术传承创新地和国际艺术展示交流地；③豫园上海黄金珠宝商贸功能区是依托豫园知名黄金珠宝品牌集聚优势建立的国际级黄金珠宝商贸功能区；④世博浦西园区文化博览商务区是兼具世博特征和上海特色的国际级文化博览创意街区。"N"则代表其他具有明显特色且正在高速发展的文化创意产业园区。除此之外，拥有集聚型区域文化创意产业结构特征的还有拥有"一河两岸三区四街"空间布局的静安区、围绕大虹桥打造"时尚创意金三角"的长宁区、蓄力现代文化产业的徐汇区、布局"两带一港多圈"的虹口区及以建筑设计业为主导产业的杨浦区。这六个区域都可利用集聚型文化创意产业这一特征，依托各区特有的地理位置和主导产业发挥

集聚化效应，从而提升上海文化创意产业的国际竞争力。

表1 上海六大集聚型区域文化创意产业结构特征

集聚型区域	文创产业结构特征
黄浦区	依托黄浦区国际大都市中心城区的文化特征，结合现代艺术理念，发展传统创意设计
静安区	针对静安区南北纵深较长的特点，形成了"一河两岸三区四街"的文化空间布局，重点将苏州河打造成具有全球城市中央活动区品质的大都会中心
长宁区	围绕大虹桥打造"时尚创意金三角"，在重点产业上以服饰时尚、时尚艺术为先导产业；在空间布局上，全力打造环东华服饰时尚集聚区；在特色活动上，依靠产业多维度分析和研究，做好集聚区品牌宣传
徐汇区	依托艺术演艺、影视传媒两大产业，助力其他产业发展，重点发展数字内容、创意设计、广告会展等，聚集优势产业，深度融合文化科技
虹口区	在空间布局方面重点发挥文化展示体验、休闲娱乐、时尚消费等功能
杨浦区	建筑设计业是杨浦区的主导产业，依托环同济知识圈和中国工业设计研究院，向产业链上下游延伸发展

2. 潜力型区域文化创意产业结构特征

潜力型区域文化产业结构初步形成后，上海各区着力于进一步集聚优势资源，发展重点产业，各大产业协同发展。作为新兴力量，文化创意产业有着巨大的发展空间和潜力，上海各区积极创新融合特色文化，致力于打造优势产业品牌，打响名号增强竞争力。如表2所示，浦东新区、普陀区、宝山区、嘉定区、闵行区、松江区、青浦区、奉贤区、金山区、崇明区十大区域都拥有潜力型区域文化产业结构特征。其中，浦东新区在重点产业上，围绕度假区影视基地建设，促进影视企业向度假区集聚。在空间上，形成了"八核两轴"的空间布局。其中，八个核心集聚区是指陆家嘴地区、外高桥地区、张江地区、金桥地区、临港地区、"迪士尼"地区、前滩地区、祝桥地区；两条发展轴是指滨江文化消费轴、文化创意产业轴。在产业扶持上，浦东新区商务委员会、财政局等单位在新区度假区范围内设立了"十四五"文化创意产业专项资金，每年投入1亿元扶持影视产业发展；同时，会同度假区管委会加快推进度假区影视基地建设，加大招商力度，积极争取"一带一路"电影节、中英电影节等项目落地，利用影视专项基金吸引相关制作、发行、培训机构向度假区集聚，争取形成一定的产业集聚效应。其他九个区域都凭借各区特色，积极发挥自身潜力和优势从而提高核心竞争力。

表 2 上海十大潜力型区域文化创意产业结构特征

潜力型区域	集聚特征
浦东新区	围绕度假区影视基地建设，促进影视企业向度假区集聚
普陀区	依托金沙江路沿线四个地铁上盖楼宇和附近的天地软件园、华大科技园等 10 万平方米空间以及上海普陀并购金融集聚区的金融资源优势，打造金沙江路互联网影视产业带
宝山区	宝山区文化创意产业主要以设计业为主，设计业占据宝山区文化创意产业的 1/3
嘉定区	嘉定区正拟订《构筑嘉定建设文化强区新优势三年行动计划（2018～2020）》，目标是全力响应"上海文化"品牌系列工程，推进嘉定历史文化与现代文明融合发展
闵行区	重点聚焦创意设计、网络信息、传媒娱乐、文化装备四大重点行业领域；通过集中发力，打造重点突出、结构完善的文化创意产业体系
松江区	以影视产业、时尚设计业、文化旅游业、新闻出版业、现代印刷业、文化演艺业六大产业，形成松江文化创意产业发展的核心引擎，着力打造松江科技影都
青浦区	依托青浦特有的江南水乡古镇自然生态和传统文化资源，大力推动文化创意产业和旅游产业的深度融合，并凭借生态优势积极发展文化休闲养生产业
奉贤区	大力发展旅游休闲服务业、生态有机创意农业、美容康体养生业、数字传媒影视业等，突出"美丽健康"的区域主题，打造"健康生活，美丽人生"的奉贤文化创意产业新形象
金山区	围绕农村传统文化和金山非遗文化，将本土特色文化和工匠精神融入文创产业，聚焦传统手工艺和非遗传承
崇明区	大力发展生态型文旅产业，在产业发展上与生态休闲旅游业深度融合

（二）上海文化创意产业集聚演化趋势分析

结合文化和旅游部关于推动数字文化产业高质量发展意见，上海抓住自身文化创意产业发展基础，一是以中小企业为主的文化创意产业在上海所拥有的营商环境优势，二是"数字之都"为文化创意产业数字化转型提供的开阔局面，基于此上海的文化创意产业在数字化转型的新赛道上拥有了强力引擎。数字文化创意内容建设、新型文化基础设施建设、数字技术的应用和数据要素的潜力挖掘、相关行业市场主体的培育、新业态标准体系的推进、多产业的融合发展、沉浸式文化创意业态创新、数字文化创意装备生产及新兴消费需求等是未来上海文化创意产业发展的重点内容。上海尤其可以推动以文化创意产业带动乡村振兴进入新发展时期；推动现代文化创意生态系统构建和完善促进文化新消费；金融资本助力上海文化创意产业转型升级。

"十四五"时期，上海文化创意产业将坚持守正创新，聚焦重点领域、关键环节和重大项目，实施"文化创意+""+文化创意"战略，建设具有核心竞争力、国际影响力的文化创意产业中心。上海拥有丰厚的红色文化家底，也正在加快打造国内大循环的中心节点、国内国际双循环的战略链接，这些都被文化创意业界视作发展的时与势。上海文化创意产业未来将形成中心主要城区、五大新城区和特色新市镇三个空间层面，打造不同的特色。首先，主城区依据区位和资源比较优势，打造集娱乐休闲、商务工作和商业开发相结合主题文化创意产业园区，从过去数量和规模的建设向品质品牌和价值建设转换，逐渐形成文化创意品牌。文化创意产业与传统制造业、服务业、电竞产业、美妆产业等新兴产业进行融合，形成特色主导的产业集群效应。主城区着力打造文化创意人才高地，向市场化、国际化和高端化发展，注重高附加值、高新科技运用、高创新创意性和高端人才集聚。其次，新城进一步加强产业集聚，强化产城融合，形成园区、街区和社区的三区联动，扶持中小微文化创意企业种群、跨界文化创意产业群落、优质文化创意服务平台、特色文化创意产业园区的快速发展壮大。最后，新市镇以地域特色为基础，打造上海两点文化创意招牌，推动平台搭建、资源联动、客源互送，形成上海各区域有梯度、有特色的多元文化创意产业生态。

因此，上海的文化创意生态系统需要从资源要素、技术要素、市场要素、政府政策和社会环境等方面改善。上海要利用自身优势形成文化创意生态系统，适度分散发展资源，扩大文化创意产业发展半径，探索和寻找系统中优势创新创业种群；在不断拓展方向的同时，对文化创意产业进行精选和甄别，聚力发展特色子产业，避免发展资源禀赋量限定下的多元化发展，以防抑制文化创意生态系统中原有种群产生较大冲击形成捕食关系；同时在区域资源协同上探索长三角地区文化创意相关子产业融合发展，最大限度引导文化创意子产业间形成互补共生关系。

文化创意生态系统中存在优势种群，其集群内部会存在生态位重叠和空间同构，为高效利用资源，降低重复度和竞争度，长三角区域内可以采取创新、产业分离、外包和产业间转化，来实现区域资源和市场空间的错位发展。同时，文化创意生态系统中存在多中非优势种群，其零散的发展状态需要系统相关种群合作共生，因此提高非优势种群间的发展资源、技术共享、市场互融和政策互助有利于提升整个系统的生命活力。当前发展阶段，上海需要优化文化创意生态系统的创新环境，使产业群落与生态系统形成良性循环。

四、上海文化创意产业生态系统协同共生发展思路研究

一是上海要聚焦重点文化创意产业发展，推动"两中心、两之都、两高地"建设。其中，全球影视创制中心，重点推动上海科技影都建设成为一流的高科技影视基地；国际重要艺术品交易中心，落实社会文物管理综合改革试点，打响"上海国际艺术品交易月"品牌；亚洲演艺之都，加强"演艺大世界"建设，做强驻场演出品牌，力争到2025年实现年演出5万场；全球电竞之都，完善多元电竞赛事体系，推动电竞产业集聚区发展；网络文化产业高地，构建"网络视听+"产业生态圈，力争实现网络文学产业年均增长速度10%以上、游戏产业占全国市场份额保持在1/3；创意设计产业高地，深化上海"设计之都"建设，打造具有国际影响力的创意设计产业高地。二是推动产业跨界融合发展，即提升文化科技创新能力，加强文化共性关键技术研发，实施文化创意产业数字化战略；深化文化商业体育旅游多元融合。三是构建多层次文化创意产业发展格局，即实施文创领军企业培育计划，力争形成头部企业带动、腰部企业支撑、小微企业创新的产业创新发展生态。四是提升版权产业服务能力，即支持浦东新区建设国家版权创新发展基地，建立健全文化创意产品开发授权机制，加快版权工作站在文创产业集聚区布局。五是优化产业发展营商环境，即对文化创意领域新产业、新业态、新模式，坚持探索实施包容审慎监管，完善行政管理容错机制；健全"补、贷、投、保、担"联动机制，支持各类资本创设文化创意产业投资基金。

上海需要着力提高文化创意产业生态系统的价值创造和协同共生能力与水平：需要加强创新设计和定制化服务为主的设计服务能力；着力引导文化创意产品制造和服务提供者的创新服务模式，提供制造效能，为文化创意生态提供更大范围、更为系统和专业的金融整合、人才智力资源、技术资本、数据要素运用的协同服务能力；进而提升文化创意生态中消费者客户的价值。

（一）提高上海文化创意产业集聚效率的对策建议

本文在合理定位上海文化创意产业发展重点以优化空间布局、健全协同发展机制和配套服务体系以推动文化创意产业集聚、提升上海文化创意产业创新能力的基础上，从包容共生、文化传承、科技创新、产业升级、集聚优化、数字赋能视角提出提高上海文化创意产业集聚效率的可操作性政策建议。

1. 构建"生产+消费+传播"的文化创意产业生态链

构建上海文化创意产业的"生产+消费+传播"复合功能生态链，第一，需

要构建专业化、网络化、社会化和国际化的世界级文化创意生产体系，即高度集聚文化创意产业生产相关要素发挥上海文化生产优势，形成具有特色和核心竞争力的文化创意生态群落；积极拓展上海文化创意产业的现实和虚拟空间优势，上海作为长三角的文化创造力、影响力、辐射力中心，要起到辐射长三角乃至全国的作用；发挥人才、区位、市场、融资优势，创建具有高端价值的文化创意产业生态链；保持上海在网络、数字、广告、工业设计、时尚消费等领域的优势和主导地位；培育具有吸引力和黏性的文化创意社会氛围，牢固文化创意产业生态链。第二，需要打造特色亮点融合型文化旗舰项目，形成功能复合叠加共振效应，重点聚焦"一江一河"与五大新城建设，推出上海最大袋装文化创意产业旗舰项目，将滨水带向工业锈带、生活秀带、文化绣带转型升级，将文化创意与科创特色、智能科技、生态创新、农艺文旅等有机集合；以文化创意推动新城产业能级和消费水平提升，实现文化、经济、科技、数字的融合联动，形成主题特色鲜明的新型文化创意产业集群。

2. 培育具有竞争力的文化创意品牌群落

上海亟须推进城市文化 IP 战略，构建全球广泛认同的世界性文化身份和高辨识度的城市形象，发挥优势聚集全球高端文化要素，形成核心竞争力，让文化创意生产、消费和传播功能发挥集聚和溢出效应，即围绕红色文化、海派文化和江南文化构建城市经典符号群落，为上海创造更高文化市场价值提供文化原材料；挖掘具有上海历史文化的公共资源和品牌，打造上海特色的超级文化 IP。上海作为魔都具有活跃的文化消费和高频次的城市节事活动，将上海风格和上海魅力作为上海文化创意品牌潮流的策源地，结合上海国际消费中心、旅游中心、时尚之都、设计之都，形成具有全球影响力的国潮国货品牌、时尚消费品牌和国际知名度。

3. 形成文化创意产业优势集群和增长极

推动文化创意产业园区点线面的集权化升级，中心城区的点状文化创意产业园区、城市街区景区和社区整合联动形成的带状、以新城特色产业为基础的片状文创产业带形成了有层次和特征的集群增长极。构建具有上海主题特质的优势产业集群，强化上海文化创意身份的全球辨识度和集聚度，拓展文化创意赋能城市发展的深度和广度，构建城市文化生产、生活、生态体系大循环，打造创意生产与消费的链接，推动产业集群与城市文化、休闲、教育、体育、商业等生活和消费的叠加，将上海的文化创意产业集群和中央商务区、旅游休闲区形成良性互动，让文化创意成为上海生产和生活的纽带，赋能上海多产业发展。例如，上海文化创意产业可以充分与上海重点活动节庆，如上海时装周、上海国际音乐节、上海电视节、上海国际电影节、上海国际动漫游戏博览会、上海书展、上海购物街、中国国际工业博览会、上海汽车展、上海国际广告展、上海国际珠宝首饰展览会、上海设计展、上海双年展等相结合，打造具有影响力的增长极。

4. 拓展文化创意产业边界、形态和业态

充分利用信息技术和数字技术拓展文化创意产业发展边界、形态和业态，形成新产业和新的增长点，协同上海文化创意产业要素链、价值链、供应链、消费链。以数字化融合助推产业复合转型升级，建设以数字技术为核心支撑的数字影视之都、网络文学之都、动漫文化之都、数字出版之都、手游产业之都、网络视听之都、文化装备之都。同时以创意设计为抓手，工业设计、艺术设计、建筑设计、广告会展设计联合推动文化创意与城市生产消费和服务贸易深度融合，使上海成为价值创造型、数字技术型、消费场景型、服务贸易型的国际设计之都。

由于文化创意产业具有风险性和集聚性，在空间上形成集中平台，可以发挥产业规模效应、减少产业成本提高效率，形成有竞争优势的产业链。同时，文化创意人才需要高品质的创意环境以激发文化创意社交，聚集的文化创意空间建设，可以将艺术、文化、技术、人才进行有机集聚，使创意人才、创业创新企业在充满艺术气息和创新文化的街区中、聚集各类资源和资本的平台中，进行创作交流，并能够迅速完成市场化，进而吸引更多资源交互。

（二）上海"数字+"文化创意产业发展路径

随着数字技术新基建的发展，高科技数字化的多种技术对文化创意产业产生了重要的影响和推动力，在文化经济、文化创意、科技文化融合的新生态环境中呈现出"大、智、云、移、自、小、微、新、特、融"的创新创意特征。这里包含着社会发展的大数据、智慧城市、云计算、移动互联、自媒体特征和文化创意产业发展的小企业、微方式、新业态、酷特色、融思维等新的运营方式。大数据时代的新变革带来的新技术、智慧城市建设大格局营造的新环境，云计算崛起和运营带来的新发展为移动网络走向主流提供了新的发展机制，自媒体迅速崛起带来产业发展的新形态。

上海需要以数字文化创意企业为主体，将人才智力资源产学研用创相结合，构建数字文化创意产业创新平台；大力发展 VR/AR、互动影视等新型软硬件产品，促进相关文化创意内容开发；完善数字文化创意产业技术与服务标准体系，推动移动终端动漫、手游、影视传媒等领域标准；完善数字文化创意的创新创业服务体系。上海需要在数字创意设计、数字影视、网络直播、移动短视频、云游戏、数字全媒体、数字艺术、智慧旅游、智慧文博、智慧非遗等方面，基于新产业、新模式、新技术、新业态的发展，催生出新思路、新动能、新发展和新举措。数字技术可以对文化创意产业起到放大、叠加和倍增的发展助推作用。

1. 推动数字化转型，助力优质文化创意内容出圈出海

上海需要依靠数字经济新优势，聚焦重点领域新突破，着力探索融合发展新路径。云剧场、云音乐会、云观展、云游览不仅改变了许多人的生活方式，也重塑了文化创意领域的新生态。因此，2021 年上海文创产业发展的第一项重点，就是要推动产业的数字化转型。转型的主体，首先是图书出版、影视、演艺、文博等传统业态。在这方面，上海尝过甜头。2020 年上海的亚洲演艺之都建设能在剧场限流甚至暂停开放的条件下逆势奋起，离不开直播新模式、新平台和新媒体技术的加持。一方面，上海不少剧场、文艺院团纷纷开启云上直播，文化惠民的同时也助力优质文化内容频频"出圈"。另一方面，市民也积极响应数字化的文化生活。2020 年 2 月启动的"艺起前行"短视频征集活动，在全市共征集到 2.2 万条短视频，累计播放 14 亿次。2021 年，上海将结合文化大数据体系建设，推动传统文化业态进一步拓展在线应用场景。而对于网络文学、网络游戏、网络直播等本身就带有数字基因的新型业态，上海看重的是先导产业抢占先机，以企业的新供给创造市场的新需求。新型冠状肺炎疫情宅家期间，泛微网络的"契约锁"电子签章平台由于可支持电子签约等深度应用场景，得到大批企业的认可。

2. 聚焦文化创意产业重点领域，用好上海独有的红色文化资源

上海的全球影视创制中心、国际重要艺术品交易中心、亚洲演艺之都、全球电竞之都的地位都在夯实巩固中，新一轮上海文化创意产业发展，要使其亮点更亮、优势更优、强项更强。上海文创的"两中心、两之都、两高地"建设中，不少都融入了红色文化元素。上海的红色旅游资源、红色文化创意能否开辟新线路、新场景、新模式，都被摆在了更高的评判标准之上。上海需要进一步提升艺术品交易规模和能级。以电子竞技正式列入杭州亚运会竞赛项目为契机，巩固和提升"上海电竞"的吸引力和影响力及打造创意设计新高地，筹备首届世界设计之都大会等，也都是上海文创发展的重点指向。

3. 拓展跨界融合创新之路，赋能消费升级与城市空间升级

数字文化创意兼具文化和数字科技融合的特点，数字文化创意产业呈现多种特征。第一，跨门类融合，即整合延伸了原有文化创意产业价值链优势，具有更多元的价值增值环节，且衍生出新的业态种类。第二，跨要素融合，表现在

"文化创意+科技""文化创意+金融"等要素的组合。第三，跨行业融合，即基于文化和创意改变不同行业的生产格局、营销策略和盈利模式，打破行业界限，通过服务模式、产品功能、需求市场等资源的互补、延伸和渗透形成跨界融合，引领数字化技术驱动文化创意，为传统产业赋能，拓展数字文化创意产业的价值外延。第四，跨地域融合。数字文化创意产业可通过连锁经营、收购兼并和文化创意产业区域合作方式进行跨地域融合。在数字技术和现代互联网的推动下，数字文化创意产业通过空间上的延伸推动跨区域间的联动，有利于数字技术、文化旅游和创意融合形成新的产品和服务，演化成一种新的竞合常态。第五，跨文化融合。数字技术的应用打破不同介质的界限，为不同文化元素的交流发展提供了数字化平台和产业融合接口。

上海应着力孵化一张全球化的文创园区名片，参与到国际竞合中，打造一批特色鲜明的文化创意产业名园，形成一批千亿级产业集群。这些园区并非简单的空间，它们容纳的也不只是产业的主体与人才，更应催化园区内各种创意与业态的融合。上海应发力"五型经济"的重大机遇，系统布局一批流量型经济平台。在业界看来，流量平台可以实现人流、物流、信息流、资金流、商流"五流"汇聚，是上海打造"中心节点"和"战略链接"的关键。随着文化创意产业加速融合发展，上海提供的将是新国潮、新风尚、新业态，其文化创意产业将是上海最具活力、便利、生态特色的城市核心竞争力。

4. 文化创意城市与智慧城市相结合，形成城市文化创意氛围

数字技术的发展为文化创意城市的建设提供了新的支撑，可以通过知识的协同管理将文化创意融入智慧城市建设中，从城市基础设施建设开始就将数据密集型服务和内置算法等功能运用到智慧城市的管理中。上海作为创意城市，应在其创造力、智慧和可持续发展的多维空间中，充分发挥艺术家的作用，艺术家与社区合作，倡导新的居住理念和实践；用社区艺术、公共艺术推动上海文化创意的多种类型艺术场所的塑造。上海应着力从形象塑造、推广和品牌化优化科学规划、文化创意产品多元、文化体验丰富出发，在文化创意商圈、沉浸式空间和智慧设施等方面提升城市的吸引力。

同时，上海应结合其空间上的软硬件设施来培育文化创意氛围，主要包括个人品质、意志和领导能力、多元人才与发展机遇、组织文化、地域认同、城市空间与城市设施、网络架构等方面。未来在上海智慧城市建设的过程中，上海应逐渐让城市具备学习能力，成为开放学习型城市，最终形成以文化创意产业群落为核心，围绕文化创意产业集群形成文化创意资源、人才和环境融合发展的文化创

意生态系统，结合上海"十四五"规划，通过不断的更新进行螺旋上升式演化共生。

（三）优化上海文化创意生态环境，厚植上海创新创意资本

上海文化创意产业已经经历了创意产业 1.0 起步阶段、创意经济 2.0 发展阶段，"十四五"期间正在向创意社会升级阶段迈进。在该阶段，上海积累的战略性新兴产业基础和强大的文化创意产业体系，为上海文化创意产业绿色可持续化发展提供了保障。上海要主动设计和营造适宜文化创意产业生长的良好生态环境。第一，围绕文化创意产业核心要素，营造优质软环境，即营造人人都是创意者的创新氛围，激发创意创新发展动力。第二，培育创意转化和创意投入的软环境，拓展更广泛领域的创新创意。在"文化创意+"的基础上，吸引各行各业进行"+文化创意"的广范围内的价值共创，通过高质量的生态培育，形成畅通创意要素循环增值的新生态，以有利于文化创意生态种群、群落的成长迭代，最终在包容的文化创意生态环境中，以文化创意产业集群、文化创意阶层和文化创意社群等为要素，形成开放、包容、多元化的文化创意生态群落。

数字经济时代，要使上海文化创意生态系统生生不息，必定要根据生态系统特性不断完善政策体系环境，加快文化创意产业新业态发展战略布局，支持文化创意与科技基础研究、创新体制机制、提升创业服务水平。在文化博览、艺术、工业和建筑设计等领域布局国家重大文化科技基础设施；搭建数字经济与文化产业的交流平台，推动跨界融合开放共享；探索促进文化创意和科技创新成果转化机制，完善文化创意知识产权、技术成果转化交易和监管体系建立；健全文化创意新业态的法律保障。

在系统构建文化创意生态系统建设的基础上，上海应构筑创意社会生态子系统，推动科技创意，形成文化创意科技融合新体系，使创意者资本种群、消费者资本种群、非营利社会资本种群为上海文化创意产业发展提供有力的资本支撑。其中这些种群包括文化创意产业高科技研发企业种群、金融投资种群、持续发展与增加新的研发费用种群提供者。同时，上海应形成其创意生活新魅力，发挥上海宽容的社会氛围、吸引创意人才的文化风格、鼓励完善前沿数字技术与前卫艺术的文化制度。良性生长循环的文化创意生态系统需要多元化的文化创意服务体系，上海可以形成"一业一会"，推动文化创意各类细分产业子系统有机地和文化、艺术、商业、技术、产品与人进行链接，发挥文化创意行业协会的灵活性、网络性、主题性和社会性。

（四）依托长三角区域产业发展优势，提高上海文化创意产业竞争力

长三角地区具有集成电路、生物医药、智能制造、新材料、新能源汽车产业优势，上海应结合其经济、金融、贸易、航运、科创中心建设，将其文化创意产业与长三角城市群中的城市品牌、美丽乡村、上海品牌、浙江制造、G60 科创走廊有机融合；充分利用长三角地理环境、经济环境、文化氛围、园区建设和创新优势，从工业、农业和现代服务业三大产业进行特色化、细分化、城市化、资本化和 IP 化的深入融合。上海文化创意产业竞争力的提升要依托长三角丰富的非物质文化遗产，将浙江、江苏、安徽和上海的民间文学、传统音乐、传统舞蹈、曲艺、传统体育游艺与杂技、传统美术、传统技艺、传统医药、民俗等进行文化艺术传承与升级迭代，通过非物质文化遗产的挖掘和振兴也为长三角文化创意产业开拓更多领域，聚焦苏州、绍兴、杭州、南京、古徽州、环巢湖、海派文化七个非遗生态圈，有利促进上海和长三角特色城市的文化创意项目和资源整合，进一步提高上海文化创意产业竞争力和特色。

参考文献

［1］TILMAN D, LEHMAN C L, Yin C. Habitat destruction, dispersal, and deterministic extinction in competitive communities ［J］. The American Naturalist, 1997, 149 （3）: 407-435.

［2］LEVINS R. Some demographic and genetic consequences of environmental heterogeneity for biological control ［J］. Bulletin of Entomological Society of America, 1969, 15: 237-240.

［3］HANSKI I. Patch-occupancy dynamics in fragmented landscapes ［J］. Trends in Ecology and Evolution, 1994, 9: 131-135.

［4］HELENE LEMAN, SYLVIE MELEARD, MIRRAHIMI S. Influence of a spatial structure on the long time behavior of a competitive Lotka-Volterra type system ［J］. Discrete and Continuous Dynamical Systems-Series B （DCDS-B）, 2017, 20 （2）: 469-493.

［5］MCNALLY K. Corporate venture capital: The financing of technology businesses ［J］. International Journal of Entrepreneurial Behaviour & Research, 1995, 1 （3）: 9-43.

［6］YANG Y. Bilateral inter-organizational learning in corporate venture capital activity: Governance characteristics, knowledge transfer, and performance ［J］. Management Research Review, 2012, 35 （5）: 352-378.

［7］KEIL T, AUTIO E, GEORGE G. Corporate venture capital, disembodied experimentation and capability development ［J］. Journal of Management Studies, 2008, 45 （8）: 1475-1505.

［8］LANE P J, LUBATKIN M. Relative absorptive capacity and interorganizational learning ［J］. Strategic Management Journal, 1998, 19 （5）: 461-477.

［9］GARCIA-VEGA M. Does technological diversification promote innovation? An empirical analysis for European firms［J］. Research Policy, 2006, 35（2）：230-246.

［10］曹如中, 胡燕玲, 熊鸿军, 郭华. 长三角城市群文化创意产业空间关联及网络结构特征研究［J］. 丝绸, 2023, 60（2）：102-114.

［11］花建. 长三角文化产业高质量一体化发展：战略使命、优势资源、实施重点［J］. 上海财经大学学报, 2020, 22（4）：32-48.

［12］时培建, 戈峰, 王建国. 外来物种入侵后的多物种竞争共存的集合种群模型［J］. 生态学报, 2009, 29（3）：1241-1249.

［13］赵进. 产业集群生态系统的协同演化机理研究［D］. 北京：北京交通大学, 2011.

［14］唐思慈, 蔡新元. 国际创意城市研究进展与前沿的知识图谱分析［J］. 现代城市研究, 2021（7）：95-103.

［15］李云峰, 东立. 创意城市的发展模式和空间构建研究——以上海创意产业园区为例［J］. 福建建筑, 2021（6）：11-17.

［16］金元浦. 数字和创意的融会——文化产业的前沿突进与高质量发展［M］. 北京：中国工人出版社, 2021.

［17］曲华丽, 何金廖. 全球创意城市的区域多样性与网络结构特征［J］. 世界地理研究, 2023, 32（2）：36-47.

［18］王慧敏, 曹祎遐. 文化创意产业发展的理论与实践探索［M］. 上海：上海社会科学院出版社, 2018.

［19］熊正德. 我国数字创意产业跨界融合研究［M］. 北京：人民出版社, 2021.

［20］张京成. 中国创意产业发展报告2021［M］. 北京：中国经济出版社, 2021.

［21］王林生. 拓展业态的边界——文化产业的转型升级与跨界融合［M］. 北京：中国工人出版社, 2021.

［22］潘云鹤, 丁文华, 孙守迁. 数字创意产业发展重大行动计划研究［M］. 北京：科学出版社, 2019.

［23］孙洁. 创意产业空间集聚的演化：升级趋势与固化、耗散——来自上海百家园区的观察［J］. 社会科学, 2014, 411（11）：50-58.

［24］孙丽文, 任相伟. 基于生态位理论的我国文化创意产业发展评价研究［J］. 北京交通大学学报（社会科学版）, 2020, 19（1）：64-76.

［25］孙汀, 李同昇. 城市文化发展战略的理论内涵与策略分析［J］. 河南大学学报（社会科学版）, 2023, 63（1）：39-44+153.

［26］王慧敏, 王兴全, 曹祎遐. 上海文化创意产业发展报告（2020-2021）［M］. 北京：社会科学文献出版社, 2021.

［27］张妙枫. 创意产业的影响因素对经济增长的相关研究［D］. 长春：吉林大学, 2019.

Research on the Strategy of Shanghai Cultural and Creative Industry Cluster and Multi-Ecological Construction

Fanglin Meng   Han Gao   Yuanjun Zhao

Abstract: In the new era, Shanghai needs to create a diversified ecological symbiotic development model of creativity, innovation, creation, and entrepreneurship. It means Scientific and technological innovation, digital empowerment and resource agglomeration "Combined Finance + Cultural and creative whole industry chain Service + Creative Industries Park". This has important strategic significance for Shanghai, including the formation of a digital creative talent pool and various financial capital assistance; Differentiated park incubation and core enterprise leadership; A highly efficient Creative industries space cluster with rich cultural and creative resources and standardized innovation market. This paper focuses on building a Creative industries ecosystem with Shanghai characteristics featuring spatial element resource sharing, knowledge innovation complementation, value co-creation, efficient digital technology empowerment, and improved industrial agglomeration efficiency. Build a vertical and deep Creative industries ecosystem centered on digital empowerment and innovation and entrepreneurship incubation. Focus on exploring the interaction, symbiosis, and effective matching of factor resources from enterprise entities, government systems, and various institutions to enhance the agglomeration effect of factors. This paper puts forward strategies for building a diversified ecosystem of Culture of Shanghai's cultural and creative industries from the perspective of Culture of Shanghai's cultural and creative industries' spatial coordinated and symbiotic development, rational and efficient flow of factor resources, and talent training and incentive.

Key words: Cultural and creative ecosystem; Collaborative symbiosis; Value

"文创+"赋能城市社区治理创新研究*

◎ 刘　奕　朱伊莹**

摘要： 社区是市域社会治理的基本单元，随着文化创意产业在我国的迅速崛起，"文创+"为城市社区治理的创新转型提供了新思路。本文试图探究"文创+"与"城市社区治理"之间的有机联系，并从社区主体、文化符号、文创空间、文创产业、文创场景五个方面构建了"文创+"赋能城市社区治理的基本框架，基于"人、文、地、产、景"五个方面分析当前"文创+"赋能城市社区治理存在社区文创主体互动不足、社区文化内核定位不清、社区文创空间功能单一、文创产业融合层次较低、文创场景缺乏创意设计的现实困境，从而阐明"文创+"赋能城市社区治理创新的有效途径为：培育城市社区文创共同体、构建社区特色文创 IP 体系、打造社区多功能文创空间、加深与传统产业跨界融合、嵌入沉浸式数字文创场景，进一步提升城市社区治理能力与现代化水平。

关键词： "文创+"；赋能；城市社区治理；创新研究

　　* 国家哲学社会科学基金资助项目"数字治理视阈下社区智慧养老实践模式比较与政策优化研究"（项目编号：21BZZ061）、上海市人民政府发展研究中心—东华大学"城市创意经济与创新服务"研究基地资助项目"上海数字化转型'空间数字底座'建设的新思路"（项目编号：2022-YJ-M02）、上海市教育科学基金资助项目"上海市社区基本公共体育服务体系建设研究"（项目编号：C2021144）、东华大学中央高校基金重点项目资助。

　　** 刘奕（1974—），女，上海人，博士研究生，东华大学副教授，硕士生导师，研究方向：社区治理、智慧养老（dhuly2005@163.com）；朱伊莹（2000—），女，上海人，硕士研究生，研究方向：社区治理、智慧养老（947298348@qq.com）。

一、引言

社区作为连接人、产业和社会的纽带，是集政治、经济、文化、社会交往等多功能于一体的复合场域。城市社区不仅是一个城市中与社区居民和当地文化联系最紧密的单元，也是市域社会治理的神经末梢。随着知识创意经济时代的到来，城市社区治理应主动适应时代与技术的革新进行创新转型。

文化是一个民族的精神命脉，文化自信是一个国家文化软实力的重要象征。党的二十大报告指出要在"守正"的前提下不断创新，提出"推进文化自信自强，铸就社会主义文化新辉煌"的重大任务，推动我国文创产业实现高质量发展。同时，党的二十大报告也提出要"完善社会治理体系，加快推进市域社会治理现代化"，推动城市社区治理创新，提高城市社区治理能力与人民群众的生活品质，以夯实"中国之治"的基石。[1]

国家统计局的最新数据显示：2021 年全国文化及相关产业增加值为 52385 亿元，比上年增长 16.6%，占国内生产总值（GDP）的比重为 4.56%。2022 年全国规模以上文化及相关产业企业营业收入超 12 万亿元，比上年增长 0.9%（见图 1）。由此可见，近些年来，文化创意产业在我国迅速崛起，产业总量、增幅和产业增加值逐年攀升，产业发展韧性持续增强，"文创+"为城市社区治理

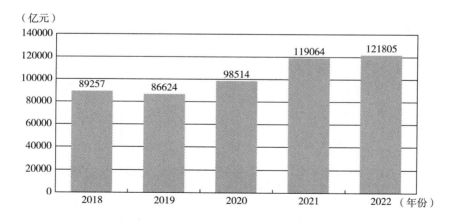

图 1　2018~2022 年全国规模以上文化及相关产业企业营业收入统计

资料来源：国家统计局。

的创新转型提供了新思路。文化创意具有高附加值、低消耗性等特征，因此能够较好地融入到城市社区治理的不同场景中，提升社区再造的资源价值，带动社区商业、社区环境、社区文化、社区教育的全面发展，最终改善社区居民精神与物质双重方面的生活品质，形成"文创+"赋能城市社区治理的新模式。

二、文献综述与核心概念界定

（一）"文创+"的内涵

创意产业的概念最早由英国政府提出，随后由中国台湾最先使用，在借鉴国际经验的基础上，我国北京市基于产业链的角度，将文化创意产业的概念界定为："以创作、创造、创新为根本手段，以文化内容和创意成果为核心价值，以知识产权实现或消费为交易特征，为社会公众提供文化体验的具有内在联系的行业集群。"[2] 邢华（2009）认为文化创意产业是以文化为内涵、创意为核心、以数字技术为手段、以知识产权为运用的产业。[3] 金元浦（2010）也将文创创意产业界定为以创新创造为核心，以知识产权为根本，满足大众精神、娱乐、生活方面需求的新型产业形态。[4] 由此可见，文化创意产业在我国的立足之本在于文化，创意则是核心要素，二者相辅相成，缺一不可。由于文化创意产业是一种具有高渗透性与高融合性的新兴战略性产业，因此其能够通过知识与技术资源的整合，实现与其他产业的深度跨界融合与创新，重构旧有产业价值链，从而设计推出新产品、催生新发展模式、形成全新的产业形态，带动传统产业的升级转型，拓宽城市消费空间，激活城市经济的更新活力与可持续增长能力。

"文创+"是以文化创意赋能其他行业，推进二者甚至多者之间的跨界融合发展，实现"1+1>2"的价值创造，同样也是一种全新的思维方式。国内学者已从多方面对"文创+X"进行了探讨与研究。例如，基于"文创+科技"视角，乔瑜（2020）认为文化创意产业与科技融合正在成为一种全新的趋势。[5] 韩若冰（2020）指明了数字时代文化创意产业生态化发展的实现路径在于跨行业渗透与融合、开放包容协作等。[6] 周建新和谭富强（2022）探讨了大数据赋能数字文化产业发展的机制路径。[7] 孟茂倩（2022）认为在知识经济背景下，数字文创产业将有效提升文创产业的综合竞争力。[8] 基于"文创+乡村振兴"视角，郭洪豹和张捷（2022）认为推动乡村振兴战略与文化创意产业的深度融合是实现乡村振兴的重要途径。[9] 秦会朵和范建华（2022）探讨了文化产业助力乡村全面振兴的内在逻辑与实践路径。[10] 基于"文创+生态环境"视角，郑宇明

（2020）从文创产业和生态环境自身的特点出发，探索二者融合发展的实施路径。[11] 基于"文创+旅游"视角，周雪和龚佳（2020）认为乡村旅游与文化创意产业的融合发展有助于开发新型旅游模式。[12] 基于"文创+体育"视角，刘漾檑等（2022）研究发现我国体育产业和文化产业融合态势明显，并探索了二者的融合创新途径。[13] 更有学者基于"文创+旅游+体育"视角，提出文体旅的融合发展具有一体化发展、产业重组、产业延伸、产业渗透四种模式。[14]

基于"文创+社区"视角，已有研究大多是运用社区营造理论，对历史街区[15]、老旧厂房[16]、旅游景点[17] 的空间重构与更新提出相应改造方案，或者是其他优秀地区社区营造的经验借鉴，如日本[18] 等。也有部分学者探讨社区文创的场景设计与创意营造机制[19]、新兴文创融入城市社区的变革与发展[20]、社区文创与老年教育的融合发展[21] 等。然而，鲜有学者关注文化创意产业与城市社区治理之间的融合创新，因此本文力图理清文化创意产业与城市社区治理之间的逻辑联系，探讨"文创+"赋能城市社区治理的创新机制。

（二）城市社区治理

党的二十大报告中提出："加快推进市域社会治理现代化，提高市域社会治理能力。"城市社区作为居民日常生活交往与精神文明建设的空间载体，城市社区治理是国家与市域社会治理的重要着力点。与此同时，城市社区治理一直以来也是理论界和实践领域关注的焦点。近年来，我国学界关于城市社区治理的研究较为丰富，主要集中在社区治理的模式、主体结构、公共服务供给、第三方组织或居民参与等范畴。魏娜（2003）将城市社区治理定义为政府、社区与居民共同管理社区公共事务的活动。[22] 冯玲和李志远（2003）基于资源配置视角，认为中国城市社区治理新模式的出现体现了国家与社会关系的转变。[23] 魏姝（2008）建构城市社区治理结构的三种基本类型：传统型社区、协作型社区和行政化社区。[24] 程宇（2018）提出城市社区治理结构应从科层治理向圈层治理转型。[25] 陈平（2019）提出"吸纳型治理"，主张将社会组织融入城市社区治理。[26] 李永娜和袁校卫（2020）厘清了城市社区治理四大主体（政府、市场、社会组织、社区居民）的责任与角色，并提出了社区治理共同体的建构逻辑与实现路径。[27] 还有学者将城市社区治理与智慧治理、协同治理、韧性治理、敏捷治理等理论相结合进行了模式创新。宋煜（2015）基于社区治理视角，提出了"智慧社区"的建设思路与"让智慧融入治理，让治理体现智慧"的发展观。[28] 胡小君（2016）提出城市社区治理应从分散治理向协同治理转型。[29] 廖茂林等（2018）将"韧性"概念运用到社区治理中，提出"韧性社区"的概念。[30] 葛天任和裴琳娜（2020）提出将针对人工智能技术风险的敏捷治理应用到智慧社区的建设中，打造敏捷治理体系。[31] 由此可见，城市社区治理的模式并非一成不变，而是紧跟时代与技术的更新发展，吸收先进理念、制度与技术方法进行主动或被动地变革，从而适应新时代城市社区治理的需要。

（三）"文创+"与城市社区治理的逻辑联系

第一，城市社区是培育"文创+"产业的沃土。文化创意产业作为一种战略性新兴产业，需要谨慎选择培育与成长地点。而社区作为市域社会治理的基本单元，能够为文创产业的发展提供最为广阔的发展空间与最为宽容的培育土壤，有利于形成产业集群。每一个城市社区本身都拥有独特的文化符号与历史渊源，能够提供拥有大量精神文化需求且具有一定消费水平的文创客户群体与适应文创产业发展的空间载体，并以最为优质的人才、技术、资金等资源要素为文创产业的发展提供源动力，是最为适宜文化创意产业生长发展的沃土。

第二，"文创+社区"是城市社区治理创新转型的新模式。"文创+"赋能城市社区治理，可以发挥文化创意产业的引领作用，带动社区商业、社区环境、社区文化、社区教育的全面发展，形成社区发展的良性自循环，从而提高城市社区治理能力，推动社区治理水平现代化。在社区商业方面，文创产业可以基于独一无二的文化内核为城市社区打造专属的社区文创 IP 体系，汇集社区线下资源与线上融媒体宣传资源，设计推出特色衍生文创产品，从而带动社区文创产业的经济发展，在此基础上，促进文创与其他产业的融合发展，孵化培育出更多"文创+"项目及企业，为社区商业创造更多附加值。同时，社区文创 IP 体系所带来的品牌收益也可以反哺城市社区治理，带动社区组织进行自我造血，形成自循环的社区"蓄水池"。在社区环境方面，通过营造社区文创公共空间，增加社区空间美感与艺术氛围，一方面可以改善社区自然与文化景观，提升居民生活品质；另一方面有机会打造"网红打卡点"，有利于吸引更多消费者和商铺入驻社区，提升社区共生共享共建价值。在社区文化方面，文化是城市社区建设的精神内核，文创产业的出现赋予了社区更多的文化内涵，强化城市社区社会交往、社会参与、社区控制等功能，营造更加积极、正面、阳光的社区形象，推动社区精神文明建设。在社区教育方面，"文创+"为社区教育的发展模式提供了更为多样化的选择。例如，基于"文创+科普""文创+国学""文创+人文"等模式开设社区文化学院，为社区居民提供了多样化的线下课程教学与体验活动，完善了社区教育体系，助力提升了社区文化软实力。

三、"文创+"赋能城市社区治理的框架构建

"文创+"赋能城市社区治理的基本框架是由"社区主体""文化符号""文创空间""文创产业"和"文创场景"五大核心要素构成,在"文创+"的赋能作用下,城市社区治理能力得到显著提升,最终实现"提升社区参与度、凝聚社区向心力、打造多功能空间、助推产业链创新、刺激消费新形态"的目标(见图2)。

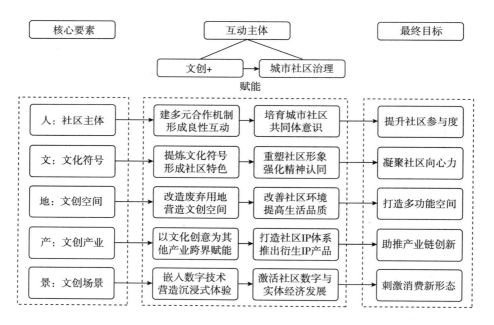

图 2 "文创+"赋能城市社区治理的基本框架

(一)社区主体与文化符号

人与文化处于"文创+"赋能城市社区治理中最核心的位置。人与文化是相互创造、相辅相成的关系。一方面,人在日积月累的生活中创造了文化;另一方面,文化作为一种精神力量,也会在潜移默化中塑造人类,影响人类社会的发展与进步。

第一,人是基础。人,即社区主体,是指与社区治理息息相关的利益相关者,[32] 包括社区居民、消费者、文创人才、社区商户、社会第三方组织者与社

区管理者等，分为个体、社会和政府三个层面。在"文创+"的赋能作用下，社区作为这些不同利益相关者的连接平台，需要整合三方利益需求，将"以人为本"作为"文创+"赋能城市社区治理的指导思想，建立多元合作机制，形成主体之间的良性互动关系，以培育城市社区的共同体意识，共同创造社区福祉，最终实现满足社区居民日趋增长的精神文化需求，提升社区参与度的目标。

第二，文是关键。文，即文化符号，是指一个城市社区独特文化的抽象体现。不同的城市社区拥有不同的文化符号，代表着社区居民对于地方性文化及共识的认同。在"文创+"的赋能作用下，城市社区通过提炼文化符号，形成社区特色，明确社区定位，重塑社区形象，从而强化社区居民对于社区的精神认同，最终达到提升社区居民归属感与认同感、凝聚社区向心力的目标。

（二）文创产业与文创场景

在微观层面，产与景是社区文创空间的基本构成要素，共同促进社区文创空间的建设与发展。

第一，产是根本。产，即文创产业，是指社区内与文化创意有关的产业。社区用文化创意这一基本元素为其他传统产业跨界赋能[33]，打造具有社区特色的文创 IP 体系，推出衍生文创产品，增加社区商业附加值，实现经济效益的增长，最终达到助推传统产业结构升级转型、"文创+"全产业链创新的目标。

第二，景是推手。景，即文创场景，既指社区的自然、文化和生活景观，又指结合社区文化特色与艺术家创意的人造场景。在"文创+"的赋能作用下，社区活用艺术手段和故事驱动，创造多元化的场景设计。在此基础上，社区嵌入数字技术，营造沉浸式场景体验，为消费者带来创造性的、富有趣味性的消费体验，丰富文创场景的意义与价值，激活社区数字与实体经济的双重发展，最终达到赋能社区商业、刺激消费新形态的目标。

（三）文创空间

在中观层面，社区文创空间，是"人、文、产、景"的空间载体。

地是保障。地，即文创空间，是指扎根于社区，集艺术表达、文化展示、消费体验、情感交流等多功能于一体的空间实体。城市社区在"文创+"的赋能作用下，运用美学创意设计，对老旧废弃空间进行改造更新，打造社区文创空间，配套服务业态以激发社区文创空间的经济价值和消费体验，改善社区生活环境的同时也提高了社区居民的生活品质，最终达到承载"文创+"发展、打造社区多功能空间的目标。

在宏观层面，"人、文、地、产、景"五大核心要素，皆在"文创+"的赋能作用下，助力城市社区治理迈向新高度，推动城市社区治理现代化（见图3）。

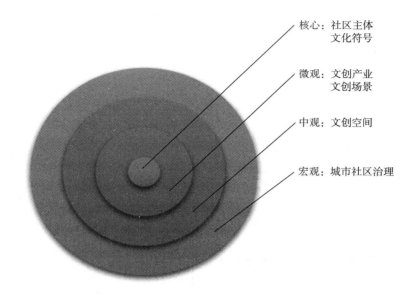

核心：社区主体
文化符号

微观：文创产业
文创场景

中观：文创空间

宏观：城市社区治理

图3　"五大核心要素"在城市社区治理中的互动关系

四、"文创+"赋能社区治理的现实困境

（一）社区文创主体互动不足

社区主体互动不足、社区管理者观念滞后、社区文创人才紧缺是阻碍当前"文创+"赋能社区治理新模式的推进与发展的根本因素。

第一，由于我国城市社区治理一直以来遵循自上而下的线形治理模式，而新时代城市社区的划分标准多以商品居住房为主导，导致新型城市社区人口复杂多元，社区居民之间人际关系较为淡漠，社区主体之间互动程度较低。城市社区原本所具有的维系居民之间情感联系的纽带作用逐渐消解，出现了市民意识单薄、社区参与度低、社区黏性不足等问题。我国在特色文创社区的营造过程中，往往更为重视"看得见"的社区商业与空间改造问题，从而忽视了"看不见"的社区公共精神培育问题，淡化了社区共同体意识。例如，在上海"田子坊"特色文创街区的发展过程中，外来商户的引进与部分原住民的迁出导致"田子坊"原有的社会结构发生改变，街区人际关系越发陌生化，同时餐饮业的过度发展导致出现了公共空间侵占、噪声嘈杂、环境污染、利益冲突、居住成本提高等商住矛盾问题，导致社区原住民与商户之间存在隔阂与间隙，甚至引发社区矛盾与冲突，极大阻碍了社区主体之间的良性互动。[34]

第二，社区管理者普遍呈现老龄化趋势，在开展社区治理工作时可能会出现固化思维与守旧观念的现象，导致社区管理理念和技术应用无法与新时代接轨，很难敏锐地感知新兴文创产业与其他产业融合所带来的巨大发展潜力，可能会错失将文创理念融入社区治理中的机遇。

第三，文创人才目前呈紧缺的态势。据 2022 年上海统计年鉴显示，规模以上企业文化艺术类从业人数仅有 3200 人，主要文化机构从业人数从 2010 年的 25 万人下降至 2021 年的 17 万人，仅为上海总就业人口的 1.3%。相较而言，纽约、伦敦和东京从事文化产业的人数占城市总就业人数的比例均超过了 10%。此外，文创人才可根据能力分为文创设计型人才、文创经营型人才和文创复合型人才等。其中，文创复合型人才不仅需要高超的艺术天分与文化修养，还需要一定的跨界管理与传媒运营经验，是目前“文创+”赋能城市社区治理的稀缺人才。然而，我国目前尚未建立起完善的文创人才培养体系与教育环境，导致我国“文创+”产业的发展相比于世界文创强国较为滞后。

（二）社区文化内核定位不清

尽管我国拥有上下五千年的悠久历史，文化资源十分深厚，却无法转变为强大的文化资本，导致我国文化软实力尚未能与世界发达国家并驾齐驱。而近些年，“文创+”的火速破圈将原本小众的艺术文化带到了大众文化的消费视野，体现了我国市民审美能力和文化自信的提升，也代表着市民对于文化精神的需求程度大大提高。“文创+”赋能城市社区治理，既能满足及丰富市民多样化的文化需求，又能间接提升城市社区的影响力与文化软实力。

然而，当今世界呈现文化全球化的发展趋势，代表着文化趋同现象正愈演愈烈。在“文创+”赋能城市社区治理的过程中，由于我国同一地区拥有较为相似的历史背景、文化底蕴和建筑风光，大部分城市社区未能明确定位自身文化内核与特色，导致出现了较多复制式的“文创+”社区，其通病在于生搬硬套“文创+商业+旅游”的标准模式，即入驻相似的品牌、使用标准化的营销方式、推出差不多的文创产品和举办类似的文创体验活动等，呈现同质化建设的现象，失去了应有的地方性特色文化与创意艺术设计。例如，在西安大唐不夜城爆火之后，又相继出现了东北不夜城、青州不夜城等“复制+粘贴”式的网红文创街区项目，而这些项目因缺乏对本土文化的深度开发而变得浅显和空洞，失去了自身差异化的特色与市场竞争力，无法建立自己的特色品牌，同时也使游客出现“审美疲劳"现象，无法吸引眼界越来越高的游客前来观光消费从而导致社区发展停滞不前，"文创+"的赋能作用也随之慢慢消解，无法带来正向的文化引领作用。

（三）社区文创空间功能单一

城市社区作为培育"文创+"产业初创发展的沃土，是最为适宜的空间载体。然而，部分偏远城市社区的公共空间利用率较低，基础公共配套设施不足且较为落后，缺少供社区居民参与和活动的专属文创空间。其他社区文创空间的实体也多为社区文化服务中心，布局偏"政府化"，导致文创空间的功能较为单一，且偏向于休闲娱乐用途，缺乏文化熏陶与创意实践，无法满足居民日趋高涨的文化需求。

由此，文化创意产业园区应运而生，为集聚创新要素和资源提供了一定的公共配套基础设施，是"文创+"产业高质量发展的重要支撑。但据相关数据统计显示，全国的文化创意产业园区至少超过半数处于亏损状态，甚至三四线城市的园区空置率在50%以上，存在园区规划不合理、金融政策支持力度不够、服务体系不完善等问题。[35] 有些文创产业园区看似经营火热，但主要依靠的是引进"小资"咖啡馆与网红餐厅，背离了园区建设的初衷与核心，"文创+"产业仍然发展得"小"而"分散"，导致园区呈现定位不清的尴尬状态，其背后深层次的原因是商业逻辑与文化逻辑之间的矛盾，导致缺乏文化生产内容与资源整合困难，无法为"文创+"企业营造一个舒适的资源、人才的集聚环境。

（四）文创产业融合层次较低

文创产业是传统产业升级转型的新引擎，也是社会转型的新动力。我国文化创意产业总量、增幅和产业增加值虽然逐年攀升，但与世界文创强国仍有一定差距，文创产业融合层次较低，产业集聚能力较弱，主要体现于：①目前，文创产业中的龙头企业并不多，对其他初创文创产业的引领示范作用不足，没有形成强强联合的集聚效应。②当今，我国大部分文创产业尚处于起步阶段，规模较小，融资困难，高度依赖创意设计与创新制造，盈利模式不稳定，可持续发展能力较弱，普遍在市场上缺乏竞争力。③我国大部分城市文创产业以传统文化资源、传统手工艺品为主，缺乏科技含量与新颖设计，未能与其他产业进行跨界融合创新，无法为城市社区培育新的经济增长点。④文创产业链尚未成熟，部分城市缺乏与之配套的上下游文创企业，从而导致文创艺术设计师的理念很难最终落实到产品上，当地文创产业的发展受到严重阻碍。⑤目前，文创产业生产结构与市场需求结构不适配，中高端文创供给不足。相反，低端文创供给过剩。文创产品虽然在我国遍地开花，但缺乏能够传播新时代中国故事、体现中华传统文化精神的高质量代表作。

（五）文创场景缺乏创意设计

文创场景营造是增强社区吸引力、增加社区商业附加值、传播社区精神文化、带动社区经济发展的有效途径。一方面，文创贵在创意。在全球一体化时代，创造力的水平和程度在很大程度上象征着一个国家的综合实力。而我国大部分城市社区的文创场景设计缺乏创意新颖设计与标志性的建筑物，没有很好地进行主题设计体现自身特色，无法第一时间抓住消费者的眼球，没有为消费者带来猎奇感与新鲜感，不利于"文创+"社区的可持续发展。另一方面，创意胜在创新。技术的迭代更新为文创场景创新提供了新的手段与思维方式，但目前高新技术较少嵌入并应用到城市社区文创场景中，大部分社区文创场景的数智化程度较低，无法以沉浸式的场景体验留住消费者，从而遏制了消费者的文创消费欲望，弱化了"文创+"所具有高附加值的特点。

五、"文创+" 赋能社区治理创新的有效途径

（一）培育城市社区文创共同体

社区是城市治理的基本单元，也是当地居民共同生活的物理空间载体。因此，人是"文创+"社区治理模式的核心基础，推动"文创+"赋能社区治理的指导思想在于以人为本，提升社区居民满意度与幸福感，共同培育城市社区文创共同体，实现共享共建共创的"文创+"社区治理网络。

第一，需要凝聚社区主体的共同体意识，建立多元协同合作机制。社区应加大宣传力度，引导居民对所在社区的文创资源和优势有清晰的认知，鼓励和促进社区居民主动地参与到"文创+"社区的实践活动中，提升社区居民参与度是"文创+"社区发展的重要推动力。例如，北京南锣鼓巷"5811"文化志愿服务队依据社区居民的兴趣点举办了各式各样的"文创+"活动，社区居民、消费者、商户等都积极响应及参与，既提升了社区居民参与"文创+"社区建设的积极性，也起到改善、拉近街区邻里关系的作用。同时，也要培养社区各方主体的共同体意识。社区是一个有机的整体，可以通过建立以社区为平台、以社区居民为核心、以社区各组织参与的多元协同合作机制，将社区各主体紧密结合，共同创造共生共融共强价值。

第二，社区治理队伍需要保持人员与思想的及时更新。在社区招聘工作中，

可以新增设置专门岗位，对于应聘者的学历与年龄做出一定限制，补充城市社区治理的新鲜血液。此外，政府也要广泛组织社区管理者定期参加"文创+"主题的培训与课程，将文创理念融入社区治理的日常工作中，同时政府也要委托第三方机构对社区"文创+"的运行情况展开专项绩效评估，将考核情况与工资奖金相挂钩，激发社区管理者的内在学习原动力。

第三，深挖社区文创力量，健全文创人才培育机制。一方面，社区可以实现文创人才的自我培育，发挥社区人才资源优势，潜移默化地将社区的旁观者转化为社区的热心参与者，把社区的服务对象转化为文化志愿者，实现人才的共融共通。另一方面，依靠定向精准引进、多方协同培养等形式弥补文创人才缺口，实施相应文创人才扶持与激励计划，充分调动政府、高校、企业等相关主体的积极性，搭建"政、产、学、研、用"多方协同的文创人才培养平台，推动文化创意产业人才不断涌现，形成"文创+"蓬勃融合发展的新格局。

（二）构建社区特色文创 IP 体系

文化不仅是城市社区的活力源泉，也是所有城市社区可持续发展及共同体培育的重要精神力量。社区文化应遵从简洁明确原则，提炼社区核心特色，体现地域文化底蕴与价值追求，具有不可替代性和高辨识度。[36]

文化符号化是一种推进文化与社区构建共融共强治理体系的方式，也是城市社区治理的重要手段，其形成过程也是社区主体的身份感、认同感、价值观重塑的过程。[37] 只有强化身份认同、统一价值观念，才能调动社区居民参与"文创+"活动的积极性，使城市社区治理获得源源不断的内生动力。城市社区通过挖掘、重构、提炼当地社区文化的独特精神内核形成文化符号，构建塑造具有"地方性"特色的社区文创品牌和社区形象，从而形成当地社区独有的故事化 IP 体系及其衍生文创产品，是有效避免当前"文创+"社区同质化建设现象的根本途径。因此，城市社区应以自身"文化符号"为载体，因地制宜地推动"文创+"融入城市社区治理的日常活动与商业运营中，焕发社区文化活力，凝聚社区向心力进而促进我国文化自信与文化软实力的提升。[38]

（三）打造社区多功能文创空间

城市社区是"文创+"的空间载体，因此社区应尽可能利用或改造公共空间，为社区居民打造专属的社区文创空间。一个高质量的社区文创空间应当具备文化交流、社会美育、文化消费、居民自治的复合功能。

首先，社区文创空间可以为社区居民提供多样化的文化服务，以满足居民日趋增长的文化需求，丰富居民的日常精神生活，创造与其他居民进行良性文化互动交流与学习的机会，增进社区代际关系。其次，利用社区原有废置空间，将其改造为代表"美"与"艺术"的创意空间，既可以改善社区环境，增加社区艺术氛围感，传递建筑美学的美育价值，又可以提升社区居民的生活质量，更有机会晋升为网红文创打卡新坐标，吸引高流量与高热度。再次，社区通过定制化、故事化的空间营造，可以唤起社区记忆与自豪感，有效呈现社区精神文化内核，带来新的文化消费体验。例如，成都青龙街道以深厚的现代铁路文化为符号，利用废弃的公共绿地，将其改造为场景式文化广场、铁路文化微博馆等社区文创空间，把年代历史文化记忆通过公共艺术创意物化展示，传承与弘扬社区铁路精神的同时促进社区新消费形态的诞生。最后，社区文创空间项目应在前期先开展对社区居民需求的专项调研，充分了解居民对于社区文创空间建设的意见与想法；在项目运营中期，应以社区规划师为核心，搭建社区居民协商议事平台与社区自组织运作平台，引导居民积极参与社区事务管理，激发社区自治活力；在项目结束后，社区文创空间也可以充当居民自治议事的空间载体，为居民提供多样化的自治场景，强化社区治理能力，进而打造和谐自治的"文创+"社区。

（四）加深与传统产业跨界融合

产业是社区发展的根本。走产业融合之路，以文化创意为其他产业跨界赋能，创造社区高附加值，消解实体经济发展困境，助力传统产业升级转型，可以衍生出更多的新消费形态，使文创与效益并举，从而步入社区"文创+"产业经营的良性循环，有助于保持城市社区治理的活力更新。

一方面，跨界融合创新需要在"文创+消费"的产业链上加入新力量。在提炼"文化符号"的基础上，城市社区应再接再厉打造专属的"消费符号"。消费符号化不仅仅是对商品本身物质属性的消费，更是对其符号象征意义的消费。[39]据研究发现，消费者往往对融入传统文化、具有故事性和能够表达情感的"文创+"产品更感兴趣。以故宫博物院为例，通过故宫历史文化与文创产业的创意结合，打造"文创+历史+消费"的新模式，推出故宫蝶梦繁花口红、故宫首饰、故宫美人面膜等爆款"文创+"产品，赋予产品以独特的消费象征意义，实现了从"文化符号化"向"消费符号化"的完美转变，提升社区商业消费力的同时帮助传统博物馆产业升级转型。另一方面，"文创+"助推IP价值的全产业链创新。例如，故宫博物院与影视行业联手拍摄了《我在故宫修文物》《上新了·故宫》等纪录片和综艺节目，成功为故宫博物院吸粉上万，收获高热度流量与良好口碑，与用户之间产生了更深的黏性，在打响了文创IP的知名度的同时也进一步扩大了故宫博物院的影响力。

因此，城市社区应结合"文创+消费/科技/艺术/"等手段，加深文创产业与其他产业的跨界融合创新，以创意节事、创意景观、创意活动等形式赋能城市社区治理，构建与城市文化相一致的社区文创品牌，提升文创品牌的收益空间，从而将品牌收益转化为社区治理基金的"蓄水池"，打造自循环的"文创+"社区产业链。

（五）嵌入沉浸式数字文创场景

多元化的文创场景是"文创+"赋能城市社区治理的重要推手。通过探索"文创+非遗""文创+博物馆""文创+景区""文创+乡村"等新形式，将文创嵌入传统产业中，可以带来全新的互动与消费体验，有效激发社区消费活力。与此同时，当今世界已经全面进入数字经济社会，每一次的技术更迭都标志着社会治理与居民生活方式的变革与进步，[38] 如何将新兴数字技术融入文创场景，帮助传统产业数字化升级转型，进一步激活数字与实体经济，成为未来社会发展的关键。

在数字文创 1.0 阶段，社区主要通过掌握较为成熟的数字技术，将传统文化资源进行数字化的创新呈现，让消费者直观地通过数字影像、3D 展示等方式了解中国传统历史文化的发展脉络，在实景中植入数字化场景。例如，"数字故宫""数字敦煌"将深厚的文化资源进行创造性的数字化转化，极大地拓展了数字文创场景应用，不仅实现了线上线下的互动与贯通，还为消费者带来了全新的消费体验，推动消费新业态的健康发展，[6] 带来了巨大的社会效益与经济效益，成为"文创+博物馆+数字"的典型案例。

在数字文创 2.0 阶段，社区主要以游戏为主线，实现主题化、个性化的旅游需求供给，拓展社区空间场景的内容增值，以游戏化实景实现用户沉浸式体验，推动数字文创跨界赋能社区治理。例如，完美世界集团与无锡拈花湾进行合作，大胆尝试游戏化形式，以拈花湾唐风宋韵的实景为依托，使景区升级为一个同时存在于虚拟与现实的超大沉浸式空间，提升了景区的吸引力和知名度，产生了更为优质的消费体验，开创了"文创+"赋能景区发展的全新模式。

当前，我们正处于数字文创 3.0 时代，社区要聚焦元宇宙、数字孪生等技术，叠加"文创+"思维，为消费者提供新的产品与新的服务，开发具有广阔空间的文旅融合项目，给消费者以虚实共生的全新体验。例如，北京双井街道将数字文创产业融入社区治理场景中，其文创园区通过营造"双生之树"数字景观、数字经济文化墙等数字文创场景，引起社会各界广泛关注。今后，社区文创场景营造的发展方向便是打造元宇宙沉浸式场景体验，在推动数字经济与实体经济共同发展的同时推进社区治理能力现代化。

六、总结

城市社区不仅是一个开放的物理空间，还是一个充满发展潜力且活力四射的有机生命体。城市社区治理关乎社会稳定与经济发展，深入推进城市治理创新是加快推动市域社会治理现代化的重要途径。"文创+社区"作为一种全新的城市社区治理模式，强调将文化与创意融入社区主体的日常生活，同时通过提炼社区文化符号，打造社区文创空间新地标；在此基础上，着力发展社区"文创+"产业，营造多元化的文创场景，最终达到赋能城市社区治理的目标，提高城市社区治理能力，推动城市社区治理高质量发展，不断提高社区居民的获得感、满意感与幸福感，为探寻"中国之治"交出一份兼具新意与实践操作性的高分答卷，谱写中国式现代化发展新篇章。

参考文献

［1］习近平. 高举中国特色社会主义伟大旗帜　为全面建设社会主义现代化国家而团结奋斗——在中国共产党第二十次全国代表大会上的报告［N］. 人民日报，2022-10-26（1）.

［2］徐建华. 文化创意产业首次依标准分类［N］. 中国质量报，2011-04-25（4）.

［3］邢华. 文化创意产业价值链整合及其发展路径探析［J］. 经济管理，2009，31（2）：37-41.

［4］金元浦. 我国文化创意产业发展的三个阶梯与三种模式［J］. 中国地质大学学报（社会科学版），2010，10（1）：20-24.

［5］乔瑜. 基于区块链技术文化创意产业知识产权保护研究［J］. 管理学刊，2020，33（5）：38-48.

［6］韩若冰. 数字技术推动下的文化创意产业生态化发展及其向度研究［J］. 山东大学学报（哲学社会科学版），2020（2）：49-59.

［7］周建新，谭富强. 大数据如何赋能数字文化产业高质量发展？［J］. 东岳论丛，2022，43（10）：152-162.

［8］孟茂倩. 知识经济背景下创意文化产业发展机制与对策研究［J］. 郑州大学学报（哲学社会科学版），2022，55（4）：90-93.

［9］郭洪豹，张捷. "文化创意产业+乡村振兴"融合发展路径探讨［J］. 山西财经大学学报，2022，44（S1）：45-47.

［10］秦会朵，范建华. 文化产业助力乡村全面振兴的内在逻辑与实践路径［J］. 理论月刊，2022，486（6）：76-82.

［11］郑宇明．生态环境与文化创意产业的融合发展——评《"文化创意+"生态环境产业融合发展》［J］．世界林业研究，2020，33（6）：116.

［12］周雪，龚佳．乡村旅游与文化创意产业融合发展的路径研究［J］．农业经济，2020（7）：59-60.

［13］刘漾楢，宋林晓，张晓链．我国体育产业与文化产业融合度研究——基于灰色关联和耦合协调度分析［J］．武汉体育学院学报，2022，56（8）：60-67+74.

［14］尹宏，王苹．文化、体育、旅游产业融合：理论、经验和路径［J］．党政研究，2019，155（2）：120-128.

［15］麦咏欣，杨春华，游可欣等．"文创+"历史街区空间生产的系统动力学机制——以珠海北山社区为例［J］．地理研究，2021，40（2）：446-461.

［16］蔡鑫羽．发展文创产业视角下的旧厂房改造更新研究——以杭州市拱墅区为例［J］．建筑与文化，2022，219（6）：127-129.

［17］盛玉雯，陈庆军．南京山景社区文创产业振兴策略与实践［J］．包装工程，2020，41（14）：311-319.

［18］林晓红．台湾文化创意产业与社区互动发展模式探析［J］．厦门理工学院学报，2016，24（2）：7-11.

［19］赵静．日本工艺文创产业介入城市旅游的启示［J］．中国民族博览，2021，203（7）：84-86.

［20］向勇．社区文创的场景设计与创意营造机制——以澳门社区文创的创意管理实践为例［J］．新美术，2020，41（4）：23-28.

［21］张漾方．新兴文创融入下城市社区变革与发展研究［J］．北京文化创意，2020，52（5）：76-81.

［22］沈惠娜．社区文创与老年教育的融合发展研究［J］．文化产业，2022，219（2）：139-141.

［23］魏娜．我国城市社区治理模式：发展演变与制度创新［J］．中国人民大学学报，2003（1）：135-140.

［24］冯玲，李志远．中国城市社区治理结构变迁的过程分析——基于资源配置视角［J］．人文杂志，2003（1）：133-138.

［25］魏姝．中国城市社区治理结构类型化研究［J］．南京大学学报（哲学·人文科学·社会科学版），2008，184（4）：125-132+144.

［26］程宇．从科层治理到圈层治理：城市社区治理结构的转型——以S市社区治理实践为例［J］．求实，2018，444（4）：42-51+110.

［27］陈平．"吸纳型治理"：社会组织融入城市社区治理的路径选择［J］．理论导刊，2019，411（2）：47-53.

［28］李永娜，袁校卫．新时代城市社区治理共同体的建构逻辑与实现路径［J］．云南

社会科学，2020，233（1）：18-23.

[29] 宋煜. 社区治理视角下的智慧社区的理论与实践研究［J］. 电子政务，2015，150（6）：83-90.

[30] 胡小君. 从分散治理到协同治理：社区治理多元主体及其关系构建［J］. 江汉论坛，2016，454（4）：41-48.

[31] 廖茂林，苏杨，李菲菲. 韧性系统框架下的城市社区建设［J］. 中国行政管理，2018，394（4）：57-62.

[32] 葛天任，裴琳娜. 高风险社会的智慧社区建设与敏捷治理变革［J］. 理论与改革，2020，235（5）：85-96.

[33] 曹如中，高长春，曹桂红. 创意产业价值转换机理及价值实现路径研究［J］. 科技进步与对策，2010，27（20）：61-64.

[34] 朱晓宇. 上海田子坊地区更新中的居住形态演变研究［C］. 2017中国城市规划年会，2017.

[35] 陈红玉. 超过半数亏损，文创园还是一门好生意吗？［EB/OL］.［2021-05-18］（2023-3-16）. https：//m. gmw. cn/baijia/2021/05/18/34854285. html.

[36] 陈燕. 当历史遇上创意——当下我国依历史街区相生的文创产业集聚区之行进过程初析［J］. 东南学术，2012（2）：111-120.

[37] 刘祖云，王太文. 乡村社区营造的基本方略：符号化与空间化——基于安徽省香泉—温泉小镇社区营造的观察［J］. 南京农业大学学报（社会科学版），2022，22（2）：32-42.

[38] 郝修梅. 内外融合：营造社区治理共同体［J］. 社会福利（理论版），2021，585（8）：36-42.

[39] 刘奕，李晓娜. 数字时代老年数字鸿沟何以跨越？［J］. 东南学术，2022（5）：105-115.

Research on "Cultural and Creative+" Enabling Urban Community Governance Innovation

Yi Liu   Yiying Zhu

Abstract：Community is the basic unit of municipal social governance. With the rapid development of cultural and creative industries in our country, "Cultural and Creative+" provides a new way for innovative transformation of urban community governance. This paper attempts to explore the organic connection between "cultural and creative+" and "urban community governance", and constructs the basic framework of "cultural and creative+" enabling urban community governance from five aspects: community subject, cultural symbol, cultural and creative space, industry, and scene. Based on the five aspects of "people, culture, land, industry and scene", this paper analyzes the current practical difficulties of "cultural and creative+" enabling urban community governance, such as insufficient interaction of community cultural and creative subjects, unclear positioning of community cultural core, single function of community cultural and creative space, low level of cultural and creative industry integration, and lack of creative design of scenes. Thus, it is explained that the effective ways of "cultural and creative+" enabling the innovation and development of urban community governance are as follows: cultivating urban cultural and creative communities, building a community characteristic cultural and creative IP system, creating a multifunctional community space, deepening cross-border integration with traditional industries, embedding immersive digital scenes, and further promoting the high-quality development of urban social governance.

Key words: "Cultural and Creative +"; Empower; Urban community governance; Innovation research

创意管理评论·第8卷

CREATIVE MANAGEMENT REVIEW, Volume 8

非物质文化

Intangible Culture

CREATIVE MANAGEMENT REVIEW

文创嵌入下高校"双创"教育实践路径研究

——以非遗文创为例[*]

◎ 汪永安[**]

摘要： 高校是推进创新创业创造纵深发展和培养高素质创新创业人才的重要阵地，承担着激发新时代青年"双创"活力的使命，而非遗作为中华民族传统文化的瑰宝，是民族认同感的重要纽带。以非遗为立足点，将文化创意（以下简称文创）融入非遗中，使非遗文创与高校双创教育有机结合，激发双创教育的潜力与活力，具有重要的作用和意义。本文从理论背景和案例研究出发，提出高校可以探索通过搭建平台、提供培训服务、组织跨学科团队等，推进非遗文创的产学研一体化，打破非遗文创与专业教育以及双创教育之间的壁垒，进而优化高校创新创业生态。

关键词： 文化创意；创意产业；"双创"教育；非遗文创

一、引言

文创的概念源自英国，近几十年逐渐发展成熟，其表现形式经历了从工艺与民间艺术时代到美术创作和设计创意时代，再到品牌与商业时代，直至今日，文

---

[*] 教育部人文社会科学研究规划基金项目"网络舆论中大学生网络群体极化生成机理与治理策略研究"（项目编号：21YJA710033）、上海市哲学社会科学规划项目"融媒体时代高校网络意识形态建设中的舆论引导机制研究"（项目编号：2021BKS007）的阶段性研究成果。

[**] 汪永安（1981—），男，江西九江人，博士研究生，东华大学副教授，研究方向：网络思想政治教育、文化创意研究（an@dhu.edu.cn）。

创已然进入"互联网+"的新时代。文化创意产业（Cultural and Creative Industries，CCI）是指在文化、创意、技术、知识等领域中创造、生产、传播、管理和交易文化、艺术和创意产品、服务和活动的产业。文创作为文化创意产业的一种形式，从 21 世纪初开始被提出，目前已成为国内外重要的产业形态之一。

高校"双创"教育的发展历程可以追溯到 20 世纪 80 年代初期，当时以清华大学、北京大学为代表的高校开始探索创新创业教育。随着改革开放的深入，高校创新创业教育逐渐成为一种新兴的教育模式。2000 年，国家开始大力推进大众创业、万众创新，高校"双创"教育逐渐成为国家教育政策的重要组成部分。2015 年，国务院发布了《国务院关于大力推进大众创业、万众创新若干政策措施的意见》，提出要支持高校加强创新创业教育，提高学生的创新创业能力。目前，高校"双创"教育已经成为培养创新型人才的重要途径之一，在促进创新创业和科技创新方面发挥着重要作用。

二、文创嵌入高校"双创"教育实践的重要性和必要性

在高等教育中，"双创"教育已经成为一种重要的教育形式，它旨在培养具有创新精神和实践能力的学生，以适应日益变化的社会和经济环境。在这种背景下，将文创产业融入高校"双创"教育中，可以产生多重意义和作用。

首先，文创作为一种创新性的产业和思维方式，可以培养学生的创新意识和创新能力。通过文创的实践教育，学生可以接触到创新、创意的实际应用，提高其创新创业能力和实践能力，增强其对未来发展的预见性和适应性。其次，文创作为一种新兴的产业和思维方式，可以为高校创新创业教育注入新的活力和动力。通过文创的引入和应用，可以增强高校创新创业氛围，激发师生创新创业的热情和动力，推动高校创新创业教育的深入发展。再次，文创作为一种有机融合了文化和经济的新型产业，可以为文化遗产的保护和传承提供新的途径和方式。通过文创的创新应用，可以为文化遗产的保护和传承注入新的活力和动力，提高文化遗产的价值和影响力，推动中华优秀传统文化的传承和发展。最后，文创作为一种融合了社会责任和经济利益的产业和思维方式，可以为高校社会责任意识的提高提供新的途径和方式。通过文创的创新应用，可以使高校更加关注社会和经济发展的需求，加强与社会各界的合作和交流，提高高校的社会影响力和社会形象。

文创嵌入下高校"双创"教育实践路径研究

Research on the Practice Path of "Double Innovation" Education in Colleges and Universities under the Embedding of Cultural and Creative Industries

三、文创嵌入下高校"双创"教育实践的理论渊源及其特点

文创嵌入高校"双创"教育的渊源可以追溯到文化创意产业的兴起和高校创新创业教育的发展。随着经济全球化和数字化的发展，文化创意产业成为国家发展战略中的重要领域。在此背景下，文化创意产业作为新兴产业，为大学生提供了更广阔的就业和创业机会，也为高校教育提供了新的发展方向。而高校创新创业教育是近年来发展迅速的教育领域，旨在培养学生的创新精神、创业意识和创业技能，以满足社会对高素质人才的需求。文创产业作为一种跨学科的创新型产业，具有多元化的创意和表现形式，因此很适合与创新创业教育相结合，培养学生的创新思维和实践能力。可见，文创嵌入高校"双创"教育是一种双向的发展，既有文创产业对高校的发展推动作用，也有高校对文创产业的人才培养支持作用。双方的合作和交流有助于培养更多的创新创业人才，推动文创产业的繁荣发展。

（一） 文创嵌入下高校"双创"教育实践的理论渊源

随着文化创意产业的兴起和高校双创教育的发展，文创产业开始逐渐嵌入高校的创新创业教育中。文创产业与高校"双创"教育的结合具有重要的理论基础，其中文化创意产业理论和创新创意理论是两个重要方面。

（1）文化创意产业理论。该理论主要关注文化和经济之间的联系，认为文化是推动经济发展的重要力量。该理论强调文化的创造性思维方式和创新驱动力，认为文化产业可以创造具有独特文化价值和经济价值的产品和服务，促进经济的发展。在高校"双创"教育中，文化创意产业理论的应用主要体现在对学生创意和创新能力的培养上。高校应该注重学生的创意和创新能力的培养，通过创意实验、创业实践等方式，提高学生的创新创业能力和实践能力。

（2）创新创意理论。该理论强调创意是推动经济和社会发展的核心动力。该理论认为，创意与实用性、经济价值和社会价值的结合是真正的创新。在高校双创教育中，创新创意理论的应用主要体现在培养学生的创新精神和实践能力上。高校应该注重学生的实践能力和创新意识的培养，通过创新创业教育的方式，激发学生的创新创意，提高他们的实践能力和创新能力。

除了文化创意产业理论和创新创意理论外，高校"双创"教育还涉及创新创业教育理论、人才培养理论和学科交叉融合理论等方面。创新创业教育理论主要关注培养学生的创新创业能力和创业精神。该理论认为，创新创业教育应该注

重学生的实践能力和创新意识的培养，通过创业实践、创意实验等方式，提高学生的创新创业能力和实践能力。人才培养理论主要关注培养学生的综合素质和适应能力。该理论认为，高校创新创业教育理论在实践中也应该注重教师的培训和能力提升，使他们能够更好地指导学生进行创新创业实践。同时，学生也应该积极参与各种创新创业活动，提升自己的能力和实践经验。高校应该为学生提供各种资源和支持，包括资金、人才、场地等，帮助他们实现创新创业梦想。人才培养理论主张高校应该培养具有创新能力和实践能力的人才，这需要高校在课程设置、教学方法等方面做出调整。高校应该注重课程的实践性和针对性，为学生提供具有挑战性和实际性的项目，让他们在实践中锻炼创新创业能力。此外，高校应该注重团队协作能力和沟通能力的培养，这是创新创业过程中不可或缺的能力。高校可以通过开设团队项目、让学生参与社会实践等方式，提高学生的团队协作和沟通能力。学科交叉融合理论则认为，创新创业需要不同学科知识和技能的综合运用，高校应该鼓励不同学科之间的交叉融合。在实践中，高校可以通过跨学科教育和科技创新等方式，促进不同学科的交叉融合。例如，高校可以组织跨学科的项目，让学生从不同的学科角度出发解决问题，提高他们的综合素质和创新能力。

综上所述，文创嵌入高校"双创"教育具有重要意义，可以促进文创产业的发展和高校人才培养的升级。在实践中，需要注意理论和实践的结合，注重学生的实践能力和综合素质的培养，同时也需要注重教师的培训和能力提升，为学生的创新创业提供更好的支持。

（二）文创嵌入下高校"双创"教育实践的主要特点

在"文创嵌入高校双创教育实践的理论分析"中，我们已经了解了文化创意产业在高校"双创"教育中的重要性和价值，以及文创教育应该具备的核心要素和教育目标。现在，我们将进一步探讨如何将文创理念融入高校双创教育实践中，并提出实施策略。

（1）构建具有文创特色的双创实践平台。文化创意产业是一种高度创新的产业，它的核心在于创意和创新，因此在高校双创教育实践中，应该注重构建具有文创特色的双创实践平台，鼓励学生发挥自己的创意和创新能力。具体而言，高校可以建立创意设计实验室、数字媒体工作室、文化创意产业研究中心等实践平台，为学生提供丰富的实践机会和资源支持。

（2）注重跨学科融合教学。文化创意产业的特点在于跨界融合，因此在高校双创教育实践中，应该注重跨学科融合教学，让不同学科领域的学生一起参与

文创嵌入下高校"双创"教育实践路径研究

Research on the Practice Path of "Double Innovation" Education in Colleges and Universities under the Embedding of Cultural and Creative Industries

文创实践，实现创新思维和技能的交叉融合。例如，高校可以将设计学、艺术学、传媒学等专业的学生组成团队，共同完成一个文创项目。

（3）强化实践教学与产业合作。文化创意产业是一种实践性很强的产业，因此在高校双创教育实践中，应该注重实践教学和产业合作，让学生更好地了解文创产业的实际情况和市场需求，提高其实践能力和就业竞争力。高校可以与当地的文化创意企业、文创园区等建立合作关系，为学生提供实习、创业等机会，让学生能够真正地参与到文创产业的实践中，了解行业发展趋势、技术应用和市场需求等方面的知识和经验。

（4）开设多元化的文创课程。为了让学生更好地学习和掌握文化创意产业的知识和技能，高校应该开设多元化的文创课程，包括文化创意产业概论、文化创意产业设计、文化创意市场营销等方面的课程，旨在为学生提供丰富的学科知识和实践技能的培养，培养学生的文创创新思维和实践能力。

（5）加强文创创新人才培养。在高校双创教育实践中，应该注重文创创新人才的培养，鼓励学生发挥自己的创新能力和创意思维，提高其创新创业能力和市场竞争力。高校可以通过开展创新创业竞赛、组织创新创业讲座等方式，激励学生创新思维和创新实践，提高其创新创业能力和实践经验。

四、非遗文创在高校双创教育实践中的应用现状

"非物质文化遗产"一词指的是具有传承性、代表性和历史文化价值的传统文化遗产。它包括传统手工艺、音乐、戏剧、舞蹈、民间节日、口头传统等多个方面。这些文化传统经过长期传承和演变，具有独特的文化特色和价值，是中华民族宝贵的文化遗产。

"非遗文创"则是将非物质文化遗产与创意产业相结合，利用现代设计、技术和营销手段对传统文化进行再造、再生产和再利用的过程。非遗文创将传统文化元素融入现代产品、服务和体验中，使传统文化得到传承和发扬光大，同时也满足了现代人的文化消费需求。

（一）非遗文创的主要特点

非遗文创是非遗文化与创意产业相结合的产物，其本质是传统文化的再生产和再利用。非遗文化作为中华民族宝贵的文化遗产，具有重要的历史和文化价值，传承和弘扬非遗文化成为我们民族文化发展的一项重要任务。而非遗文创作为实现非遗文化传承和创新的方式，具有以下几个方面的特点：第一，非遗文创

强调传承性。传承是非遗文创的核心，非遗文化是我们民族文化的瑰宝，要求我们传承它们的传统技艺和文化价值。传承不仅是口头上的传授，更包括技艺传承，它是文化的延续和发展，也是非遗文创的前提和基础。第二，非遗文创注重创新性。传统文化元素的创新运用是非遗文创的核心动力，其目的是在保护和传承非遗文化的基础上，创造出新的文化产品和体验，来满足现代人的文化需求和消费需求。传统文化和现代设计、技术的结合，不仅能够促进非遗文化的传承，还能够提高非遗文化的生命力和市场竞争力。第三，非遗文创强调可持续性。可持续性是非遗文化传承和创新的前提条件，也是非遗文创的目标之一。非遗文创不仅要保护非遗文化的传统技艺和文化价值，还要促进非遗文化的传承和发展。在此基础上，非遗文创还要满足现代社会的需求，实现经济可持续发展。第四，非遗文创注重社会性。非遗文创的意义不仅在于保护和传承传统文化，也在于将传统文化与现代社会联系起来，满足人们对文化消费和文化认同的需求，促进文化的传播和发展。非遗文创的成功，不仅能够增强人们对文化的认同感，还能够推动文化的融合和发展。第五，非遗文创注重多元性。非遗文化是中国传统文化的重要组成部分，具有多样性和地域性的特点。非遗文创要尊重不同非遗文化的特点，避免将其简单地归纳为单一的文化形态。同时，非遗文创还应该注重与其他文化领域的交流和融合，实现文化的多元性和包容性。第六，非遗文创强调文化价值。非遗文化是中华民族的文化宝库，具有深厚的历史和文化底蕴，其传承和发展是我们民族文化自信的重要体现。非遗文创不仅要强调产品的商业价值，也要注重其文化价值，保护和传承非遗文化的精髓，挖掘非遗文化的深度和内涵，实现文化的传承和发展。

综上所述，非遗文创是非遗文化与创意产业相结合的产物，它具有传承性、创新性、可持续性、社会性、多元性和文化价值等多个方面的特点。在非遗文创的推动下，非遗文化得到了更好的传承和发展，同时也推动了文化产业的发展，促进了文化交流和融合，提升了中华民族的文化自信和文化软实力。

（二）非遗文创在高校"双创"教育实践中的应用现状

高校"双创"教育是一种将创新创业教育与实践相结合的教育模式，而非遗文创在其中的应用也是一种创新。在高校非遗文创实践中，通过选题、调研、策划、制作等多个环节，学生可以全面了解非遗文化的内涵和价值，并能够将其转化为具有商业价值的文创产品。这种教育模式创新可以促进学生创新思维和创业能力的培养，同时也可以传承和弘扬传统文化。

（1）多学科融合。非遗文化涉及多个领域的知识，如历史、文学、音乐、

文创嵌入下高校"双创"教育实践路径研究

Research on the Practice Path of "Double Innovation" Education in Colleges and Universities under the Embedding of Cultural and Creative Industries

舞蹈、手工艺等，而非遗文创的制作也需要多种技能的运用。因此，在高校非遗文创实践中，往往需要多学科的融合。比如，文学专业的学生可以负责文化挖掘和创意构思，设计专业的学生可以负责产品设计，计算机专业的学生可以负责软件和网站开发，艺术专业的学生可以负责美术设计等。这种多学科融合不仅可以培养学生的综合能力，而且可以促进学科之间的交流和合作。

（2）市场营销策略。非遗文创不仅要有文化内涵，还需要具有市场竞争力。因此，在高校非遗文创实践中，学生需要学习市场营销策略，了解市场需求和消费者心理，并将这些策略应用到文创产品的设计和推广中。这种市场营销策略的学习可以培养学生的商业思维和市场意识，也可以为文创产品的推广和销售提供有力支持。

（3）社会责任意识。非遗文化是民族文化的重要组成部分，因此，在高校非遗文创实践中，学生需要具备社会责任意识。在文创产品的设计和推广中，需要注重文化的传承和弘扬，不能仅仅追求商业利益；同时还需要关注文创产品的环保和社会效益，不能忽视社会责任。

（4）产业升级和文化传承。非遗文创的应用不仅是为了推广传统文化，也是为了推动产业升级。在高校非遗文创实践中，学生们不仅要学习文化传承和创新，还需要学习如何将文创产品转化为商业产品，促进产业发展。通过非遗文创实践，学生们可以深入了解非遗文化的内涵和价值，创造出具有市场竞争力的文创产品，推动文化产业升级和文化传承。

（5）合作交流和国际化视野。非遗文化是世界文化遗产的重要组成部分，因此，在高校非遗文创实践中，需要促进国际合作和交流。通过与国外高校和企业的合作，学生们可以拓展国际化视野，学习国际先进的创新创业理念和经验；同时，也可以将中国非遗文化推广到国际舞台上，提高文化的国际影响力。

总的来说，非遗文创在高校双创教育实践中的应用已经逐渐得到了广泛的关注和推广。非遗文创实践，可以培养学生的综合能力、创新思维和创业能力，也可以传承和弘扬传统文化，推动文化产业升级和国际交流。未来，非遗文创将继续在高校"双创"教育中扮演重要的角色，成为推动中国文化创新和产业升级的重要力量。

（三）非遗文创在高校"双创"教育实践中的案例分析

（1）清华大学文化创意产业研究中心非遗文化传承与创新项目。清华大学文化创意产业研究中心非遗文化传承与创新项目旨在通过将非遗文化与现代设计相结合，创造出具有创意和时尚感的产品。该项目采用了"田野调查、文化解读、产品设计、商业化推广"等方式，培养了学生的非遗文化传承和文化创意产业运营能力。项目团队还与非遗传承人合作，开发出一系列非遗文创产品，如传统手工编织的藤条篮子、传统刺绣制作的衣服等。

（2）上海戏剧学院非遗文化与戏剧艺术融合项目。上海戏剧学院非遗文化与戏剧艺术融合项目旨在将非遗文化与戏剧艺术相融合，创造出更具有表现力和文化内涵的艺术作品。该项目由教师和学生团队合作完成，涵盖了非遗文化的田野调查、创作和演出等环节。在该项目的支持下，学生们成功地将非遗文化元素融入他们的作品中，包括剧本、舞台设计、服装和化妆等。

（3）北京师范大学文化遗产保护与创新项目。北京师范大学文化遗产保护与创新项目旨在通过非遗文创的方式，探索保护和传承文化遗产的新方法。该项目涉及了多个非遗传统手工艺制作技艺，如木版年画、鼓浪屿竹编、织锦、剪纸等，通过研究这些传统技艺的历史和发展，创造出新的设计元素和创意产品。该项目还鼓励学生将非遗文化与现代科技相结合，创造出更具有创新性和市场竞争力的产品。

（四）案例比较分析

综合上述三个案例可以发现，虽然同属高校"非遗文创"典型案例，但彼此却各有侧重，主要体现在以下几个方面：

（1）项目的目标和理念有所不同。清华大学文化创意产业研究中心的项目旨在将非遗文化与现代设计相结合，创造出具有创意和时尚感的产品；上海戏剧学院的项目旨在将非遗文化与戏剧艺术相融合，创造出更具有表现力和文化内涵的艺术作品；北京师范大学的项目旨在探索保护和传承文化遗产的新方法，鼓励学生将非遗文化与现代科技相结合，创造出更具有创新性和市场竞争力的产品。

（2）项目的实践方法也有所不同。清华大学的项目采用了"田野调查、文化解读、产品设计、商业化推广"等方式；上海戏剧学院的项目由教师和学生团队合作完成，涵盖了非遗文化的田野调查、创作和演出等环节；北京师范大学的项目涉及了多个非遗传统手工艺制作技艺，通过研究这些传统技艺的历史和发展，创造出新的设计元素和创意产品。

（3）项目的成果和影响也有所不同。清华大学的项目开发出一系列非遗文创产品，如传统手工编织的藤条篮子、传统刺绣制作的衣服等；上海戏剧学院的项目创造出更具有表现力和文化内涵的艺术作品；北京师范大学的项目鼓励学生将非遗文化与现代科技相结合，创造出更具有创新性和市场竞争力的产品。这些成果和影响不仅可以推动非遗文化的传承和创新，也可以为相关产业的发展做出

文创嵌入下高校"双创"教育实践路径研究

Research on the Practice Path of "Double Innovation" Education in Colleges and Universities under the Embedding of Cultural and Creative Industries

贡献。

综上所述，以上案例在学术角度上存在一些差异，但它们都具有创新性、实践性和积极的社会影响，为高校双创教育实践提供了有益的参考。

五、非遗文创在高校"双创"教育实践中的策略与实践路径

（一）非遗文创在高校"双创"教育实践中的适应性与可行性

非遗文创在高校"双创"教育实践中的适应性和可行性是一个值得深入研究的问题。非遗文化是中国传统文化中的重要组成部分，具有悠久的历史和深厚的文化底蕴，对于推动中国文化的传承和发展有着重要的意义。同时，随着经济的发展和文化的多元化，非遗文化的传承和发展也面临着新的挑战和机遇。在这种背景下，非遗文创在高校"双创"教育实践中的适应性和可行性显得格外重要。

首先，非遗文化的丰富内涵和商业价值是非遗文创能够在高校"双创"教育实践中得到发展的重要原因。非遗文化是中国独特的文化资源，具有多样化的形式和类型，包括传统技艺、民间艺术、传说故事等多种形式。这些文化资源具有丰富的内涵和价值，可以为非遗文创提供广泛的发展空间。例如，将非遗技艺与现代设计相结合，可以开发出更具有时代感和创新性的产品；将非遗故事与多媒体技术相结合，可以打造更为生动形象的文化 IP。这些都是非遗文化与创意产业相结合的典型案例，也为高校双创教育提供了新的思路和实践路径。

其次，高校双创教育的资源优势和实践平台为非遗文创提供了有力支持。高校具有丰富的人才资源和学术研究能力，可以为非遗文创提供相关的理论指导和实践支持。例如，高校可以通过开设相关课程和专业实践活动，培养学生的创意能力和创业意识，帮助学生更好地理解和应用非遗文化资源。同时，高校还可以为非遗文创提供创新创业的培训课程、专业技术支持和资金扶持等。这些资源的整合和应用，可以为非遗文创的创新发展提供更好的保障和支持。

再次，非遗文创在市场营销和品牌建设方面具有广阔的应用前景和市场潜力。随着消费者文化需求的不断提高和文化创意产业的兴起，非遗文化已经成为文化市场的热门话题和研究领域。非遗文创作为非遗文化与现代商业的有机结合，具有独特的市场营销和品牌建设价值。通过创意的包装和营销策略，非遗文创可以吸引更多的消费者和粉丝群体，提升产品的品牌价值和市场影响力。同时，非遗文创还可以借助网络和社交媒体等新媒体平台，实现更广泛的传播和

推广。

最后，高校双创教育的创新创业氛围和实践环境为非遗文创提供了理想的孵化和成长环境。高校"双创"教育强调创新创业和实践能力的培养，为学生提供了一个开拓创新的平台。非遗文创在这样的环境中可以更好地与学科交叉融合，促进创新和创业的结合。同时，高校的创业孵化基地和创新创业竞赛等平台，也为非遗文创提供了良好的孵化和成长环境。在这些平台上，非遗文创可以获得更多的资源支持和市场认可，提高其发展的可持续性和竞争力。

（二）非遗文创在高校"双创"教育实践中的实施策略探索

高校"双创"教育实践是指高校通过开设创新创业相关课程、组织创新创业实践活动、提供创新创业服务等方式，帮助学生培养创新意识和实践能力，促进学生的全面发展和就业创业能力的提升。而非遗文创作为一种新兴的产业模式，将非物质文化遗产与文化创意产业相结合，具有很大的发展潜力，同时也能够帮助保护和传承非物质文化遗产。因此，在高校"双创"教育实践中，非遗文创应该成为一个重要的实践方向。

（1）搭建平台，加强资源整合。高校可以通过建立非遗文化保护与文创产业研究中心、创新创业孵化器、非遗文创产业联盟等平台，加强各方资源的整合，促进非遗文创产业的发展。非遗文化保护与文创产业研究中心可以为高校师生提供非遗文化保护与文创产业相关的研究、咨询和培训服务，同时也可以促进学术交流和合作研究。创新创业孵化器可以为有创业意愿的学生提供孵化服务，包括提供场地、资金、技术支持、市场资源等，帮助他们将非遗文创创意转化为创新创业项目。非遗文创产业联盟则可以汇聚相关企业和机构的资源，加强合作，推动非遗文创产业的发展。除此之外，高校还可以通过与相关机构建立合作关系，共同开发非遗文创产品和服务。例如，高校可以与文创企业合作，共同开发非遗文创产品，并通过学校的各种平台进行推广和营销。这样既可以促进非遗文化保护，也可以为学生提供实践机会，同时还可以帮助企业开拓市场。

（2）提供培训，提高学生文创素养。高校可以开设非遗文创相关的课程和研讨会，提高学生的非遗文化保护和文创产业创新意识和实践能力。在课程设置方面，可以涵盖非遗文化、设计、营销、策划等方面，旨在培养学生的跨学科能力和综合素质；也可以邀请相关的专家和企业负责人来到学校讲座、指导和交流，增强学生的实际操作经验和实践能力。

（3）引导创新，鼓励大学生参与文创实践。高校应该鼓励学生在非遗文化保护和文创产业创新方面进行探索和实践，可以通过开展非遗文创项目竞赛、组

文创嵌入下高校"双创"教育实践路径研究

Research on the Practice Path of "Double Innovation" Education in Colleges and Universities under the Embedding of Cultural and Creative Industries

织实践活动、提供实践机会等方式，引导学生进行创新设计和创意营销，培养学生的实践能力和实际操作经验。非遗文创项目竞赛是一种鼓励学生进行非遗文化保护和文创产业创新的方式。学生可以组队参与竞赛，提交自己的非遗文创项目，经过专家评审，评选出优秀项目并提供奖励和支持。这种竞赛不仅可以激发学生的创新意识，也可以促进学生的团队协作和实践能力的提升。除了竞赛，高校还可以组织实践活动，如走进非遗文化保护和文创产业基地、参加非遗文化活动、实地调研等，让学生深入了解非遗文化保护和文创产业的实际情况，可以提高学生的实践能力和实际操作经验。

（4）提供支持，推动文创成果转化率。高校可以为学生提供相关的支持和资源，帮助他们将非遗文创产品和服务转化为商业机会和创新创业项目。例如，高校可以提供资金支持、知识产权保护、创业指导等服务，促进学生的成果转化。同时，高校也可以提供非遗文创产业实习和就业机会，帮助学生将所学应用于实践，提高他们的职业素养和创业能力。例如，高校可以与非遗文创企业合作，为学生提供实习机会，让他们在实际工作中学习和提升技能，也可以增强企业的人才储备。

（三）非遗文创在高校"双创"教育实践中的实施路径

非遗文创在高校"双创"教育实践中的实施路径主要包括以下几个方面：开展实践教学、组织创新创业活动、提供创业服务、建立非遗文创团队、确立非遗文创的核心价值、结合现代技术和传统技艺等，开展高校非遗文创教育。

（1）开展实践教学。非遗文化的保护与传承需要从实践出发，因此开展实践教学是非常必要的。高校可以通过开设非遗文化相关的实践教学课程，为学生提供实践平台，促进非遗文化的传承和发展。实践教学课程可以包括实地考察、手工制作、文化展览等多种形式。例如，高校可以组织学生前往非遗文化传承人所在地进行实地考察，深入了解非遗文化的历史和现状，掌握非遗技艺的制作技巧和要领；也可以开设手工制作课程，引导学生掌握非遗技艺，了解非遗文化的魅力；还可以举办文化展览，让学生通过展览了解非遗文化的内涵和价值。通过实践教学，学生可以更深入地了解和体验非遗文化，提高对非遗文化的认知和理解，从而增强对非遗文化的保护和传承意识。

（2）组织创新创业活动。高校可以通过组织创新创业活动，引导学生将非遗文化与创新创业相结合，促进非遗文化的传承和发展。创新创业活动可以包括创意设计、商业计划比赛、创业讲座等多种形式。例如，高校可以组织创意设计比赛，鼓励学生将非遗文化元素融入设计中，打造非遗文化产品；也可以组织商业计划比赛，鼓励学生将非遗文化与商业价值相结合，创办非遗文化企业；还可以邀请创业导师和成功创业者来校进行创业讲座，让学生了解创业的实际情况和要领，增强创业意识和能力。

（3）建立非遗文创团队。高校应该建立一个非遗文创团队来执行非遗文创实践。该团队应该包括学生、教师、非遗传承人和文创专业人员。这个团队的成员应该有各自的专业技能和知识，以确保实践的成功。学生可以提供年轻、创新的想法和技能，教师可以提供理论支持和教育指导，非遗传承人可以提供传统技能和知识，文创专业人员可以提供文化艺术和商业经验。

（4）确定非遗文化的核心价值。在进行非遗文创实践之前，高校应该确定非遗文化的核心价值，并将其融入实践中。这些价值可以包括传统文化的尊重、传承和创新，以及与文化相关的商业价值。高校应该与非遗传承人合作，以确保非遗文化的核心价值得到充分考虑，并在实践中得到体现。

（5）结合现代技术和传统技艺。非遗文创实践需要结合现代技术和传统技艺。现代技术可以帮助非遗文化更好地传承和创新，而传统技艺则是非遗文化的重要组成部分。高校应该鼓励学生和文创专业人员利用现代技术来开发具有非遗特色的文化产品，并与非遗传承人合作，以确保这些产品的质量和文化特色。高校应该提供多种实践机会，以帮助学生和团队成员更好地了解非遗文化和文创产业。这些机会可以包括实地考察、非遗传承人的讲座、文创产业的培训和商业交流等。这些机会可以帮助学生和团队成员更好地了解非遗文化和文创产业的发展，从而更好地为非遗文创实践做出贡献。

六、研究结论与未来展望

综上分析，非遗文创在高校"双创"教育实践中具有重要的地位和作用。高校在积极推动非遗文创项目的实施和发展中，应充分利用政策支持，建立非遗文创创新创业平台等措施，为项目的成功发展提供更好的保障和支持。展望未来，非遗文创与高校"双创"教育的有机融合具有较强的可行性和前瞻性，对于培养学生的创新精神和创业能力有着重要的推动作用，也是实现学科交叉深度融合的有效典范。在非遗文创"双创"教育实践中，高校应加强相应对评估环节和持续发展的关切，从项目的创新性、可行性、市场潜力等方面进行深度评估，准确判断项目的实施过程中所遇到的问题和解决方案。在持续发展方面，高校则需要考虑项目的推广、产品的优化和市场开拓等问题，充分利用高校自身资源，以及国家、省、市等各级政府所出台的非遗文化保护和文化创意产业发展相关政策，为非遗文创项目提供资金、税收、知识产权等方面的支持和保障，为项目的发展提供更广泛的空间和机会，促进非遗文创项目的持续健康发展。

参考文献

［1］曹其新，陈成瑛. 文化创意产业与文化产业［M］. 北京：中国经济出版社，2018.

［2］周岩，梁锦芳，谷春晖. 大众创业万众创新行动计划指南［M］. 北京：中国社会科学出版社，2019.

［3］范周. 从"泛娱乐"到"新文创""新文创"到底新在哪里——文创产业路在何方？［J］. 人民论坛，2018，603（22）：125-127.

［4］王荣. 创新创业教育与人才培养研究［M］. 北京：高等教育出版社，2019.

［5］于广洲. 创新创业教育：理论与实践［M］. 北京：北京大学出版社，2019.

［6］张天舒，宋文娟. 文化创意产业：理论与实践［M］. 上海：上海人民出版社，2020.

［7］张庆梅，风笑天. 文创青年：一种"去内卷化"的实践逻辑——基于典型个案的质性研究［J］. 中国青年社会科学，2021，40（6）：78-86.

［8］胡钰. 论国潮的时尚传播、消费文化与文创理念［J］. 当代传播，2022，227（6）：55-58.

Research on the Practice Path of "Double Innovation" Education in Colleges and Universities under the Embedding of Cultural and Creative Industries

—The Case of Intangible Cultural Heritage and Creative

Yongan Wang

Abstract：Colleges and universities are an important position for promoting the in-depth development of innovation and entrepreneurship and cultivating high-quality innovation and entrepreneurship talents, and undertake the mission of stimulating the vitality of "double innovation" of young people in the new era. Taking intangible cultural heritage as a foothold, integrating cultural creativity into intangible cultural heritage, organically combining intangible cultural heritage cultural creativity with entrepreneurship and entrepreneurship education in colleges and universities, and stimulating the potential and vitality of entrepreneurship and entrepreneurship education, it is of great importance and significance. Starting from the theoretical background and case studies, the study proposes that universities can explore the integration of industry, education and research of intangible cultural heritage and creativity by building platforms, providing training services, and organizing interdisciplinary teams, so as to break the barriers between intangible cultural heritage cultural creativity and professional education and entrepreneurship education, so as to optimize the innovation and entrepreneurship ecology of universities.

Key words: Cultural creativity; Creative industries; "Entrepreneurship and entrepreneurship" education; Intangible cultural heritage and creativity

论戏曲类非物质文化遗产的创意化传承和发展

◎ 李亦琦　李山石　李师娜[*]

摘要： 作为中华优秀传统文化的代表，戏曲类非物质文化遗产在新时代面临着文化遗产保护和经济协调发展的新挑战，文化创意成为应对这一挑战的可行思路。本文从文化创意角度出发，基于创意力 5A 框架 [表演人员（Actor）、传承人员（Apprentice）、工艺产品（Artifact）、观众群体（Audience）和支持力量（Affordance）]，结合当下戏曲发展现状，总结得出当前戏曲创意化传承发展面临的挑战：戏曲表演缺乏创新、语言不通阻碍戏曲理解、社交媒体曝光不足与民间戏团难以为继；同时，从创意力 5A 框架所涉及的五个层面提出戏曲创意化传承发展可行的对策。

关键词： 戏曲；非物质文化遗产；文化创意

一、引言

党的十八大以来，以习近平同志为核心的党中央高度重视文化建设，强调要坚持古为今用、推陈出新。中国共产党第二十次全国代表大会报告明确指出，新时代中华优秀传统文化得到创造性转化、创新性发展，党的创新理论深入人心，

* 李亦琦，厦门大学管理学院硕士生，研究方向：遗产旅游与可持续发展（13779965890@ 163. com）；李山石，厦门大学管理学院旅游与酒店管理系副教授，研究方向：消费者心理学、旅游酒店消费者行为、游客生理大数据、数字旅游、旅游目的地、酒店营销（lss20170727@ xmu. edu. cn）；李师娜，中山大学旅游学院会展经济与管理系教授，研究方向：旅游经济、可持续发展、会展和节事活动，还涉及游客行为、脑电和皮电等生理心理学测量仪器在旅游研究中的运用等（lishina@ mail. sysu. edu. cn）。

文化事业日益繁荣。这里的创造性与创新性都与创意理念相关，文化创意成为社会进步的重大战略选择与立国方略[1]。

进入 21 世纪，非物质文化遗产的保护观念逐渐从静态封闭的单向保护向与市场需求接轨的方向转变。2012 年原文化部印发的《文化部关于加强非物质文化遗产生产性保护的指导意见》就提出了非遗项目在生产活动中活态保护和发展、实现非遗保护与经济协调发展的新要求[2]。这也与文化创意理念不谋而合[3]，即要运用一些创意方法对非遗进行再加工，在传播文化价值的基础上创造经济价值，达到非物质文化遗产创意化传承和发展的目的。

作为代表性的非物质文化遗产，戏曲的传承和发展一直以来都受到重视，2015 年国务院办公厅就印发了《国务院办公厅印发关于支持戏曲传承发展若干政策的通知》，地方政府相关保护政策如《广东省粤剧保护传承规定》也从 2017 年就开始实施。但在实际发展过程中戏曲却屡遭挫折，大众对其接受度不高，戏曲创意的乱象层出不穷却缺乏研究指导，传承危机日益凸显[4]。而现有非物质文化遗产文化创意研究多聚焦于传统手工艺等类型的非物质文化遗产，对以戏曲为代表的传统戏剧类和曲艺类非物质文化遗产研究较少。且当前研究多是针对文化创意产业开发和文创产品设计的探讨，对本源的文化创意理念缺乏思考。而在创意力框架层面，自 1961 年 4P（Person、Process、Product、Press）原则的提出发展到 2013 年 5A（Actor、Action、Artifact、Audience、Affordance）原则的更新，再到 2020 年非遗语境下 5A（Actor、Apprentice、Artifact、Audience、Affordance）原则的改进，该框架已渐趋成熟，符合戏曲类非物质文化遗产创意化传承与发展研究的要求。

基于上述理论背景，结合戏曲传承发展的现实情况，本文总结提出戏曲创意化传承发展面临的三点挑战：表演缺乏新意、宣传对象和形式缺乏创意、外界支持力度的缺失；并针对当前戏曲创意传承的乱象从戏曲表演人员、戏曲传承人员、戏曲观众群体、外界支持力量和戏曲工艺产品五个方面提出对应建议，以推动戏曲在新时代的创意化传承与发展；同时从文化创意视角出发，验证并落实了非遗语境下创意力 5A 框架在戏曲领域中的具体表现，丰富了创意力 5A 框架的理论内涵。

二、文献综述

（一）非物质文化遗产创意

步入知识经济时代，人们开始重视文化和知识的创新在经济生产和生活方面的应用，文化创意（Cultural Creativity）的概念应运而生。它是以文化观念发掘文化资源多元价值，为产品和服务注入鲜活文化元素（观念、情感、品位），使其成为一种文化符号与标识[1]，并创造经济价值的过程[5]。可见，文化创意是建立在传统创造和生产成果基础上的，传统文化是文化创意的来源。而当下传统文化却不仅面临着大规模、高速度城市化和欧风美雨等外来文化的冲击，还存在着民众文化保护意识和文化价值认知的匮乏问题[6]。在此背景下，文化创意成为从传统走向现代、提高民族文化自信的必由之路[7]。

作为传统文化的直观展现形态，非物质文化遗产的形成和发展均源于特定地域背景下的文化积淀，具有地方特色和人文属性[8]，因此更具备创造性开发与利用的巨大空间[9]，在文化创意层面研究较多。2010年以来，国内外相关研究呈现持续增长的态势，主要关注非物质文化遗产的文化创意理念和文化创意路径两层面。文化创意理念是一种基于当代文化产业和创意产业发展与实践衍生出的新兴理念，与新时代文化创造与追求相契合，可在一定程度上增强文化的凝聚力、吸引力、传播力、感染力[10]。文化创意路径主要包括文化创意产业的发展和文化创意产品的设计两方面[11]。简而言之，文化创意理念指导着文化创意路径，文化创意路径推动了文化创意理念的形成。

国外非物质文化遗产创意研究多侧重于对非遗文化创意理念的探讨和相关理论框架的构建。例如，Tan等从创意力角度构建了非物质文化遗产的创意力框架[12]。国内学界则多结合具体案例对非遗文化创意路径进行探讨。例如，王文章以黎族传统纺染织绣技艺为例，探讨非物质文化遗产与文化创意产业融合发展的路径[13]；刘琳琳等对大运河文化创意产品设计过程中的文化信息来源进行梳理，并以天津北辰农民画为例提出具体的文创产品设计思路[14]。但在这一过程中，对于本源的文化创意理念的探讨则较为缺乏，且在研究过程中，较多针对传统手工艺类的非物质文化遗产[15]，对于具体实践中非物质文化遗产多元类型（尤其是戏曲为代表的传统戏剧类及曲艺类）的研究尚显不足。

国内外对戏曲类非物质文化遗产的研究均较少，但作为中华优秀传统文化的重要代表，近现代以来在具体实践中对戏曲创意传承发展的探索不断，这也就导致一系列戏曲发展乱象。早在2012年，胡薇就由古今交错的"拼贴式"戏剧乱象提出唯有创意方能彰显戏剧魅力的观点[4]。随后，学者们就具体创意路径展开研究，首先关注的是戏曲剧本。例如，Li围绕戏曲剧本的文化创意总结了近现代戏曲名家的创意路径[16]，包括涉及革命题材、结合西方歌剧特色等。其次开始关注戏曲表演过程中的唱腔、服饰等。例如，张丽芬和代君对青阳腔的文化创意产业路径展开研究[17]；而潘雪梅的研究着眼点为戏曲服饰的文创产品开发[18]。最新的研究成果则涉及新兴的技术手段。例如，蒋月侠提到使用数字化技术手段促进戏曲传承发展[19]。但不可否认的是，相关研究仍存在与非物质文化遗产研究一致的文化创意理念探讨的缺乏问题。综上可知，戏曲创意乱象频出，而当前对其文化创意问题和发展路径的探讨较少，且多针对某一具体地方戏曲案例进行探讨，忽略戏曲类非物质文化遗产的共性问题，因此对戏曲类非物质文化遗产创意化传承和发展的研究亟须开展。

（二）创意力 5A 框架

Rhodes 在收集并分析了 40 多个关于创意的定义后，于 1961 年提出 4P 创意力框架，包括人（Person）、过程（Process）、产品（Product）和媒介（Press）[20]。但随着时代的发展，创意力具体实践的新变化和社会文化心理学、生态心理学的新进展越发显现，而 4P 框架中的各要素却彼此割裂，且只聚焦个人层面的创意力，对整体视角下社会文化背景欠考虑，导致具体实践和研究过程均存在问题，这就对创意力框架提出了新的要求和思路。

在此基础上，Glăveanu 顺应时势，于 2013 年提出创意力 5A 框架，内容包括演员（Actor）、行动（Action）、艺术品（Artifact）、观众（Audience）和支持力量（Affordance）。首先，不同于 4P 框架中仅关注人本身的创意力，5A 框架对演员的关注越加体现出对其所处特定文化生产领域的思考。其次，将创意过程放大到更广泛的行动概念中也展现出了创意不仅包含内部心理维度的特性，也包含外部行为维度的特性，考虑到了新时代社会文化背景对创意的影响。再次，产品层面更侧重于对其物质属性和创意特征的关注，但忽略了其在创意中的起源和功能，特别是忽略了文化要素在创意中的作用，将产品表述为艺术品更使人们重视其内在的文化内涵和外在的文化背景。最后，媒介实际反映的是人与环境之间的关系，但环境本身存在极大的复杂性，尤其是同时讨论社会和物质环境会忽略其在具体实践中的内在属性，因此 Glăveanu 将媒介改成观众和支持力量两个维度，前者强调在社会环境中创意需要与观众互动产生、需要观众的认可，后者展现了物质环境中创意产生的来源和必要支持[21]。

可以看出，由于 4P 创意力框架源自创意的定义，因此缺少了现实生活中的实践意义，特别是忽略了社会文化心理学视角下社会文化环境的新变化，因此创意力 5A 框架的提出符合实践和理论层面的双重需要，且各要素间彼此关联，框架具有有机的整体性特征。不过，创意力 5A 框架仅是对原有 4P 框架进行的修改，在具体领域创意实践过程中的表达还需进一步探讨。

Tan 等聚焦非物质文化遗产语境，通过对两座历史名城（马六甲和乔治敦）中非物质文化遗产利益相关者（传承人、社区居民、非政府组织成员等）的观察访谈和二手文本收集进行扎根编码，对创意力 5A 框架展开了新的讨论，最终更新了非物质文化遗产语境下的创意力 5A 框架，包括表演人员（Actor）、传承人员（Apprentice）、工艺产品（Artifact）、观众群体（Audience）和支持力量（Affordance）。其中，行动（Action）转变为传承人员（Apprentice）主要源于非物质文化遗产文化创意中传承人的重要性（Cominelli 和 Greffe，2012），且遗产创意的行动范畴过大，难以有效衡量[12]。Tan 等的研究不仅验证并更新了非物质文化遗产语境下的创意力 5A 框架，还通过具体的访谈文本和文献材料进一步明确了非物质文化遗产语境下不同影响要素的具体要求（见图 1），这为新时代非物质文化遗产的创意化传承和发展研究带来了新的思路。

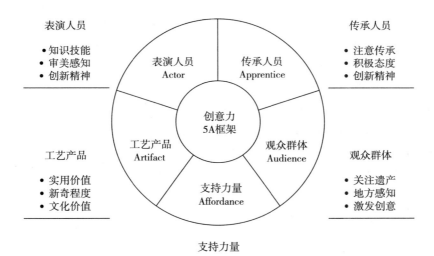

图 1　非物质文化遗产语境下的创意力 5A 框架（改编）

资料来源：Tan 等（2020）。

三、戏曲创意化传承发展面临的挑战

基于文化创意理念和非物质文化遗产语境下的创意力 5A 框架，结合当前戏曲创意化传承发展面临的现实情况，本文总结得出戏曲表演内容缺乏创新、传承和欣赏受语言阻碍、外界支持力度缺失三方面戏曲创意化传承发展面临的挑战。

（一）戏曲表演：缺乏创新，受外来文化与戏曲刻板印象冲击

近代以来，国人成长环境受到西方文化及韩日流行文化的影响较大，这在一定程度上侵蚀和削弱了传统文化的影响力。人们虽然具备快速接受和吸收外来文化和技术的能力，但由于自身对文化的辩证认识程度存在一定的缺陷，盲目崇拜所谓"新鲜"和"外来"的文化，并将这些潮流的文化作为其审美的准绳，而对传统文化的魅力认识不足。

对潮流文化的盲目追逐也侧面反映出国人对自身文化的偏见和不自信。大多数人对戏曲依旧存在一定刻板印象，认为戏曲是"过时"和"老旧"的代表，唱腔中拖音太"慢"，与其自身推崇的"快餐文化"相违背，是"爷爷奶奶辈才会看的"。由于接触不多或者对戏曲的文化底蕴知之甚少，导致人们对戏曲存在严重的思维定式，想当然地将戏曲和一些陈旧的负面认知联系到一起。

近年来，虽然戏曲在舞台和剧本呈现上有了一定的发展和进步，但部分戏曲在内容和呈现方式方面依旧较为保守：在内容上缺乏新意，缺少与时俱进的生机与活力；在呈现方式上遵循传统程式，欣赏门槛偏高，与现代生活存在部分脱节，更适合具备一定戏曲基础的观众欣赏[22]。

（二）戏曲传承和欣赏：语言障碍导致人们对戏曲"望而却步"

戏曲的旋律往往是地方方言的夸张和变形，掌握地方方言的表演者和传承人在学习过程中更具优势，会说地方方言的观众欣赏戏曲毫无语言壁垒。然而，现实情况是，由于普通话的推广，方言功能性逐渐退化，较多国人地方方言基础较为薄弱，这为其欣赏和学习戏曲提出了极大的挑战。一方面，不同地方自身存在惯用方言的问题与地方主流方言互通程度较低，这些语言的使用者很难互相理解。另一方面，一部分以外来的移民或务工身份生活的民众，对地方方言本身的理解程度偏低[23]，只能凭借看到的画面去推测戏曲表演内容。特别是由于"80后"和"90后"从小就在学校接受普通话的教育，地方方言的传承出现一定断层——部分土生土长的当地人对本地方言并不熟悉[24]。由此可见，语言是影响人们接受和学习戏曲的重要因素。此外，许多的戏曲创作往往来源于历史典故和真实事件，而现代人对于这些典故和历史原型了解较少，对戏曲更是"望而生却"。

（三）外界支持：社交媒体平台曝光不足与民间戏团难以为继

戏曲在当下流行的社交媒体平台（如抖音、快手等短视频平台）传播内容和质量还略显不足，大量流行歌曲中戏腔的不合理使用也对观众的戏曲认知和观感造成一定误解，同时在传播过程中也缺乏多渠道多方式的呈现和现代科技手段的应用，没有做到与时俱进，特别是从传统到现代的转变仍在进行中。

与此同时，源流已久的民间戏团也由于缺乏看戏的文化氛围和极具针对性的指导意见而逐渐失去政府和民众支持，资金短缺问题日益凸显，随着戏曲表演者年龄日增，不仅手艺失传成为问题，凭借手艺进行生存的希望也日益渺茫，戏团难以为继，戏曲遗产面临失传危机。

四、戏曲创意化传承发展可行的对策

本文在总结提出上述戏曲创意化传承发展面临挑战的基础上，基于非物质文化遗产语境下创意力 5A 框架的具体要求，从戏曲表演人员、戏曲传承人员、戏曲观众群体、外界支持力量和戏曲工艺产品五个方面对戏曲创意化传承发展提出相应对策。

（一）戏曲表演人员：创新表现内容

戏曲表演过程中的创意体现主要在剧本和舞台呈现两大方面，而在舞台呈现过程中，戏曲表演人员的重要性不言而喻。在戏曲表演过程中，戏曲表演人员在服饰、妆容、唱词和念白、形体动作、伴奏等方面均可融入现代元素，以符合大众审美口味，为大众所接受和欣赏。

首先在服饰方面，可以融入现代服饰元素，呈现轻便简洁的风格，符合现代审美观。其次在妆容方面，可以融入现代时尚彩妆元素，如在整体风格上更趋精致淡雅而非浓墨重彩，更能为观众所接受。再次在唱词念白方面，可以适当使用通俗易懂的语言，并采用更易于观众理解的方式呈现，如使用字幕屏实时显示唱词、念白及白话文翻译。而对于形体动作，则不仅可借鉴其他不同形式的舞蹈（如芭蕾舞、民族舞和滑雪舞等）来丰富其表现力，更要打破传统戏曲形体动作的"程式化"，使之更加自然和贴近观众日常生活。最后在伴奏方面，由于受到外来文化的影响（如西方音乐和韩日流行歌曲），戏曲在保持原有传统底色的基础上，也可适当加入西方音乐和乐器元素，同时融合当下流行音乐元素以更贴近现代观众的欣赏需求。

（二）戏曲传承人员：积极创意传承

正如 Cominelli 和 Greffe 所述，戏曲传承人员是非物质文化遗产的核心[25]。《中华人民共和国非物质文化遗产法》第三十一条规定非物质文化遗产代表性项目的代表性传承人应当开展传承活动，培养后继人才，并参与非物质文化遗产公益性宣传。

面对戏曲传承危机，戏曲传承人应首先充分了解遗产的历史、经济、社会、美学价值[26]，明确自身生存生活和实现社会价值的出发点和落脚点均为戏曲遗产，在构建自身与戏曲遗产的联系的基础上，树立危机意识；在保留戏曲传统特色的前提下，将结合流行文化作出创意改编的戏曲引入年轻观众群体，积极推动戏曲创意传承。

（三）戏曲观众群体：激发看戏兴趣

在戏曲观众群体层面，当前最迫切的是提高人们对戏曲非遗的关注度，激发民众看戏兴趣。创意化的戏曲能拉近人们与戏曲非遗间的距离，为他们了解戏曲文化内涵提供有效路径。

而在具体实践过程中，更要凸显出戏曲非遗的地方文化底色，以增强观众群体的地方感和认同感，使他们不仅能对戏曲产生好奇和兴趣，愿意主动了解戏曲的文化价值，更能将自身经历的文化生活与戏曲所处的文化环境有机结合起来。

在增强地方感知的基础上，观众群体自然而然会结合自身实际对戏曲演绎进行深入思考，这些联系具体生活的新思考也会为戏曲创意带来新的发展思路。戏曲创意不再仅仅是传承人需要承担的责任，社会民众更能一起参与其中，提出与时俱进的创意思考，激发更多观众群体的看戏兴趣，实现戏曲创意传承发展的良性循环。

（四）外界支持力量：戏曲活态展演

《中华人民共和国非物质文化遗产法》第三十条中就规定：县级以上人民政府文化主管部门根据需要，采取下列措施，支持非物质文化遗产代表性项目的代表性传承人开展传承、传播活动，其中包括提供必要的传承场所、经费资助其开展授徒、传艺、交流等活动，支持其参与社会公益性活动等。第三十五条也明确，图书馆、文化馆、博物馆、科技馆等公共文化机构和非物质文化遗产学术研究机构、保护机构，以及利用财政性资金举办的文艺表演团体、演出场所经营单位等，应当根据各自业务范围，开展非物质文化遗产的整理、研究、学术交流和非物质文化遗产代表性项目的宣传、展示。

在此背景下，博物馆成为培养人们对传统文化兴趣的重要和宝贵阵地。然而，当前博物馆在对非物质文化遗产戏曲的展示手段上，不应该仅仅停留在传统的资料展示和文物陈列上，更要注重戏曲的"活态展演"。博物馆活态展演是特指非遗的传承人或表演者在博物馆内进行现场展示。对于非物质文化遗产戏曲而言，戏曲博物馆可以邀请民间戏曲表演团体进行现场表演，从而增强游客的体验，也有助于解决民间戏团难以为继的问题。

戏曲的活态展演可以有效地提升观众的真实感、新奇感和直观感，最终加强其整体的博物馆体验。因此，非遗博物馆应该借助流行媒体平台和使用多种展示手段对非物质文化遗产进行展示，把戏曲表演原汁原味地呈现出来，才能让博物馆里的戏曲保护和传承不流于形式。

（五）戏曲工艺产品：创意设计理念

《中华人民共和国非物质文化遗产法》第三十七条提到，国家鼓励和支持发挥非物质文化遗产资源的特殊优势，在有效保护的基础上，合理利用非物质文化遗产代表性项目开发具有地方、民族特色和市场潜力的文化产品和文化服务。

尽管当下戏曲工艺产品在创意传承发展过程中的危机作用还不凸显，但戏曲工艺产品是戏曲非物质文化遗产的物质化承载物，也是戏曲创意传承中的唯一有形体现，因此戏曲工艺产品在形象和功能层面的要求不仅要符合戏曲表演中的真实形象，体现戏曲的文化价值，而且要在此基础上进行适当创意化设计，使其更具实用价值和新奇感，同时符合大众审美观感。

五、结语

在当前的知识经济时代下，文化创意是大势所趋，而对于具备丰富文化内涵和人文精神的非物质文化遗产而言，与文化创意进行融合才能促进其在新时代的传承与发展。戏曲传承发展的危机促使戏曲创意乱象产生，相关研究较为缺乏的研究现状使戏曲创意缺乏实践层面的指导性建议和理论层面的创意理念探索。由此，本文针对戏曲类非物质文化遗产的创意传承与发展现状，结合相关文献，总结得出戏曲表演内容缺乏创新和受内外文化印象影响的创意危机、语言不通阻碍戏曲接受学习的传承危机和外界支持力度不足导致的戏曲曝光不够与民间戏团难以为继的发展危机三方面戏曲创意传承发展面临的挑战。基于此，结合非物质文化遗产语境下的创意力5A框架，本文提出戏曲表演人员要创新表现内容、传承人要推广创意戏曲、观众要有看戏热忱、外界力量要支持戏曲活态展演和戏曲工艺产品要蕴含创意设计理念的五条对策，以期推动戏曲创意化传承发展，促进戏曲类非物质文化遗产的可持续发展。

本文主要基于相关的理论基础和文献分析进行研究，弥补了戏曲类非物质文化遗产在文化创意研究方面的缺失，同时结合创意力5A框架，进一步思考戏曲文化创意的体现。但本文仅是对戏曲类非物质文化遗产共同特点的整体概述，对于不同戏曲剧种的创意思路还需要深入探讨。同时，除了对现有文献和现象的思考，未来研究还可以结合实际案例和创意现象、采用实证主义的研究方法进一步明确戏曲创意的内在逻辑，以期更有效地推动戏曲创意化传承与发展。

参考文献

［1］李西建.以文化创意激活非物质文化遗产资源的旅游美学效用［J］.旅游学刊，2019，34（5）：9-11.

［2］李军.非物质文化遗产的生产性保护与衍生产品开发——基于传承与传播的探讨［J］.四川戏剧，2019（11）：93-96.

［3］CAMPBELL P. Imaginary success? —The contentious ascendance of creativity［J］. European Planning Studies，2014，22（5）：995-1009.

［4］胡薇.创意，彰显戏剧的魅力［J］.戏剧文学，2012（1）：55-57.

［5］安玉青.文化创意视域下市郊乡村旅游业态研究［J］.社会科学家，2020（2）：87-92.

［6］管宁.文化创意：接续传统与现代——城镇化视野下传统文化的保护与传承［J］.艺术百家，2014，30（1）：69-75+77.

［7］赵晓红，罗梅.保护与开发博弈下的非物质文化遗产创意化发展研究［J］.民族艺术研究，2014，27（3）：137-142.

［8］WAGENAAR F P，RODENBERG J. Listing to survive. Why the Dutch traveler community wanted to have its heritage officially recognized［J］. International Journal of Cultural Policy，2021，27（1）：117-129.

［9］蒋艺芝.非物质文化遗产与文化创意理念的结合——评《文创理念与非物质文化遗产传承及发展》［J］.中国教育学刊，2022（4）：125.

［10］黄晓洲.文创理念与非物质文化遗产传承及发展［M］.北京：中国社会科学出版社，2021.

［11］王明月.非物质文化遗产文化创意产业的衍生性：理论分析与实践启示［J］.四川戏剧，2020（12）：37-40.

［12］TAN S K，LIM H H，TAN S H，et al. A cultural creativity framework for the sustainability of intangible cultural heritage［J］. Journal of Hospitality & Tourism Research，2020，44（3）：439-471.

［13］王文章.非遗保护的继承与创新及其与文化市场、文化创意产业的关系——由黎族传统纺染织绣技艺十年保护引起的思考［J］.艺术百家，2020，36（4）：4-7+14.

［14］刘琳琳，蔡煜渲，段金娟.基于可拓语义的大运河文化创意产品设计研究［J］.包装工程，2022，43（24）：262-268+301.

［15］袁宙飞. 融媒时代非物质文化遗产的创意衍生与传播——以年画为例［J］. 民俗研究，2021（3）：71-77.

［16］TLIRR. The soul of beijing opera：Theatrical creativity and continuity in the changing world［M］. Hong Kong：Hong Kong University Press，2010.

［17］张丽芬，代君. 文化创意产业视角下的青阳腔艺术传承与创新［J］. 江西社会科学，2013，33（12）：244-248.

［18］潘雪梅. 论传统戏曲服装中蜀锦的文创产品开发［J］. 四川戏剧，2016（6）：155-158.

［19］蒋月侠. 数字创意视域下传统戏曲的传承与传播［J］. 四川戏剧，2022（5）：45-49.

［20］RHODES M. An analysis of creativity［J］. The Phi Delta Kappan，1961，42（7）：305-310.

［21］GLĂVEANU V P. Rewriting the language of creativity：The five A's framework［J］. Review of General Psychology，2013，17（1）：69-81.

［22］冉常建. 戏曲艺术的守正创新［J］. 戏剧文学，2022（10）：4-9.

［23］康慧琳. 语言能力会影响流动人口的主观幸福感吗？——基于中国城镇化与劳动移民调查数据的分析［J］. 社会发展研究，2020，7（4）：201-218+242.

［24］单韵鸣，茹靖雯. 粤港澳大湾区居民粤方言传承意愿的影响机制研究——基于结构方程模型的实证分析［J］. 学术研究，2022（11）：78-84.

［25］COMINELLI F，GREFFE X. Intangible cultural heritage：Safeguarding for creativity［J］. City，Culture and Society，2012，3（4）：245-250.

［26］SU X，LI X，WU Y，et al. How is intangible cultural heritage valued in the eyes of inheritors？Scale development and validation［J］. Journal of Hospitality & Tourism Research，2020，44（5）：806-834.

On the Creative Inheritance and Development of Opera-based Intangible Cultural Heritage

Yiqi Li   Shanshi Li   Shina Li

Abstract：As the representative of fine traditional Chinese culture，Chinese opera is facing new challenges of cultural heritage protection and economic development in the new era. Cultural creativity has become a feasible way to deal with these challenges.

From its perspective, based on the 5A's framework of creativity (actor, apprentice, artifact, audience and affordance), and in combination with the current development situation of Chinese opera, the paper summarizes the challenges Chinese opera's creative inheritance and development faced: The lack of innovation in opera performance, the language barrier to opera comprehension, the deficiency of social media exposure and the difficulty of the folk opera troupe's survival. Furthermore, it puts forward feasible countermeasures for the creative inheritance and development of Chinese opera from the five levels of 5A's framework of creativity.

Key words: Chinese opera; Intangible cultural heritage; Cultural creativity

创意管理评论·第8卷
CREATIVE MANAGEMENT REVIEW, Volume 8

创意管理实践

Creative Management
Practice

道明竹编厂商业模式创新研究

◎ 任彬心*

摘要： 随着我国经济的快速发展变革，社会逐渐由工业时代的物质文明转而向后工业时代的非物质文明过度，更强调人文创造的第二次文艺复兴正在兴起。非物质文化遗产是一个国家最宝贵的精神财富和文明传承，受到越来越多的重视。曾经作为生活用品的竹编渐渐淡出人们的生活，成为需要产业转型的非物质文化遗产之一。因此，作者对道明竹编厂的商业模式创新进行个案研究，借此厘清道明竹编厂商业模式的各要素及其之间的关系，揭示其目前商业模式的优劣势；并通过设计思维，创新竹编产品的价值主张；根据新的价值主张，针对商业模式画布中随之变化的六个要素进行分析；最后讨论创新后商业模式的实践意义和应用价值。本文通过对竹编企业的研究和创新，给其他非物质文化企业的发展提供理论和实践依据，为保护和传承非物质文化遗产、推动经济发展提供新的路径。

关键词： 竹编；商业模式创新；非物质文化遗产；设计思维

一、引言

中国竹编历史悠久，竹编制品被当作生产劳动工具延续了几千年。20 世纪 50 年代，西方国家的工业革命渐渐影响了中国，中国的产品经济开始飞速发展，人们的生活方式发生了天翻地覆的变化。随着塑料制品的兴起，曾经作为国人最主要生活生产工具的竹编产品，却由于材料和加工的限制，渐渐淡出了人们的日

* 任彬心，四川大学商学院研究生（成都 610065；9452236@qq.com）。

常生活，成为非物质文化遗产。21 世纪以来，我国的文化产业在政府的扶持下得到迅速的发展。同时，近年来，我国各级政府陆续出台了一系列扶持优惠政策来大力推进乡村振兴的发展，而作为拥有造血能力的非物质文化遗产，能促进乡镇经济的持续增长和传统产业的转型升级。因此，竹编产业兼具了文化和产业双重属性，渐渐蜕变成新型产业。

有着上千年历史的道明日用竹编在 2007 年被列入四川省首批非物质文化遗产保护名录。同时，道明镇是乡村振兴的重点扶持镇，2011 年被原国家文化部命名为"中国民间文化艺术之乡"。以竹文化为特色的道明乡村振兴，带动当地建设，吸引旅游文化产业到此落地，已初步见成效。作为道明竹编的代表，道明竹编厂在全国优秀的设计资源的支持和乡村振兴的带动下，迅速成长起来，却忽视了传承人的艺术培养，技术与艺术出现分离，竹编技艺创新仍然未有大发展。作者发现，非遗产品致力于适应当今消费市场的同时，却鲜有非遗企业创新商业模式。随着文创产业的兴起，商业模式对于帮助传统手工艺企业自主发展并提供可持续的创新驱动力有着重要作用，也将成为传统文化产业的新研究方向。本文基于道明竹编厂为代表的非物质文化企业，重新思考传统经营活动方式；通过研究商业模式的创新，以应对快速多变的市场环境并获得长期的竞争优势。本文对寻找乡村振兴、文化传承的可持续道路，具有重要意义。

设计思维是一种对复杂问题开发创新解决方案的方法，它是有意识地将人类的关注、兴趣和价值观融入设计过程中[1]。设计思维的五个关键原则为问题框架、用户关注、多样性、可视化，以及实验和迭代[2]。本文应用斯坦福设计思维，这和竹编的综合属性相互契合，对道明竹编厂的商业模式创新有极大应用价值。设计思维和商业模式创新的结合主要是完善商业模式中价值主张的创造性过程，由此产生的价值构想过程包括价值构想、价值机会选择和价值主张原型。将设计思维整合到创新过程中，有助于创造额外形式的价值，并将以前未得到充分服务的利益相关者包括在价值主张中[3]。价值主张是企业转变商业模式的一个关键点[4]。本文运用商业模式画布理论对道明竹编厂的商业模式进行分析，并选取价值主张部分进行重点研究。

二、道明竹编厂概况及其商业模式

（一）道明竹编厂概况

1. 道明竹编厂的创立和发展历程

道明竹编厂是个人独资企业，是一家早在 19 世纪 80 年代就在道明镇出名的竹编大户，由张三的爷爷创立，至今已有 40 多年；其早期产品远销东北，供不应求；至今也算是镇上历史最久、规模最大的竹编企业，与镇上竹编合作社长期保持生产关系。道明竹编厂最早叫道明竹编门市，经过多次更名，直到 2004 年改名为成都市道明竹制品厂。在经历了 10 多年的衰败后，道明竹编在 2014 年被列入国家级非物质文化遗产名录。短短几年，通过不断尝试，道明竹编厂在张三的管理下，通过政府的扶持，每年的利润百万元，不仅解决了生存问题，更开始寻求新的发展方向。2019 年，道明竹编厂在道明竹艺村购买宅基地，依附周边的油菜地，自建竹艺园区综合体，集民宿、休闲娱乐、研学体验、产品展示、设计交流、商务洽谈于一体。该项目于 2020 年年中竣工。

在经营模式上，目前道明竹编厂采取"公司+基地+农户"的经营模式，根据加工难易，分拆业务由几家大型生产厂家和竹编农户共同完成订单任务。道明竹编厂将竹编日用品的加工以外包的形式由合作社完成，合作社包工不包料。

在设计创新上，道明竹编厂一直走在前列，与各大设计院校合作设计竹编产品，让竹编手工技艺走进学校；管理者具备版权意识，申请了若干专利保护。

2. 道明竹编厂的市场态势

道明镇拥有多家竹编企业，道明竹编厂无论是在创办时长、规模、生产能力上，还是在产品种类上都是最大的一家。虽然当地竹编企业大都将装饰装修作为自己的主营业务，互相之间存在一定的竞争性，但由于各自生产能力有限，市场需求却很大，并未造成竞争激烈的态势。道明竹编市场的需求主要来自公共场所的装饰装修、竹编旅游用品、培训研学、食品包装四个方面。

（二）道明竹编厂商业模式分析

1. 道明竹编厂商业模式优点

作为小型企业，以多业务独立运行的商业模式有助于企业生存。道明竹编厂目前的商业模式是外部拉动、内部有效协调配合，让企业获得最大效益。尤其是在严格控制成本，有效利用资源、合理分配人员，在多业务的情况下保持正常运作和生产方面，道明竹编厂都有相当大的优势。其目前的投资策略是以保守为主，除了投资固定资产，几乎没有无形资产的投入，在经济下行的时期，不失为一种稳妥的方式。

道明竹编厂形成的这种多边市场各自独立、互不依赖的经营方式，为其提供了抗风险的能力。作为小型企业，以业务为中心的商业模式有助于企业生存和发展。

2. 道明竹编厂商业模式缺陷

（1）核心业务不明显。道明竹编厂完全根据市场短期需求设置自己的业务，导致各业务分散，关联度不高，造成产品范围广泛、订单种类不一、生产成本高昂、研发能力不足等系列问题。这样也造成了资源浪费和较高的管理成本，不利于企业的长期发展。虽然企业的支柱业务是展陈装置，但由于技术和人员限制，这项业务的扩大十分困难。对于另一个核心业务日用产品，却缺乏品牌建设和产品设计。对于利润率极高的研学培训业务，道明竹编厂并没有深入开发，也没有培养相应的讲师，导致这部分市场份额被其他竹编企业占有。总之，由于道明竹编厂核心业务不明确，导致其核心资源的分散，对于企业发展，管理者心有余而力不足。

（2）生产效率低。竹编产品订单种类繁多，加工数量不定，加工工艺不一，竹编材料还无法机械化生产。而且，竹篾机是加工用于竹编的篾条，属于小众生产设备，还处于初级机械化程度，无法加工出不同规格和高质量的篾条。另外，竹编产品在道明竹编厂只占比80%，其余装修产品则是竹材的其他形态。因此，购买多种型号的竹篾机反而会增加加工成本。当有大批量订单的时候，道明竹编厂会购买竹篾半成品，组织合作社的编织工人加工；而其他大部分产品仍然使用传统的篾刀、刨子等工具加工竹编材料，严重影响生产效率。

（3）专业人才缺乏。道明竹编厂缺乏熟练技师、研发人员、管理人员及培训讲师。首先，笔者通过对非遗传承人的访谈了解到，学徒从劈竹子、劈篾等工序开始学习，需要花三年的时间才能成长为一名熟练的篾匠。而且，每种竹编的加工方式都不一样，立体竹编的综合能力要求更高，传承人更少。其次，企业内部缺乏研发人员，对于产品的创新及辅材的选择无法根据市场调整。再次，针对研学培训的讲师几乎都是由张三亲自担任，分散了管理资源，缺乏讲师拓展这块高利润的业务。最后，缺少专业的企业管理人员。由于是家族企业，在管理上闭关自守，企业内部的重要岗位设置都是亲戚，而亲戚又缺乏管理知识和战略眼光，导致企业的发展受限。

（4）缺乏品牌建设。虽然道明竹编厂在2016年创立了竹编品牌，但缺乏品牌建设理念，不愿投入无形资产，标识和包装等品牌识别系统都未做完整的设计。近两年，道明竹编厂的推广渠道逐渐丰富，却没有标准的产品包装和展示方式，造成了尴尬的境地。除了品牌识别的设计，还缺乏品牌内涵价值的设计。道明竹编厂的日用产品虽然品类繁多，但并没有自己的风格特点，导致产品同质化严重。对于高档礼品瓷胎竹编产品也没有产品定位设计，包装随意，严重影响其销售。

（5）地方政府一味追求产值。道明镇得到了各级政府的关注和扶持，而当地的地方政府由于缺乏对竹编非遗的深入了解，忽视了竹编企业内在发展动力，一味追求经济效益，造成拔苗助长的状况。

三、道明竹编厂基于设计思维的商业模式创新

商业模式是用于明确如何创立公司和获取利益的商业价值运行系统。非遗民营企业在经营理念和成长路径上不同于大中型企业，更需要通过对自身的改变来适应外部环境的机遇和威胁。因此，竹编企业的商业模式很难复制大中型企业，需要结合自身特性来选择和设计。

非物质文化遗产企业的商业模式创新相较于一般企业，自带文化价值属性，更应挖掘其智慧结晶和情感价值，贯穿于产品、服务、体验、运作等各个方面。通过对道明竹编厂的商业模式要素分析，笔者认为，道明竹编厂应充分发挥自己在技术、设计和非遗上的价值优势，提高产品质量和标准，创造附加值更高的产品。本章，笔者将针对日用产品业务，运用设计思维重塑价值主张，转变商业模式的关键点，并贯穿于商业模式中的利益相关者，进而为道明竹编厂创新建立适合自身的可持续商业模式。

（一）竹制品价值

无论是竹子的特性还是其文化，在人们心中都有着特殊的地位。在提倡环保和注重精神需求的今天，提高竹编产品的心理价值，是竹编企业的首要任务。竹制品的主要价值如下：

1. 审美价值

美学价值展现了竹制品的美的特征。这一价值是通过手艺人的技能和对美的认识，创造性地作用于竹制品，以满足人在感官层面的愉悦需求。竹材的柔韧性赋予了它特有的流线形态，使它在钢筋水泥的环境中成为美丽的风景线。除此之外，竹编产品的编织体现了手工艺的质朴美。

2. 精神价值

精神价值反映了文化的信仰诉求。竹编的历史源远流长，经过世世代代的手艺人传承下来，不仅是一种技能传承，也是一种匠人坚守的精神。竹编精神通过精美的产品传递给大众，展现出一种独特的文化意蕴，满足人们的精神需求。

3. 社会价值

社会价值反映了文化创意的社会关系。这一价值表现出个体的人与其他人相互间的一种联系的感知，能够满足人的社会交往需求，具有身份识别和地点识别的意义。目前，竹制品的社会价值体现在竹材的自然环保及对竹文化的交流和传播上，除此之外，使用竹产品也是对个体意识的身份识别。

4. 象征价值和历史价值

象征价值反映了竹产品的象征意义，消费者通过对竹产品的洞察提取这一作品的象征意义，从而满足自我实现的需求。竹制品的历史价值和象征价值都是基于竹文化，体现了作品与历史的联系。竹文化被认为是典型的中国文化象征，竹文化在人们心中的情感价值远远大于产品功能的价值。另外，传统的竹编工艺注重自然材料的本性，加工过程顺应自然物性，体现人与自然协调适应的造物指导思想。"天工开物"正是传统造物的内涵所在。保护和传承竹编工艺也是对中国传统的人与自然关系的传递。

5. 真实价值

真实价值反映了产品的原创性。这种独一无二的特点使消费者能够从消费中获得对产品的真实享受。竹编技艺虽然经历了上千年的进化，至今仍然沿用过去传统的加工手法。这种技艺的限制也让竹编产品具有独一无二的真实价值，在工业化生产的今天，是一种不可替代的价值所在，也是竹编产品产生高溢价的必要条件。

（二）运用设计思维挖掘竹编日用品价值主张

1. 同理心

设计思维的第一步是同理心，站在用户视角分析其需求和体验，从而得到关键用户群体对竹编的普遍认识。为了完成这一步，笔者召集了道明竹编厂的管理者 2 名、竹编产品购买者 3 名及竹制品爱好者 2 名共同参与竹编旅游产品人群画像的分析，试图构建一个开放的、多学科、协作的团队贯穿整个设计思维过程。以下是用户描述环节。

参与者根据要求用便签纸完成条目，分别是基本信息、特征、需求（动机）、问题（障碍）。基本信息是指年龄和性别，特征是指职业等区分于他人的因素，需求（动机）是指对竹产品的需求和购买动机，问题（障碍）是指在满足需求的过程中遇到的问题或障碍。呈现形式如图 1 所示，目标人群画像分析如表 1 所示。

图 1   设计思维分析过程照片

资料来源：笔者自拍。

表 1   目标人群画像分析

基本信息	特征	需求（动机）	问题（障碍）
男（27岁）	国企工作，生活单调，中产阶级，安静沉稳，本科生	环保，有趣的产品，送礼需求，传统文化，功能需求，手工	产品太传统，材质单一，没有新意，刷了漆显得不够环保自然，有些价格偏高，功能不好
女（29岁）	竹编行业从业者，工作繁忙，乐观积极	独一无二，有趣，送礼，品质	产品品质无法保证，同类型产品太多，没有特色
女（35岁）	自由职业，爱旅游，家庭主妇，感性，本科生	自然环保，产品有趣，用于分享，手工编织，独一无二，美观	颜色单一，品质参差不齐，没有设计感，不知道去哪儿购买
男（29岁）	企业中层，工作压力大，经常出差，追求生活品质，高消费，研究生	产品品质，个性化定制，有文化内涵，环保健康，美观，手工	品质不高，没有售后，不知道找谁定制，替代品很多，有些产品显得廉价不适合送礼
男（38岁）	事业单位，中产，研究生，标准家庭	厨具功能需求，茶具功能需求，送礼	占地方，不好打理，没有创新
男（52岁）	竹编师傅，收入不高，小学文化	满足基本生活功能，耐用且性价比高	功能无法完全满足，容易坏

续表

基本信息	特征	需求（动机）	问题（障碍）
女（40 岁）	自由职业，插花，竹文化爱好者，本科生	自然环保，美观精致，观赏功能，定制，手工，品质，送礼	颜色材质单一，没有设计感，价格不规范，不知道去哪买

资料来源：笔者整理。

2. 需求定义

根据以上内容，团队讨论、思考高品质竹编日用品的受众用户所面临的问题，体验他们的经历和动机，发现他们的情绪。通过分析，得出竹编的受众人群主要集中在绿色消费和文化需求的人群，这部分人群的教育水平和消费水平都普遍偏高，粗陋的竹编产品无法满足他们的需求。因此，假设受众人群画像如表 2 所示。

表 2　假设受众人群画像

王女士，34 岁左右，中产阶级，工作不忙
需求：手工，环保，美观，有趣，品质，送礼，文化内涵
场景：王女士喜欢自然环保的手工制品，可以为家里营造放松的环境，邀请朋友来做客，朋友都很喜欢她从各地搜集的独一无二的特色生活用品。然而，她却总是找不到适合自己的竹编生活用品，要么是缺乏创意，要么是质量不好，只好作罢

资料来源：笔者编制。

3. 构思创意

此阶段是根据王女士的需求和遇到的困难，运用头脑风暴、脑图等方式，迅速构思一个产品原型，满足王女士的需求，解决她可能遇到的问题。

4. 原型实现

通过讨论分析，尝试采用花器作为适合王女士的原型，这个产品需要具备文化性，因此设计外形可以在原有的传统形态和编织法基础上进行改进，并在包装上展示这个传统形态的历史文化。产品具有创意、艺术性，并且是全手工制作，自然环保，品质优良，另外，可配合其他材质制作并加入部分颜色点缀。

5. 实际测试

（1）调查对象。调查对象分为专家组和大众消费者组。其中，专家组主要采用问卷调查和访谈结合的方式。专家组共 5 人，分别来自竹编手艺人、道明竹编厂的经营者及文化产业的专家学者，尽量覆盖相关领域。大众消费者共 196 人，竹艺村游客 95 人，道明竹编厂客户 30 人，作者群成员 71 人；男女比例为 1∶1，年龄段主要集中在 40 岁以下有购买能力的人群。

（2）调查方法。采用李克特 5 点量表法对设计思维环节的结论进行评价，采用"5 点"量表：非常认同、认同、中立、不认同、很不认同，将正面的描述分别赋值为 5、4、3、2、1，对立描述则反之分别赋值，再将每项的得分相加则为该项的总分，从而使答案得到量化处理。

（3）问卷设计。本文主要根据调查问卷来验证结论，调查问卷是否设计合理，直接关系着结论的准确性。因此，在问卷设计上考虑到被调查者可能产生的疲倦和抵触情绪，尽量精练调查问题的数量；同时在调查基本信息时运用客观描述收集被调查者敏感的信息，如消费能力和生活品质。

（4）问卷结果：

1）调查对象基本信息：男女比例为 1∶1，其中 56% 的被调查者为 26~40 岁。62% 的被调查者非常讲究生活品质，并愿意为之买单，说明这部分人群的消费能力比较强。

2）对竹编产品的喜爱分析：调查结果显示，喜欢竹编产品的得分高于平均值，说明被调查者大都喜爱竹编产品。而喜爱竹产品的原因依次是竹产品自然环保、美观和造型独特。其中，美观和造型主要源于设计制作。

3）对竹产品改进方式分析：结果显示，认为需要改进的得分高于平均值很多，说明被调查者认为改进竹编产品非常迫切。竹编产品的改进应将功能融入现代生活，提高产品质量，增加个性化定制服务。

4）针对设计思维和头脑风暴提出的问题假设进行问卷调查。题目是：现正在研发一款创新竹编花器，在传统形态和编织法基础上进行改进，和陶瓷花器结合，具有艺术性、观赏性，全手工制作，自然环保，品质优良。您愿意购买吗？有什么改进建议？

结果显示，70.83% 的被调查者愿意购买，说明此原型测试反映良好。

（5）专家访谈。通过对五位来自相关领域的专家访谈，得出竹编产品的价值体现集中在自然环保和产品形态上。人们对竹编产品的认识还停留在过去传统的概念里，热销的竹编日用产品主要是茶具，主要针对的人群年龄普遍偏大，而且以送礼为主。大众对竹编产品的价值概念还需要长时间培养。对于竹编产品的质量，专家认为这需要产业的规范化，相对比较困难。但是定制业务可以借助技术手段实现跟踪制作，增加消费者的体验感。

（6）分析报告。根据此调查，笔者发现无论男女和年龄，对竹制品喜爱程度和道明竹编对其价值的满足程度作出以下结论：

1）原型测试反馈良好。大部分被调查者愿意购买竹编花器，其中大部分还表示了强烈的购买意愿。由此认为，需要改进的地方主要是功能上。

2）目前市面上的产品无法满足客户的需求。受访者对竹产品的喜爱远超过对竹相关产品的消费，竹艺村的游客多以游览为主，少有客人购买产品，消费种类也相对较少。大量受访者表示不知道去哪里购买优质设计的竹编产品。由此认为，竹餐饮相关产品和竹制礼品有很大的市场价值。

3）竹编产品所承载的其他价值高于功能价值。受访者对竹产品的环保、外形，竹文化及竹相关餐饮的需求大于其功能需求。竹产品由于没有完善的品牌设计，品牌价值没有传递给用户，也造成受访者对优质竹产品的价格接受程度不高。

4）竹编产品的改进需要大量征求用户意见。大部分受访者对竹产品的改进有比较明确的要求，其中增加趣味和个性化是第一要求；其次是希望改进竹产品单一的材质；最后是产品质量需要提高，增加售后服务。不同年龄段和背景都有自己明确的想法。

6. 价值主张

根据调查报告的结果和道明竹编厂内部的局限性研究分析，对竹编的六种价值提炼归纳，得出道明竹编厂在日用品业务上的价值挖掘主要是基于竹编的社会价值、审美价值和真实价值；价值主张是自然环保、设计创新、品质优良和个性化定制。

（三）商业模式创新

本文基于运用设计思维得出的价值主张，利用道明竹编厂现有的核心资源，重塑其商业模式，明确商业模式各要素在价值创造和价值获取过程中的定位，强调运用新技术、新创意、新经营模式和新合作方式促进商业模式的创新。经过重塑后的道明竹编厂商业模式画布如表3所示。

1. 重要伙伴

企业的合作伙伴是商业模式的基石，优化合作方式可以降低风险、获取资源。道明竹编厂的重要合作伙伴分为五类：一是包括旅行社、各零售店铺及各大院校机构组织的战略联盟伙伴；二是优秀设计师；三是以竹材料供应商、钢材供应商、竹产品供应商、油漆供应商为主的供应商；四是竹编合作社；五是文旅部门、当地政府及分管非物质文化部门等的政府类。

表3　道明竹编厂商业模式画布

重要伙伴	关键业务 / 核心资源	价值主张	客户关系 / 渠道通路	客户细分
重要伙伴 1. 战略合作方 2. 设计师 3. 竹编合作社 4. 供应商 5. 政府	**关键业务** 1. 共创合作 2. 高品质日用品 **核心资源** 1. 道明镇名气 2. 非遗传承手艺人 3. 知识资产 4. 设计资源	**价值主张** 1. 文化价值 2. 设计创新 3. 品质优良 4. 手工环保	**客户关系** 1. 社群传播 2. 到店购买 3. 体验活动 4. 政府宣传 **渠道通路** 1. 直营店铺渠道 2. 合作方渠道 3. 代理商渠道 4. 竹艺村景区	**客户细分** 1. 有空间展示需求的政府、企业 2. 有送礼需求的客户（中国特色） 3. 食品公司 4. 游客 5. 家长、学生等体验者 6. 竹产品竹文化爱好者
成本结构 竹材、辅材、基础开销、人工成本、品牌营销			**收入来源** 1. 展陈装置订单 2. 研学体验项目 3. 装饰装修订单 4. 包装订单 5. 日用品 6. 文创旅游产品	

资料来源：笔者编制。

2. 关键业务

共创合作是道明竹编厂商业模式里最能体现价值的业务环节。由于受自身的资源和资金的限制，手艺人不具备识别市场和评估产品设计好坏的能力。因此，道明竹编厂要利用政企资源，寻求与自身品牌价值契合的企业，利用对方的现有市场知名度及研发资源，开发合作设计款，并联合冠名，迅速打响自己的品牌；对于自己的日用品产品，采用种类少而精的开发方式，设计系列产品，在此设计上加以编织纹样的变化，减少生产成本和设计成本。

3. 核心资源

企业的核心资源是描述商业模式运作的重要因素，使企业能够创造和提供价值主张、接触市场、与客户建立关系并产生盈利。道明竹编厂的核心资源有四个方面：一是道明竹编的影响力。道明竹编被列入全国非物质文遗产名录带来的影响力，受到了各界关注并收获了更多的合作意向。二是非遗传承手艺人。道明竹编厂拥有自己的核心制作团队，以及与当地合作社的手工艺者有着合作关系，前者主要制作大型竹编，后者批量制作小件产品。三是知识资产。道明竹编厂拥有多个自己的竹编产品专利及长期打拼所积累的客户资源，形成行业壁垒，有极大的优势。四是设计资源。道明竹编厂拥有长期合作的设计师资源，以及与中央美院的合作关系，作为承接大型项目的设计支撑。

4. 价值主张及实施策略

（1）文化价值。随着人力成本的增加，竹编产品的加工成本也逐渐增加，但由于其材料的局限，不易贴身使用，在使用过程中也易损坏和发霉，保存时间不长，因此造成高档竹编制品有价无市的局面。另外，竹制品由于历史延续为平价生活用品，因此在人们心中有廉价的固有观念，尤其是竹编日用品。

1）传播竹文化。竹编产品的推广应注重竹文化的传播，参与国画、书法等传统艺术的活动，与相关机构合作，扩大知名度；同时，选择文化价值高的产品形态，如文人雅士的生活情趣产品、竹简、竹花器和茶具等。

2）传播匠人文化。悠久的匠人文化也可以提高产品的附加值。竹的编织花样多达百种，是手艺人经过代代相传并且创新流传下来的瑰宝，增加消费者对编织技艺的认知度可以提升竹编产品的价值。丰富原有的培训内容，整理竹编文化内涵及编织技法，以文字、照片、视频及参与制作的形式向用户普及相关知识，吸引更多的竹文化爱好者加入。

3）展示产品背后。开直播展示合作社编织过程，除了竹编的制作，制作环境和制作者的现状也展示给大众，帮助用户理解产品背后的不易和传承的困难，有助于提高产品的情感价值。

（2）设计创新。

1）聘请设计顾问。除了设计品牌形象和推广形式以外，还需要聘请设计顾问，以监督在品牌设计和产品生产过程中的统一性。

2）利用合作方的设计资源。在产品设计上，产品可分为两类：大型装置和生活产品。道明竹编厂拥有全国各大高校非常丰富的设计资源，但高校学生的设计水平有限，容易和市场脱轨，适合承接大型抽象装置的设计，对于设计大众产品还需要更多地了解市场需求。因此，与成熟设计师合作或者品牌联名设计更能帮助道明竹编厂创新产品，找到市场定位。而且，和优秀的品牌联合冠名，有助于提高竹编的价值，拓宽市场。除了打造大众产品，对于一些小众市场的产品设计，需要有针对性地开发产品。

3）开展定制服务。设计高档竹编产品系列，如瓷胎竹编的茶具套装，作为产品系列原型，提供多种编织花样和图案，由用户定制自己需要的图案，增加送礼的意义。采用提前付费的方式，制作排期，保障高档竹编产品的周转，减少库存。

（3）品质优良。

1）培养核心生产线团队。将合作社的制作团队分为高端产品和低端产品制作人员，培养手艺人，建立技术进步路线并和计件价格挂钩，鼓励学习进步。

2）质量监督。规范生产流程，严格把控质量出口，建设适宜的售后服务，保障产品品质。联合其他竹编企业制定质量标准等级，并在产品包装上体现等级。利用手工定制的优势，获取用户的反馈，及时迭代产品。

（4）手工环保。竹编产品给人天然的亲和力，就是因为其几乎只能手工编织，凸显这一特性就能提高竹编的价值。例如，高品质的竹编产品可以标出制作时间及制作材料的等级，甚至可以小批量生产设计合作款，带有编号，以保证版权。

5. 客户关系

（1）社群传播。寻找和自身价值主张契合的公众号等传播方式，共同宣传竹编文化，发布新品通知。建设维护本企业的平台账号，宣传竹编文化，转载合作方文章作为补充，发布研发的产品原型，获取反馈，并加以改进。

（2）到店购买。在原有的门店基础上，与旅游相关部门合作，开设更多的标准化管理的门店，便于更多客户购买，更好地展示品牌形象，扩大知名度。

（3）体验活动。体验活动作为道明竹编厂未来发展的重点业务，是宣传品牌文化、发布竹编产品的最好途径。参与培训的人员大部分是目标群体，家长、政企员工和高端游客，应充分利用体验活动展演企业内涵、设计制作流程及体验制作过程的不易。

（4）政府宣传。借助当地政府的宣传，参加非遗活动，接受新闻报道，拍摄专题节目，更大范围地扩展品牌知名度。

6. 渠道通路

渠道通路主要有直营店铺渠道、合作方渠道、代理商渠道和道明竹艺村景区，其中销量最高的是合作方渠道及代理商渠道。直营店由于数量较少，销售量有限；竹艺村也不具备成熟的销售店铺。

7. 客户细分

道明竹编厂的产品其一主要是对公服务，服务于政府、事业单位和企业。政府项目主要是负责大型活动的空间展示。企业主要分为房地产企业、民宿酒店、餐饮企业及食品企业。企业服务则包括大型竹编展示装置和装修材料，还为个别食品企业长期供应竹编包装。另外，对于四川地区各院校、社区等机构，道明竹编厂主要提供体验服务项目。其二主要是面向大众，即游客、学生、家长、送礼需求的人和竹艺爱好者。有送礼需求的人偏向于购买有创意的特色产品，也有少部分本地人购买传统竹编器具，而竹艺爱好者则偏爱精致的竹编艺术品。

8. 收入来源及成本结构

（1）收入来源。

1）展陈装置业务分析。通过对道明竹编厂的各业务盈利水平和成本分析，得出收入主要来源于展陈项目，占比第一；利润率占比第二。

2）研学培训业务分析。根据张三口述，道明竹编厂的研学培训业务逐年递增。其净利润在所有业务中是最高的，占比第一，然而收入占比只排第四，这是因为大都不需要提供场地，该项目的成本主要是人力成本。然而，目前负责研学培训的人员只有两三个人，承接能力有限。因此，研学培训是最有发展潜力的业务。

3）装饰装修业务分析。装饰装修业务小到竹栅栏等原始材料，大到装饰墙面的大型竹编，由于单价跨度很大，订单类型繁多，占用了许多企业的核心资源，附加值却很低，虽然收入占比第三，但利润率却占第五，并且这些半成品无法宣传企业的品牌。道明竹编厂应对此业务进行优化和调整，运用有限的资源在利润率更高的业务上。

4）包装业务分析。道明竹编厂的包装业务主要是外包给竹编合作社，订单来源于几家长期合作的食品公司，虽然利润率很低，收入也不高，但需求量稳定，也不需要占用企业的核心资源，并且对于维持竹编的生产线和促进道明镇的经济有着重要的作用。因此，这部分业务的存在非常有价值，可作为短期分散风险的业务。

5）日用品业务分析。作为收入占比第二的日用品竹编产品，利润只占第四。日用品包括旅游产品和一般日用品，旅游产品中的瓷胎竹编茶具作为送礼佳品，销量很高，且附加值高，而其他传统竹编产品的销量和附加值都不高，因此拉低了这部分的利润率。就目前来说，这部分业务对于带动生产线和传播竹编非遗文化有巨大的影响。因此，应大力研发旅游礼物产品，增加产品附加值，提高产品销量，传播竹编品牌，提升道明竹编厂在全国乃至全世界的影响力。

6）文创产品合作款业务分析。这部分业务虽然收入占比不高，但利润占第三，充分说明其附加值很高，以及体现了共创的优势。无论是在设计上还是在渠道共享上，这部分业务都对产品的销售起促进作用。但是，目前道明竹编厂没有自己的设计师，也没有投资设计，因此，这部分产品并没有冠以道明竹编厂的品牌，最终导致道明竹编厂变为材料加工厂。

（2）成本结构。道明竹编厂的成本控制较好，但不易于企业的发展。道明竹编厂应在关键环节加大投资力度，如在品牌设计和品牌宣传上；竹编品牌的定位应充分发挥其文化特性，打造鲜明的品牌定位；根据核心价值设计品牌口号，完善包装设计和产品展示设计，提供标准化品牌和产品展示模块，以适应不同的销售渠道；利用现有资源建立价值传递渠道，优化价值传递策略。

四、小结

本文通过深入了解竹编企业内部经营状况，发现在文化产业繁盛时期的竹编企业虽然有政府的大力扶持，但市场选择仍然要依据企业的价值和竞争力。目前阶段，道明竹编厂通过展陈装置和丰富的渠道资源，的确创造了可观的效益，但是并没有从根本上解决非遗传承的问题，为此，笔者运用设计思维挖掘竹编价值，通过实践证明，设计思维有助于从用户视角思考企业的方方面面，做出最优的抉择。除了挖掘竹编价值，更要求企业具备开放创造的态度，共享资源，壮大企业。本文在研究设计、样本选择和理论分析等方面采取了相应的措施，但对于案例本身来说仍然无法做到精确的结论。因此，未来本文提出的商业模式创新部分仍需要在更多的情景下加以验证和迭代。

参考文献

[1] PLATTNER H, MEINEL C, LEIFER L. Design thinking research [M] . Berlin：Springer，2012.

[2] CARLGREN L, RAUTH I, ELMQUIST M. Framing design thinking：The concept in idea and enactment [J] . Creativity and Innovation Management, 2016, 25 (1)：38-57.

[3] AMIT R, ZOTT C. Value creation in e-business [J] . Strategic Management Journal，2001, 22 (6-7)：493-520.

[4] PIGNEUR Y, OSTERWALDER A, BERNADA G, et al. Value proposition design：How to create products and services customers want [M] . New Jersey：Wiley, 2014.

An Empirical Study on Business Model Innovation of Dao Ming Bamboo Weaving Company

Binxin Ren

Abstract：Our society has gradually evolved from the age of Industrial material civilization into the age of post Industrial non material civilization, along with the rapid economic development, emphasizing the rise of the humanity creations as the second Renaissance. The intangible cultural heritage is the most precious ethical wealth and cultural inheritance for a nation. To achieve the goal, the author used business model theory to analyze the nine elements of the Dao Ming Bamboo Weaving manufacturer, thereby revealing the advantage and disadvantage of its business model. Then, the author innovated the value system by utilizing design thinking. Then according to new value system, analyzed the six elements of business model which accompanying changed, finally to explore its future development and innovations, in order to achieve the enterprise's self-value and significance. And finally, the analysis innovation of business model of Dao Ming bamboo weaving company provides a theoretical and practical basis for other traditional handcraft companies, and finds a new method of preservation and inheritance of Chinese traditional handcraft cultural.

Key words：Bamboo weaving; Business model innovation; Intangible cultural heritages; Design thinking

HC室内设计公司设计管理模式创新研究

◎ 钟玉琪[*]

摘要： 本文以笔者所在的HC室内设计公司为研究对象，针对该公司目前采用的设计管理模式存在的问题，结合设计管理相关理论提出了"SDMA"设计管理模式。该模式首先对传统流程设计管理模式中缺失的战略管理、组织管理环节进行了完善，其次将传统流程设计管理模式仅涉及设计阶段的以图纸为导向的管理扩展为以项目为导向的项目全生命周期的管理，最后在信息流的传递上将传统流程设计管理模式的单项传递转变为多向、可循环的传递方式，最终形成一个以"创意"为核心、以"设计"为驱动的全过程设计循环管理模式。该设计管理模式对HC公司的设计管理实践具有实际价值，同时也为同类型、同规模的小微型室内设计公司（工作室）的设计管理实践提供有益的参考。

关键词： 室内设计；设计管理模式；创新；全过程设计管理

一、引言

小微型室内设计公司是我国室内设计产业的重要组成部分，对室内创意水平的提高发挥着不可替代的作用。这些公司规模极小，人数为2~20人不等、特征鲜明，在企业运作活力上也有着得天独厚的优势，但同时也有着自身无法摆脱的

* 钟玉琪，四川大学商学院硕士研究生，研究方向：室内设计、文化创意管理（成都610065；312384176@qq.com）。

困境，如品牌认可度低、设计输出水平参差不齐、工作效率低下、人力资源建设缺乏、知识产权保护意识淡薄等。研究表明，国内设计企业存在的问题并不是设计水平的落后，而是设计管理水平的落后[1]。面对这一特征明显的设计组织，如何解决上述暴露的问题并在保持其特色的基础上提升设计质量、提高竞争优势，最后更好地为社会服务，这是每一位设计从业者需要思考的问题。

目前，从事室内设计管理的管理者大多是设计师出身，普遍缺乏对管理学的系统学习；而管理学领域学者又很难有机会熟悉及参与实际的设计业务，设计和管理的结合主要体现在设计公司的实际经营层面，但是公司的实际经营者又很难有机会从事相关的设计管理理论研究。因此，设计管理学的发展和进步需要一大批具有交叉学科背景并经历过多元化培养的具有实际的设计实践理论、管理知识和实务两个方面都有坚实基础的学者，站在现代管理学理论、设计实践的前沿，密切关注并解决当下的设计管理体系的问题，最终让设计学和管理学充分融合并走向成熟。

二、相关理论及方法概述

（一）室内设计

1. 室内设计的定义

室内设计作为一门独立的学科，尽管发展历史不长，但是应该从人们有意识地对自己生活空间进行布置开始，就有了室内设计的概念[2]。室内设计从广义上讲是指对建筑内部空间进行技术和艺术的改造[3]。"室内设计是为了满足人们生活、工作的物质要求和精神要求所进行的理想的内部环境设计，是空间环境设计系统中与人的关系最为直接、最为密切和最重要的方面。"[4] 从定义可知，室内设计的对象是建筑的内部空间。

2. 室内设计的行业特征

（1）室内设计客户需求的层次性。美国社会心理学家马斯洛把人们的需求从低到高分成生理需求、安全需求、社交需求、尊重需求及自我实现需求，这五个层次的需求从低到高，按照层级逐次递升[5]。

室内设计是解决人对空间的需求问题，结合马斯洛的需求理论，则可以形成室内设计客户的"需求四层次理论"：第一个层次是对室内功能的需求；第二个层次是对室内空间舒适性的需求；第三个层次是对室内空间个性化的需求；第四个层次是对空间艺术性的需求。这也是室内设计客户的需求不断增长的一个层次模型，需求层次从低到高递进发展，但是彼此并非独立存在（见图1）。

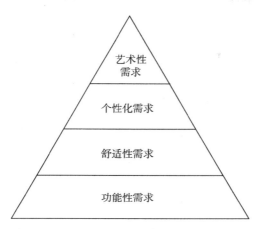

图1 室内设计客户需求的"四层次"

在上述四个层次的需求满足中，无论哪一种层次的需求，都需要通过设计创意的手法来满足，只是越是高级的阶段，创意的重要性也就越强，创意的价值就体现得越明显。

（2）室内设计客户需求的"矛盾三角"。设计是在限定中求生存[6]。客户需求天然地存在着矛盾，客户永远都希望以最低的价格、最快的时间得到最好的效果。设计师在实际项目实践中扮演冲突解决者的角色，这其中最重要的手段就是设计"创意"。因此，对室内设计项目来说，其核心价值就在于设计的创意价值，在于如何通过创意的手法在"矛盾三角"中寻求最优解（见图2）。

图2 室内设计客户需求的"矛盾三角"

（3）室内设计价值的双重性。笔者认为，室内设计作为一种特殊的服务产品，其价值构成分为创意价值和技术价值两种（见图3）。创意价值是指设计师的创造性才能，注重创意思维，如对项目方案的创造性构想和创造性解决方案，这构成设计价值的核心，具体在设计过程中体现为概念设计和方案设计阶段；而技术价值则指在实际的施工图绘制、图纸的深化，具有生产价值的倾向，注重效率。

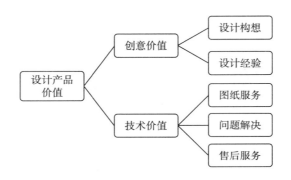

图3　室内设计价值的多层次性

（4）室内设计服务的无形性。不同于工业生产或其他生产最终提供实际的实物，设计图纸就是室内设计的产品，因此在设计图纸之前的所有工作都是服务的过程阶段，设计生产过程的工作往往是看不见的，这种无形性意味着设计师需要时刻和客户保持沟通，定期提供阶段性成果，以便让客户认识到设计的价值。

（二）设计管理

1. 设计管理的定义

设计管理是一种围绕特定目的，将创意思维与管理活动相结合的行为过程。"设计管理是在界定设计问题，寻找合适设计师，尽可能地使设计师在既定的预算内及时解决设计问题。"[7] 这一定义认为设计管理的实质是解决设计问题。日本的河原（Kawahara）和忠之（Tadayuki）认为设计管理是企业内部设计部门为经营运作而制定的有关规划和执行的战略[8]，强调设计管理的战略性。比尔·科林斯（Bill Hollins）提出了针对设计流程的管理问题[9]。凯瑟林·贝斯特（Kathryn Best）认为具体设计项目的管理应该仅被视作设计管理内容的一部分[10]。法国学者博丽塔·博雅·德·墨柔塔（Brigitte Borja de Mozota）提出把设计与管理的关系进行整合[11]，在学界率先提出了设计管理的三个层面，对设计管理理论体系的丰富具有极大的价值。

2. 设计管理的研究范围

按照目前的共识，设计管理的范围可以分为以下三个层次：

第一个层次是设计的战略管理，包括企业制定和实施设计职能战略及战略性设计，即如何取得设计资源以满足企业设计需要和规划企业设计活动[12]。

第二个层次是设计组织管理，是组织如何达到目标、完成使命的整体谋划，是提出详细行动计划的基点[12]。

第三个层次是设计职能和项目管理，包括企业的设计职能组织内所有活动的管理，以及设计职能组织主导或参与的活动的管理[12]。

（三）常见设计管理模式

1. 设计思维模式

"设计思维"也被称为以人为中心的设计（User-Centered Design），"以人为本"是设计思维的核心精神。设计思维的重点不在设计，而在思维[13]。

2. 全过程设计管理模式

全过程设计管理是一项涉及面广的系统工程[14]，是从设计项目系统管理的角度出发，在项目前期筹备阶段到设计项目实施阶段的全生命周期内对设计的各个阶段进行控制的过程，以达到提升附加价值、节约成本的目的，其过程着眼于达到设计项目的系统目标。

3. PDCA 循环管理模式

PDCA 循环管理是由美国质量管理专家哈特提出，并由戴明推广的一种质量管理模式[15]，其实施分为四个步骤，即 PLAN、DO、CHECK、ACTION。PDCA循环不仅是用于特定的事例，而是在每个层面均可形成的质量管理循环[16]。

三、研究方法

（一）研究对象

HC 室内设计公司由两名独立设计师发起且成立于 2017 年底，公司专注于商业空间室内设计和施工，涵盖住宅、餐饮、办公等业态。目前员工 9 人，设计总监即公司创始人，负责项目的获取及整体项目的推进，对项目成果负责，每一名设计师配备 2 名施工图制作人员，效果图和其他施工图纸实行外包的形式。公司在成长过程中暴露出如业绩长期无突破、财务简单、工作分工不具体、管理混乱等诸多问题。目前，公司的结构仅仅能满足基本的项目设计实施，因此设计管理也仅是停留在以图纸为导向的流程管理上，只是对项目的设计过程做管控，对于公司的战略选择、组织架构的设置、设计资源及设计师的管理基本可以忽略不计，缺乏完整的设计管理模式（见图4）。

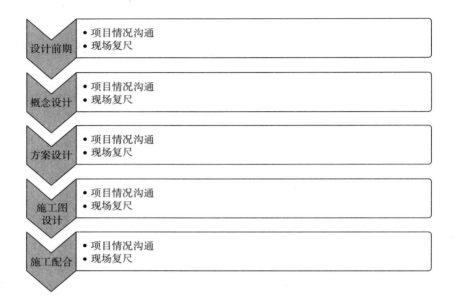

图 4　HC 公司目前业务流程情况

　　作为本文选择的案例对象，其规模、现状及问题具有小微型室内设计公司广泛的代表性。

（二）数据收集

　　本文主要通过观察法和一手访谈的方式进行数据收集。笔者作为公司的合伙人之一，对公司目前存在的问题保持着长期的观察和思考；在访谈对象方面，内部利益相关者包括 HC 公司的员工，外部利益相关者包括 HC 公司的合作团队、HC 公司的客户。由于采访对象时间、地域的差异，针对不同的对象采用了不同的方式。针对 HC 公司内部的员工，采用了面对面的方式进行直接采访，并对全程采访过程进行录音；针对合作团队及客户，则采用电话、微信语音的方式进行采访，在采访过程中也同样用录音设备记录全程语音资料（见表1）。访谈大纲方式为半结构化的访谈，即结合文献资料对 HC 公司设计管理的基本问题做简单梳理，拟定了一个访谈提纲，以这个提纲作为主线，在此基础上对访谈对象进行访谈，但是又不限于提纲本身的范围，被访谈者完全可以根据自身对该问题的理解阐述自己的观点。为了保证隐私，每位被访谈者都用人员编号数字代替。

表 1　本文主要的数据来源

访谈对象	访谈时长（分钟）	访谈人次	访谈内容	对象代码
HC 公司员工	143	7	公司的发展情况、影响因素 目前设计管理的水平、制约因素、施工落地情况、公司急需提升的能力等	A1-A7
HC 公司的合作团队	109	8	HC 公司的创意能力、沟通反馈情况、施工图表达水平、设计变更、设计到施工落地情况等	B1-B8
HC 公司的客户	78	7	对客户情况的调研、设计创意水平、沟通能力、服务态度、关键业务能力、设计费、施工落地情况等	C1-C7

（三）数据分析

在数据分析之前，笔者先将搜集的数据资料按访谈对象并结合设计管理的理论进行分类整理，分别从企业角度、组织及团队角度、项目及流程角度进行归类，对合作团队及客户的访谈由于时间及地域限制，则将拟好的提纲进行打分整理，最后通过对不同的访谈对象对相同问题的描述和打分情况，来确定并分析目前设计管理存在的问题，在得出结论后，笔者会就相关核心问题与身边的设计师及设计管理者进行研讨，征求他们对研究结论的意见，以此保证文章的信度和效度。

四、研究发现

（一）HC 公司设计管理存在的问题

从前文分析可知，HC 公司的设计管理存在很多不足。在这里，笔者试图从设计管理的三个层面，即战略层、组织层、执行层，去分析造成这些问题的原因。

1. HC 公司设计管理问题——战略层面

（1）缺乏战略定位。HC 公司两名创始人皆是设计师出身，对公司的战略层面缺乏应有的规划。事实上，两位合伙人平时都把精力投入到实际的设计项目上，对管理的理解仅仅是对单个项目的流程管理，对公司的战略定位、未来的发展等方面缺乏相应的思考。

（2）盈利模式单一。HC公司目前的盈利模式还是传统的提供图纸服务收取设计费的方式，没有核心的盈利模式，造成项目的获取只能通过低价竞争的方式获得，表现在公司就是设计合同产值常年处于低位。

（3）缺乏品牌管理。品牌是企业的生命。设计项目作为定制化生产，设计服务又具有无形性的特征，随着竞争的加剧，品牌因素往往成为消费者进行决策的重要依据。良好的品牌不仅能够有效地吸引客户，也是设计公司摆脱低价竞争的有效途径。

2. HC公司设计管理问题——组织层面

（1）缺乏有效的组织设计，组织权利不清晰。HC公司职责分工不明确的原因就是缺乏有效的组织结构设计，导致组织权利不清晰。

（2）缺乏对外包设计单位的考核。HC公司在项目实施过程中，施工图和效果图均由第三方机构来完成，缺乏对外包设计单位的考核及定期的筛选，在实际设计过程中，容易造成外包单位不配合、配合不及时的问题。外包单位的水平、服务直接关系到公司设计品质的稳定输出。

（3）缺乏有效的人力资源管理。在访谈中可知，HC公司在人力资源的管理上也比较缺乏，人员的招聘上也面对困难，员工流失率也较大。

3. HC公司设计管理问题——项目及流程管理层面

（1）设计流程无效率。在日常的工作中，HC公司是按照传统的设计流程来开展设计工作。由于HC公司面对的客户大多数为非专业客户，导致沟通频次极高而且容易造成反复，实际工作中基本上很难按照传统的流程设计管理模式开展工作。

（2）重点环节监控不到位。HC公司在部分项目的实施过程中，两名创始人仅进行方案及效果图的把控，后期深化及施工图由施工图设计师完成。由于沟通或者经验问题，施工图设计师不能完全表达设计师的设计思路，这也是施工效果很难保证设计效果落地的原因。

（3）设计阶段缺乏成本、工程思维。由于HC公司在设计阶段，公司缺乏对前期调查的成果性文件，设计师在前期沟通、效果图表达阶段为了吸引业主容易陷入仅为效果负责而忽视实际施工建造的成本考虑，而在实际施工环节中，施工单位为了成本考虑则通过材料更换、工艺做法打折的方式，造成实际项目的完成效果和效果图出现巨大的落差。

另外，设计价值分为创意价值和技术价值，技术价值追求效率，在设计中包含施工图绘制。由于许多设计师缺乏施工图也是设计的思维，施工图设计师容易忽视对美观、空间感受的思考，严重影响后期施工落地的效果。

（4）缺乏完善的知识管理体系。在室内设计项目中，对知识的管理主要是对设计过程资产的管理，过程资产包括前期计划、设计流程、设计成果等，针对同类型的知识回顾能够有效提高设计师的专业能力和设计效率[17]，目前 HC 公司缺乏相应的管理体系。

（二）HC 公司设计管理问题的原因分析

HC 公司的客户以私人客户为主，项目业态集中在餐饮、办公、住宅等空间，其具体的特征体现在：

（1）服务对象以私人客户为主，客户普遍缺乏对设计行业、设计生产过程的了解，业主和设计师之间存在严重的信息不对称。

（2）客户随意性较大，以个人喜好而非行业规范为准。

（3）客户的关注点集中在设计效果图阶段，对其他阶段性成果较少关注。

（4）项目实施过程缺乏第三方监理，施工质量的好坏取决于施工单位的管理水平和责任意识。

（5）与大型设计项目相比，行业规范、行业标准不完善。

据了解，HC 公司的两名合伙人在创业之前分别就职于本土非常有影响力的酒店设计公司，该公司规模较大，职能部门健全，同时具有完善的设计流程和管理体系，公司服务的客户专业度也较高。创业后，由于工作的惯性，两名合伙人复制了原公司的工作流程和管理模式，但并未结合 HC 公司的规模和项目特征对原设计管理流程进行优化。中大型设计公司首先由于管理职能健全，在实际的工作中设计管理可以内化到流程化管理上，传统的流程设计管理思路能够在一定程度上实现设计生产的过程；其次建筑设计由于发展历程较长，因此在行业规范、标准方面形成了完整的准则；最后建筑设计的建造过程，往往聘请有第三方监理机构对建造的质量负责，因此在项目的实施过程中，监理扮演了业主代理的角色。但是，由于室内设计项目的特殊性，目前 HC 公司应用的传统的流程设计管理模式在实际的设计管理过程中存在较大的局限性，具体体现在：

（1）设计管理只是集中在图纸设计阶段，主要对方案设计、初步设计、施工图设计这三个阶段的设计工作进行管理和控制[18]。

（2）对项目前期的数据调研和后期的施工阶段重视程度不够，缺乏从项目全生命周期的角度进行设计及管理。

（3）对设计企业的组织架构要求较高，对流程梳理较清晰，但是小微型设计企业规模太小，组织权利不清晰，导致无法组织有效的流程管理。

（4）对客户的专业性要求较高，需要客户对造价、工程、设计生产过程有较为清晰的认识和理解。

（5）缺乏对设计战略和设计组织层面的研究，对设计管理的理解仅仅是项目管理层面。

（6）信息传递以单向传递为主，对项目的实施情况缺乏回复和总结。

从上文的分析可知，HC公司目前存在的诸多问题，虽然可以归纳为战略、组织及流程层面的问题，但其核心原因是目前实施的流程化的管理模式脱离了HC公司的实际情况，不能匹配公司的特征，因此在实践过程中并未发挥应有的作用。

（三）"SDMA"设计管理模式的提出及框架

室内设计的管理模式应该体现出室内设计的特征及小微型室内设计公司的可操作性，这才对HC公司及同类的室内设计公司有真正的价值。小微型室内设计公司急需适合自身规模及发展模式的设计管理模式。

针对上文的分析，结合设计管理相关理论，本文确立了以"创意"为核心、以"设计"为驱动的全过程设计循环管理模式。以下分别从三个层面对"SD-MA"设计管理模式的框架进行阐述（见图5）并汇总在流程设计管理模式与"SDMA"设计管理模式的不同点（见表2）：

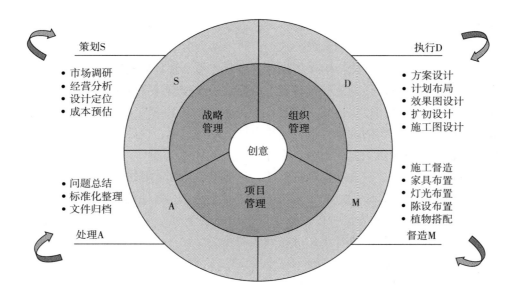

图5 "SDMA"设计管理模式框架

表 2　传统流程设计管理模式与"SDMA"设计管理模式的不同点

	传统流程设计管理	SDMA 设计管理
管理范围	不涉及	战略管理
	不涉及	组织管理
	项目管理阶段	项目管理
管理步骤	方案设计	策划 S
	初步设计	执行 D
	施工图设计	监管 M
	无	处理 A
项目阶段	设计阶段	项目全生命周期
信息流	单项传递	多向传递、循环传递
工作对象	图纸导向	项目导向
价值观	追求控制、稳定	追求创新

1. 创意层

设计项目的一个重要特点就是创造性，这是设计项目区别于其他普通项目的一个重要特点。每个设计项目都是根据具体项目情况进行定制化创作的，设计管理模式中应首先体现创意性，突出设计过程的创造性价值，因此创意层位于"SDMA"设计管理模式的核心位置。

2. 经营层

本文确立了以创意为核心的设计管理模式，因此在战略、组织、项目管理三个层面都要以创意为基础。

3. 执行层

创意的执行需要技术及流程的支持。在"SDMA"设计管理模式中，具体设计项目的执行应该以追求高质量的设计完成度为核心，重视以设计为导向的全过程设计管理，通过四个步骤实现设计项目管理的循环。具体分为以下四个步骤：

策划 S（Strategy、Survey）——包括方针和目标的确定，市场调研与分析、经营、设计的定位。

执行 D（Do）——根据概念方案，对项目做方案深化及布局，如空间创意、扩初设计、深化设计等设计流程。

督造 M（Monitoring）——包括家具布置、灯具布置、软装设计、植物搭配、施工督造。

处理 A（Act）——对项目的经验总结。

五、"SDMA"设计管理模式的实施策略

（一）"SDMA"设计管理模式下的战略管理

室内设计具有"私人定制"产品的属性。在 HC 这样的微型设计公司，相对于大型设计公司，不能在设计项目的全流程上保持充分的竞争力，因此应将核心聚焦于设计项目的前端——创意设计阶段，提高公司的创意设计水平，同时提高设计费，进而在市场环境中保持自身的竞争力（见图 6）。

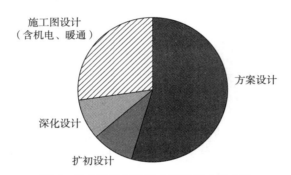

施工图设计
（含机电、暖通）

方案设计

深化设计

扩初设计

图 6　室内设计各阶段在设计费中的占比

1. 确立以设计创意为核心的战略

与创意为核心的战略相匹配，从前文的设计客户的层次性可知，应该在目标客户的选择上以服务于第三、第四层次的客户为主，充分利用自身的创意水平服务有一定消费能力和审美水平的客户。

2. 设计领域专业化、精细化

在建筑设计领域，约 80% 的建筑事务所至少会专攻一种建筑类型，如住宅、工业、体育或医疗建筑等[19]。其成功的关键是以专业的高水平为客户提供优质服务，并以创意服务的价值能被客户欣赏的方式来提供该服务。

从前文的访谈可知，HC 公司业绩在餐饮领域占比较大，在客户关系、知识结构、人才储备、供应链方面也有一定的积累，因此，HC 公司应结合自身的优势，在餐饮领域做重点探索和积累，逐渐弱化其他业务领域的项目，突出自身的设计特色，在该领域形成一定的竞争力（见图 7）。

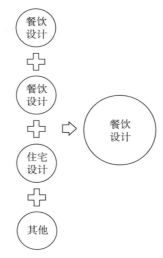

图7　设计领域专业化——向餐饮设计板块聚焦

3. 设计服务模式多元化

在"SDMA"管理模式中，HC 公司确立了以设计创意为核心的管理模式后，并结合自身情况的分析，在自己擅长的餐饮领域进行专业化和精细化探索的基础上，则可以在传统的盈利模式上做相应的创新，即以餐饮设计为核心，逐步扩展到餐饮领域的软装设计、家具灯具设计，然后发展到可以提供餐饮板块的设计策略服务（Total Solution），最终形成为餐饮企业提供完整的产品设计解决方案的服务（见图8）。伴随着服务模式的多元化，通常公司规模也会逐渐变大。

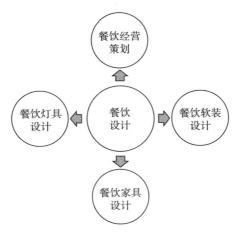

图8　设计服务模式多元化（专注餐饮设计）

（二）"SDMA"设计管理模式下的组织管理

1. 构建适合创意的组织结构

HC公司的许多设计管理问题是由组织结构的问题而产生的，如组织分工不明确、组织结构不合理而造成权、责、利的错位。因此，HC公司应在组织架构设计上将原来单一的直线形组织通过改进，增加横向组织联系，建立一个类似矩阵式的组织结构；同时明确组织权利，设计总监专注于方案等创意设计工作，项目管理者负责具体的项目横向连接，分担原设计总监的部分职责，行政人员负责对设计资源配置负责（见图9和图10）。

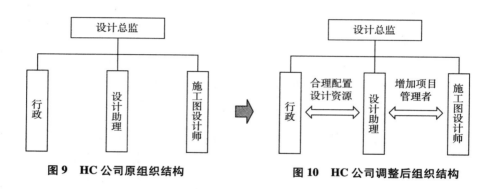

图9　HC公司原组织结构　　　　图10　HC公司调整后组织结构

2. 加强设计采购体系建立，强化设计总协调的模式

一个项目的设计包含室内建筑、结构、暖通、灯光等各个专业的设计，在小微型设计公司这种模式下，应该强化设计项目管理者的职责，加强对分包采购的体系的建立，强化设计总协调的角色，将主要精力用在支撑创意设计师的设计保障上，为以创意为核心、以设计为导向的全系统全过程设计管理模式负责。

3. 提高设计团队创意能力

对设计团队来说，创意思维是团队的灵魂和核心竞争力。在公司内部，应该培养团队多种思维能力，并促进不同思维形式的优化组合，也要学会打破习惯性思维的束缚，并在创意实践过程中不断进行设计创意思维能力的训练。在设计阶段，公司可以引入头脑风暴法促进创意思维的打开，使团队的设计师在设计实践中培养良好的创意思维习惯。

另外，设计师属于知识型员工，他们不仅对薪资待遇有要求，对工作环境和工作气氛也非常重视。轻松活泼的工作氛围可以激发员工的工作主动性和设计创意思维。

4. 构建独特的组织文化

良好的企业文化是促进公司良性发展的催化剂。不同于大型设计院,每个小微型设计公司都是一个独特的组织,服务的客户也是独一无二的,具有"私人定制"的属性。合伙人的个性、项目业态的独特性都体现出公司的独特文化和内涵,因此,围绕自身特点构建独特的设计文化,匹配独特的设计师成员,进而形成独特的沟通文化及决策机制,对 HC 公司这种微型设计公司具有非常重要的意义。

(三)"SDMA"设计管理模式下的项目管理

相对于传统图纸导向的流程设计管理模式来说,"SDMA"的设计管理模式更加强调设计项目的全过程管理及项目管理的循环性。在以设计创意驱动的背景下,设计师作为整个项目的第一责任人,对项目的全过程负责。同时,针对原设计管理流程直线形单向传统的信息流的局限性,"SDMA"设计管理模式的每一个步骤构成一个生态闭环,强调项目完成后的归纳和总结(见图 11)。

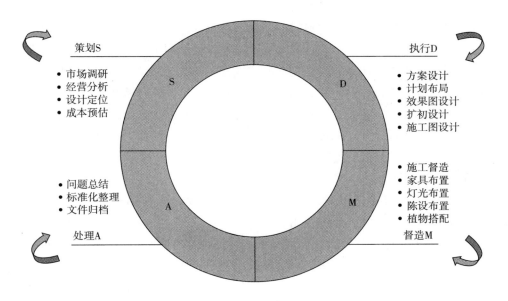

图 11 "SDMA"管理模式下的设计项目管理

1. 策划"S"阶段

"S"阶段包括方针和目标的确定,市场调研与分析、经营及设计的定位。本阶段是设计项目的策划阶段,是整个项目的开始,它和后期的具体设计的实施阶段的相关性十分突出。这一阶段的具体环节包括投资预算、功能需求、设计风格等与项目有关的前期技术性因素的确定，这需要客户和设计师之间进行深度交流和探讨，力求数据的真实性和准确性，以此支撑后期设计思路的展开。

2. 执行"D"阶段

"D"阶段包括根据概念方案，对项目做方案深化及布局，如空间创意、扩初设计、深化设计等设计流程。室内设计的全程服务可分为前期、设计、建造、后期4个阶段，其中核心为设计阶段和建造阶段两大阶段[20]。而"D"阶段是设计阶段的计划实施的阶段，在设计过程中处于核心的位置。本阶段也是SDMA设计管理模式中最重要的阶段，前期的计划是否合理、计划的目标是否能够完成都会在这一阶段得以体现[15]。执行"D"阶段工作的顺利完成对整个设计项目的成果具有决定性的作用。

设计执行"D"阶段的工作内容具体包括方案设计、效果图设计、深化和施工图设计等几项工作，其中核心内容是方案设计和施工图设计。

方案设计：设计师运用理性与感性相结合的方法针对项目的功能、造价、审美等要求，进一步明确与项目业态匹配的室内设计方案。在此过程中，设计师应多进行方案的比较和分析、整合与优化，并通过类似案例、草图大师模型、分析图等方式与业主进行沟通，与业主共同完成方案的优选和整合过程。此阶段是设计师发挥自身创意技巧的阶段，也是设计师核心价值的体现所在。

施工图设计：方案设计完成后进入施工图设计阶段。这个阶段主要是完成方案设计的技术实现。施工图设计与施工建造是密切相关的，为项目的最终呈现提供具体施工指引，为最终的项目投资提供成本指引。

3. 督造"M"阶段

"M"阶段包括家具布置、灯具布置、软装设计、植物搭配、施工督造。

督造"M"阶段的服务内容如下：

（1）设计控制可以看成是质量控制（与设计文件吻合度）的一个方面，包含必要的设计解释和设计优化、变更等。

（2）向施工单位传达设计意图，并对图纸文件进行必要、及时的解释说明、技术交底。

（3）根据现场具体情况签发设计变更，对现场和图纸的出入部分及时反馈。

（4）检测施工与设计图纸文件、施工承包合同清单的一致。

（5）对设计确认的材质样板和施工过程的材料、色彩、质感、样式进行及时的确认和样品审核。

（6）定期和随时地视察工地，重要工序、隐蔽工程等确认。

这一阶段主要是督造设计计划是否按时按质完成，成果情况与实施效果如何，能否按照要求达到预期目标，哪些做得比较成功、哪些做得还没有达到要求，原因是什么等设计施工落地的问题。

4. 处理"A"阶段

"A"阶段的主要内容可以分为两个方面：一是对项目实施过程中比较成功的成果及经验进行处理总结，对成功的经验加以肯定，并予以标准化；二是对失败的教训也要及时总结，引起重视，对于没有解决的问题再按照"SDMA"循环运用到下一个阶段中给予解决[15]。

处理"A"阶段的内容可总结为建立完善的知识管理体系。在室内设计中，针对同类型的知识回顾能够有效提高设计师的专业能力和设计效率，具体策略如下：

（1）对过程资产进行收集并进行分类归档，包括针对不同项目业态的设计任务书、概念方案、现场照片、意向图片等。

（2）对收集的资料进行分类，以便减少筛选资料的时间成本，提高资料选取的效率。

（3）制定统一的模板。例如，制定通用设计流程、通用的节点大样做法、材质的收口方式、施工图绘制的色号、线性标准等，并将其做统一归档，提高设计的效率同时也提高设计成果的标准。

六、总结

在设计实践过程中，强调设计的艺术与技巧无可厚非，但是忽视设计管理的作用却是目前室内设计管理中的常态[21]。设计管理作为一项切实可行的管理工具，应该在设计的过程中被有效利用[22]。以创意为核心、以设计为驱动的全过程设计管理的思维应该内化到项目的实践过程中，以保障设计项目能够顺利、完整地实施。

本文取得了以下两个方面的成果：

第一，针对 HC 公司的设计实践中的问题，总结出的"SDMA"设计管理模式有助于解决目前公司在设计实践中遇到的问题，能够提高 HC 公司的设计管理水平；同时为同类设计公司在有效避免同类问题上提供了有益的参考。

第二，本文将成熟的设计管理相关理论同室内设计实践相结合，针对 HC 公司设计管理的问题和不足，对传统的流程设计管理模式做了一定的创新，总结出新的适合 HC 公司的"SDMA"设计管理模式，有助于推动设计管理模式的交叉融合发展。

但是，鉴于时间和经验不足，本文对企业的问题剖析并不是特别充分。另外，本文对相关理论的理解还不够深入和系统，因此提出的"SDMA"设计管理模式，还需要时间和具体项目的多次检验，才能得到修正和调整。

参考文献

［1］王智芳．DANNY DESIGN 建筑设计管理研究［D］．广州：华南理工大学，2011.

［2］辛艺峰．建筑室内环境设计［M］．北京：机械工业出版社，2018.

［3］夏征农．辞海［M］．上海：上海辞书出版社，1999.

［4］张倚曼，郑曙旸．室内设计资料集［M］．北京：中国建筑工业出版社，1991.

［5］章莉莉．地铁公共空间设计管理研究［D］．上海：上海大学，2013.

［6］褚冬竹．开始设计［M］．北京：机械工业出版社，2011.

［7］赵志勇，王卓然．基于设计管理方法应用的产品开发实证研究［J］．工业工程与管理，2013（8）：146-155.

［8］KAWAHARA J，TADAYUKI O. Design management［M］．Tokyo：Diamond Company，1965.

［9］HOLLINS B. Design management education：The UK experience［J］．Design Management Journal，2002，13（3）：25-29.

［10］BEST K. Design management：Manging design strategy，process and implementation，Lausanne［M］．Lausanne：AVA Publishing，2006.

［11］BORJA de MOZOTA B. Design management：Using design to build brand value and corporate innovation［M］．New York：Allworth Press，2003.

［12］陈圻，刘曦卉．设计管理理论与实务［M］．北京：北京理工大学出版社，2010.

［13］秦仪，张焱．欧美商学院设计思维教育的历史、特征与启示［J］．创新与创业教育，2016，7（6）：42-48.

［14］李建光，秦慧敏．关于全过程设计管理的几点思考［J］．建设监理，2020（3）：10-12.

［15］郝连波．PDCA 在高层住宅建筑设计标准化中的应用与实施［D］．青岛：山东工艺美术学院，2013.

［16］卢立波．浅析 PDCA 循环在房地产建筑设计管理中的应用［J］．江西建材，2021（10）：366-367.

［17］徐斯杰．设计项目管理在空间设计中的执行与应用［D］．深圳：深圳大学，2018.

［18］杨学英．全过程工程咨询模式下的设计管理研究［J］．工程经济，2019（12）：

55-57.

［19］［丹麦］埃米特. 建筑师设计管理［M］. 北京：中国建筑工业出版社，2011.

［20］陶亮. 建筑师视角下的工程设计管理策略研究［D］. 广州：华南理工大学，2018.

［21］倪绪元. NF 公司设计管理流程优化研究［D］. 济南：山东大学，2017.

［22］宋哲. 产品设计企业管理的前瞻性研究［D］. 长春：吉林大学，2018.

Research on the Innovation of Design Management Mode of HC Interior Design Company

Yuqi Zhong

Abstract：This paper takes HC Interior Design Company where the author works as the research object, aiming at the existing problems of the design management mode adopted by the company, and combining with relevant theories of design management, puts forward the "SDMA" design management mode. This mode firstly improves the missing links of strategic management and organizational management in the traditional process design management mode. Secondly, the traditional process design management mode only involves the design phase of the drawing oriented management to expand to project-oriented management of the whole life cycle of the project, and finally in the transmission of information flow, the traditional process design management mode of single transmission into a multi-direction, circular transmission mode. The final form of a "creative" as the core, "design" as the drive of the whole process design cycle management mode. This design management mode is of practical value to the design management practice of HC company, and also provides useful reference for the design management practice of small and miniature interior design companies (studios) of the same type and scale.

Key words：Interior design；Design management mode；Innovation；Whole process design management